国家社会科学基金一般项目（19BGL030）最终研究成果

乡村振兴背景下
农民创新的影响因素研究

祝振兵　周建庆 | 著

中国社会科学出版社

图书在版编目（CIP）数据

乡村振兴背景下农民创新的影响因素研究／祝振兵，周建庆著. -- 北京：中国社会科学出版社，2024.9.
ISBN 978-7-5227-4377-6

Ⅰ．F323.6

中国国家版本馆CIP数据核字第20244MH949号

出 版 人	赵剑英
责任编辑	孔继萍
责任校对	闫　萃
责任印制	郝美娜

出　　版	中国社会科学出版社
社　　址	北京鼓楼西大街甲158号
邮　　编	100720
网　　址	http：//www.csspw.cn
发 行 部	010-84083685
门 市 部	010-84029450
经　　销	新华书店及其他书店
印刷装订	北京君升印刷有限公司
版　　次	2024年9月第1版
印　　次	2024年9月第1次印刷
开　　本	710×1000　1/16
印　　张	15.25
字　　数	243千字
定　　价	88.00元

凡购买中国社会科学出版社图书，如有质量问题请与本社营销中心联系调换
电话：010-84083683
版权所有　侵权必究

前　言

党的十九大报告首次提出实施乡村振兴战略，而党的二十大报告则明确强调全面推进乡村振兴。在乡村振兴这一宏伟蓝图的指引下，各地积极鼓励农民创业，导致农民在乡村创业的热情空前高涨。然而，随着乡村创业农民数量的不断增加，也出现了一些新问题。其中，农民盲目跟风创业的现象比较突出，导致生产经营同质化严重，事业发展缓慢。因此，如何提升创业农民的生产经营效益成为亟待解决的现实问题。创新被视为驱动发展的第一动力，探索农民创新的影响因素，激发创业农民的创新活力成为破解问题的关键。然而，长期以来，"主流创新"研究主要关注知识精英或专业人士为主体的创新，对基层民众（如农民）为主体的创新研究相对匮乏。尽管西奥多·舒尔茨早已指出农民身上蕴含着巨大的创造力，但直到最近学术界才开始更多聚焦于农民创新[①]的研究，因此对农民创新的过程及影响因素仍有待进一步探索。

鉴于解决实践问题和推进理论发展的需要，本书对农民创新的影响因素及过程进行系统探索。在综合分析基层创新、农民创新相关理论文献和政府政策的基础上，本书基于管理学、心理学、社会学等多学科融合的思路，运用质性研究和量化研究相结合的方法开展了多项研究，主要包括：第一，农民创新过程及影响因素的扎根研究。采用扎根理论的方法对农民创新过程及其影响因素进行探索，构建农民创新过程及影响

[①] 本书中农民创新主要是指从事生产经营的农民，依据其自身能力和可获取的资源，在产品、技术、生产经营模式、营销手段等方面做出的变革或改进，这种变革或改进在当地或更大范围内具有领先意义。

因素模型。第二，社会网络与农民创意产生[①](关系的研究。定量考察强、弱关系社会网络与农民创意产生的关系，以及农民个人经验的调节作用。第三，互联网使用与农民创意产生关系研究。探索互联网使用是否会影响农民创意产生，以及农民创新自我效能感在二者关系中的中介作用。第四，创意产生向执行转化的过程研究。考察创意在多大程度上能够向执行转化，以及创新态度、外部支持是否能够促进创意向执行的转化。第五，主动性人格、创新与农民创业绩效。考察主动性人格是否能够促进农民利用式创新和开发式创新行为，以及不同类型创新对创业绩效有何影响。

本书的主要研究结论包括：第一，农民创新是一个从创意产生到创意执行的过程，创意产生对创意执行有显著的正向影响，但创意产生并不必然导致创意的执行，农民的创新态度和受到的外部支持有助于促进创意向执行的转化。第二，强关系和弱关系社会网络对农民创意产生均有显著的正向影响，但弱关系社会网络与创意产生之间关系的强弱取决于农民先前经验的多寡，相比于缺乏经验的农民，先前经验丰富的农民能更好地利用弱关系网络提供的多样化信息，从而更好地提升自身创造力。第三，互联网使用有助于促进农民的创意产生，创新自我效能感在互联网使用与创意产生之间起部分中介作用。第四，主动性人格是农民的自我"造血"机制，其对农民利用式创新和探索式创新行为均有显著的正向影响。第五，探索式和利用式创新对农民的创业绩效均具有显著的正向影响，但与探索式创新相比，利用式创新对创业绩效的作用更强。

本书对于深入理解农民创新的过程及影响因素，更好地推进农民创新也具有重要的理论和实践贡献。第一，理论方面的贡献。通过对农民创新过程、影响因素的研究，回应了当前理论界对于加强基层创新研究的呼吁；通过揭示农民创新是一个从创意产生到创意执行的过程以及二者转换的边界条件，深化了对农民创新过程的理解，弥补了当前农民创

---

① 创意产生（以下简称"创意"，本书中创意产生等同于创造力。Amabile（1983）指出创造力（creativity）的研究所关注的主要是创意产生，其不同于创新行为的实施。因此，在创新过程研究中，学者们（如朱桂龙和温敏瑢，2020；Asbari et al., 2021）多将创意产生和创造力作为同义词替换使用。

新研究中对创新过程关注的不足；通过揭示主动性人格、互联网使用、创新自我效能感与农民创意产生或创新行为之间的关系，拓展了对农民创新过程影响因素的认识；通过考察社会网络对农民创意产生的影响，以及先前经验的调节作用，调和了文献中社会网络与农民创新之间关系的不一致结果。第二，实践方面的贡献。建议基于过程的视角认识和促进农民创新，避免"运动式"支持或仅对局部阶段（如创意实施阶段）施策；建议在拓展社会网络关系，提升农村互联网普及，提供金融和技术支持等方面向创业农民"输血"，促进农民创新；建议在创新自我效能感和个人主动性培训，农村创新氛围营造等方面施策，激发农民创新的内生动力。

虽然我们极力追求书稿的完善，但由于笔者学识所限，本书难免有不当之处，敬请学界同人批评指正。

目　录

第一章　问题界定与研究设计 …………………………………………（1）
　　一　研究背景 ………………………………………………………（1）
　　二　研究问题与内容 ………………………………………………（3）
　　三　研究方法 ………………………………………………………（5）
　　四　研究路线与结构 ………………………………………………（6）
　　五　研究贡献 ………………………………………………………（10）

第二章　农民创新相关政策演进研究 …………………………………（13）
　第一节　政策文本的检索及精炼 ……………………………………（14）
　第二节　农民创新相关政策的演进阶段 ……………………………（15）
　第三节　农民创新相关政策外部特征演进 …………………………（17）
　　一　发文主体演化 …………………………………………………（18）
　　二　主体合作网络演化 ……………………………………………（19）
　第四节　农民创新相关政策内部特征演进 …………………………（22）
　　一　政策文本主题词分析 …………………………………………（22）
　　二　创新话语策略分析 ……………………………………………（29）
　第五节　本章小结 ……………………………………………………（33）

第三章　基层创新的相关概念和理论 …………………………………（35）
　第一节　从主流创新向基层创新的演化 ……………………………（35）
　　一　创新理论的缘起 ………………………………………………（35）
　　二　金字塔底层战略的关注 ………………………………………（36）
　　三　与金字塔底层有关的创新的出现 ……………………………（37）

第二节 包容性创新……………………………………………（38）
  一 概念与源起………………………………………………（38）
  二 包容性创新的特征………………………………………（38）
  三 包容性创新的影响因素…………………………………（39）
第三节 草根创新………………………………………………（40）
  一 概念与源起………………………………………………（40）
  二 草根创新的特征…………………………………………（41）
  三 草根创新的影响因素……………………………………（42）
第四节 节俭式创新……………………………………………（43）
  一 概念与源起………………………………………………（43）
  二 节俭式创新的特征………………………………………（44）
  三 节俭式创新的影响因素…………………………………（46）
第五节 本章小结………………………………………………（47）

第四章 农民创新文献综述……………………………………（49）
第一节 农民创新文献的定量分析……………………………（49）
  一 数据来源与分析方法……………………………………（49）
  二 论文历年发表趋势分析…………………………………（51）
  三 论文作者、发表数量及所属机构………………………（52）
  四 论文的来源期刊分析……………………………………（53）
第二节 农民创新文献的具体内容分析………………………（54）
  一 农民创新的概念…………………………………………（54）
  二 农民创新的测量…………………………………………（61）
  三 农民创新的影响因素……………………………………（66）
  四 农民创新的作用后果……………………………………（70）
第三节 本章小结………………………………………………（71）

第五章 农民创新影响因素的扎根研究………………………（75）
第一节 相关文献回顾…………………………………………（75）
  一 农民创新影响因素的研究………………………………（75）
  二 创新的过程模型…………………………………………（77）

第二节 研究设计 (79)
一 研究方法 (79)
二 样本选择 (80)
三 数据收集 (83)

第三节 资料分析 (84)
一 开放式编码 (85)
二 主轴式编码 (89)
三 选择式编码 (90)
四 饱和度检验 (91)

第四节 模型阐释 (92)
一 农民创新是一个从创意产生到执行的过程 (92)
二 创意产生的影响因素 (93)
三 创意产生向创新转化的边界条件 (96)

第五节 本章小结 (98)

第六章 社会网络与农民创意产生：个人经验的调节作用 (101)

第一节 问题的提出 (101)

第二节 理论分析与研究假设 (103)
一 强关系、弱关系概念及研究 (103)
二 强关系、弱关系对农民创意产生的影响 (105)
三 个体经验的调节作用 (106)

第三节 数据来源、变量说明及模型建构 (109)
一 数据来源 (109)
二 变量说明 (110)
三 计量模型设定 (113)

第四节 实证检验与结果分析 (114)
一 假设检验 (114)
二 稳健性检验 (117)

第五节 本章小结 (119)

第七章　互联网使用、创新自我效能感与农民创意产生 ……（121）
第一节　问题的提出 ……（121）
第二节　理论分析与研究假设 ……（123）
　　一　社会认知理论 ……（123）
　　二　互联网使用与创意产生 ……（124）
　　三　创新自我效能感的中介作用 ……（125）
第三节　数据来源、变量说明及模型建构 ……（127）
　　一　数据来源 ……（127）
　　二　变量说明 ……（129）
　　三　计量模型设定 ……（132）
第四节　实证检验与结果分析 ……（133）
　　一　基准回归分析 ……（133）
　　二　作用机制分析 ……（134）
　　三　稳健性检验 ……（137）
第五节　本章小结 ……（139）

第八章　从创意产生到执行：创新态度和外部支持的作用 ……（141）
第一节　问题的提出 ……（141）
第二节　理论分析与研究假设 ……（144）
　　一　AMO框架 ……（144）
　　二　创意与创意执行 ……（145）
　　三　创新态度的调节作用 ……（146）
　　四　创新支持的调节作用 ……（148）
第三节　数据来源、变量说明及模型建构 ……（150）
　　一　数据来源 ……（150）
　　二　变量说明 ……（152）
　　三　计量模型设定 ……（157）
第四节　实证检验与结果分析 ……（158）
　　一　主效应分析 ……（158）
　　二　调节效应分析 ……（159）
　　三　稳健性检验 ……（165）

第五节　本章小结 …………………………………………（169）

第九章　主动性人格、创新与农民创业绩效 ………………（171）
第一节　问题的提出 ………………………………………（171）
第二节　理论分析与研究假设 ……………………………（173）
  一　主动性人格 …………………………………………（173）
  二　主动性人格与农民生产经营绩效 …………………（174）
  三　主动性人格与农民创新 ……………………………（175）
  四　农民创新的中介作用 ………………………………（176）
第三节　数据来源、变量说明及模型构建 ………………（177）
  一　数据来源 ……………………………………………（177）
  二　变量说明 ……………………………………………（178）
  三　计量模型设定 ………………………………………（182）
第四节　实证检验与结果分析 ……………………………（183）
  一　基准回归分析 ………………………………………（183）
  二　内生性问题 …………………………………………（185）
  三　稳健性分析 …………………………………………（187）
  四　机制分析 ……………………………………………（188）
第五节　本章小结 …………………………………………（189）

第十章　结论与建议 …………………………………………（191）
第一节　主要研究结论 ……………………………………（191）
  一　农民创新是一个从创意产生到创意执行的过程 …（192）
  二　社会关系网络有助于促进农民创意产生 …………（192）
  三　互联网的使用有助于提升农民创意产生 …………（193）
  四　主动性人格对农民创新行为有显著的正向影响 …（193）
  五　创新对农民生产经营绩效有显著的正向影响 ……（193）
第二节　农民创新促进建议 ………………………………（194）
  一　拓展农民的社会关系网络 …………………………（194）
  二　促进农民互联网技术的采用 ………………………（195）
  三　加大农民创新的金融和技术支持 …………………（195）

四　提升农民的心理资本 …………………………………… (196)
　　五　营造良好的农民创新生态环境 ………………………… (197)
　第三节　不足与未来研究方向 ………………………………… (197)
　　一　没有对农民创新过程中可能存在的其他中间阶段
　　　　进行探索 …………………………………………………… (197)
　　二　没有对农民创新的风险管理问题进行系统研究 ……… (198)
　　三　对于一些因素之间发生关系的机制或边界条件
　　　　有待深入考察 …………………………………………… (198)
　　四　没有对所提出的一些策略进行现场干预实验 ………… (198)

附录一　农民创新影响因素访谈提纲 ……………………… (199)

附录二　"农民生产经营创新"调研问卷 ………………… (200)

参考文献 ……………………………………………………… (205)

后　记 ………………………………………………………… (227)

图 目 录

图1-1　研究流程与技术路线 …………………………………（7）
图2-1　政策文本的检索及精炼过程 …………………………（14）
图2-2　农民创新相关政策演进阶段 …………………………（15）
图2-3　发文主体词云图 ………………………………………（19）
图2-4　萌芽培育阶段合作网络 ………………………………（20）
图2-5　快速发展阶段合作网络 ………………………………（21）
图2-6　提质升级阶段合作网络 ………………………………（22）
图2-7　萌芽培育阶段高频主题词共现网络 …………………（24）
图2-8　快速发展阶段高频主题词共现网络 …………………（26）
图2-9　提质升级阶段高频主题词共现网络 …………………（28）
图4-1　文章检索及精炼过程 …………………………………（50）
图4-2　外文期刊农民创新有关论文历年发表情况 …………（51）
图4-3　中文期刊农民创新有关论文历年发表情况 …………（52）
图4-4　农民创新的影响因素及作用后果 ……………………（67）
图5-1　农民创新过程及影响因素模型 ………………………（92）
图6-1　理论模型 ………………………………………………（108）
图6-2　先前经验对弱关系、强关系与创意产生关系之间的
　　　　调节作用 ……………………………………………（117）
图7-1　本章的理论模型 ………………………………………（127）
图8-1　本章的理论模型 ………………………………………（150）
图8-2　创新态度对创意和创意执行之间关系的调节作用
　　　　示意图 ………………………………………………（163）

图 8-3 亲友支持对创意和创意执行之间关系的调节作用
示意图 …………………………………………………（164）
图 8-4 政府支持对创意和创意执行之间关系的调节作用
示意图 …………………………………………………（165）
图 9-1 研究模型 ………………………………………………（177）

表 目 录

表 2－1　三个阶段文件中排名前 20 的主题词 …………………（23）
表 2－2　不同阶段政策文件中创业创新主体特征………………（30）
表 2－3　不同阶段政策文件对于创业创新的态度特征…………（31）
表 4－1　论文作者、发表数量及发表机构的初步分析…………（53）
表 4－2　论文的来源期刊分析……………………………………（54）
表 4－3　农民创新的概念…………………………………………（57）
表 4－4　农民创新测量问卷………………………………………（63）
表 5－1　受访者基本信息…………………………………………（81）
表 5－2　开放式编码结果…………………………………………（86）
表 5－3　主轴式编码结果…………………………………………（90）
表 6－1　样本基本特征 …………………………………………（110）
表 6－2　创意产生的探索性因子分析结果 ……………………（111）
表 6－3　变量定义及描述性统计 ………………………………（113）
表 6－4　社会网络、先前经验与农民创意产生的回归分析结果……（115）
表 6－5　基于替换变量的回归分析结果 ………………………（117）
表 7－1　样本基本特征 …………………………………………（128）
表 7－2　创意产生的探索性因子分析结果 ……………………（130）
表 7－3　创新自我效能的因子分析结果 ………………………（131）
表 7－4　变量定义及描述性统计 ………………………………（132）
表 7－5　互联网使用对农民创意产生的基准回归分析结果 ………（134）
表 7－6　互联网使用对农民创意产生影响的机制分析 …………（135）
表 7－7　基于 bootstrapping 的机制分析 ………………………（136）
表 7－8　更换变量后回归分析结果 ……………………………（137）

表7–9	反向因果机制分析	(138)
表8–1	样本基本特征	(151)
表8–2	创意执行的探索性因子分析结果	(152)
表8–3	创意产生的探索性因子分析结果	(153)
表8–4	创新态度的探索性因子分析结果	(154)
表8–5	亲友支持的探索性因子分析结果	(155)
表8–6	政府支持的探索性因子分析结果	(156)
表8–7	变量定义及描述性统计	(157)
表8–8	创意对创意执行的影响分析	(158)
表8–9	创新态度、创新支持对创意与创意执行之间关系的调节作用分析	(160)
表8–10	各变量之间关系的稳健性检验	(166)
表9–1	样本基本特征	(178)
表9–2	创业绩效的探索性因子分析结果	(179)
表9–3	主动性人格的探索性因子分析结果	(180)
表9–4	农民创新的探索性因子分析结果	(181)
表9–5	变量定义及描述性统计	(182)
表9–6	模型回归分析结果	(183)
表9–7	用可观察变量度量不可观察变量的偏差程度	(186)
表9–8	基于更换变量的模型回归分析结果	(187)
表9–9	基于逐步回归的机制分析	(188)
表9–10	基于bootstrapping的机制分析	(189)

第 一 章

问题界定与研究设计

本章主要对本书的研究背景、研究问题、研究内容、研究方法和研究贡献等进行概要介绍。具体而言，本章主要包括五部分，第一部分从乡村振兴的现实需求和农民创新理论研究的不足两个方面论述本书的选题背景；第二部分在第一部分的基础上提出本书的研究问题和研究内容；第三部分介绍本书所用到的研究方法和研究的技术路线；第四部分介绍本书各章节的结构内容，以及各章节之间的逻辑关系；第五部分陈述本书的研究贡献。

一 研究背景

（一）实践背景

乡村是具有生产、生活、生态等多重功能的地域综合体，与城镇一起组成了人类活动的主要场所，乡村的兴衰直接影响到社会主义现代化的进程。在对现代化建设规律和城乡关系变化深入认识的基础上，为了让广大农民过上更加美好幸福的生活，实现全体人民共同富裕，2017年10月，习近平总书记在党的十九大报告中指出了在我国"三农"发展进程中具有里程碑意义的乡村振兴战略。乡村振兴的推进和实现离不开乡村产业、人才、文化、生态、组织"五个振兴"，在五个振兴之中，产业振兴是重点，是发展的根基（黄泽清，2023）[①]。乡村产业的振兴不仅离不开城市的资源向乡村投入聚集，比如引导城镇企业家、科技人员、大

[①] 黄泽清：《以产业振兴为基础推进农业农村现代化》，光明网，网址：https://baijiahao.baidu.com/s? id =1766627277807880643&wfr = spider&for = pc。

学生等将目光聚焦农村，深入乡村创业，更离不开原本就生活在乡土大地上的农民所主导的创业活动。

近年来，随着乡村振兴战略的持续推进，农民创业的热情空前高涨，创业农民人数逐年攀升。来自农业农村部的调查数据显示，2012—2021年底，返乡在乡创业人员达1120万人。虽然乡村创业者包括大学生、科技人员、返乡农民、在乡农民等多类人群，但在这些创业主体中，农民仍是主力军。有数据显示，创业者中农民占比高达70%（常钦，2022）[①]。但与农民高涨的创业热情形成鲜明对比的是，创业农民创业退出的比例也非常高。2019年《全球创业观察》报告显示，中国创业者退出创业的比例几乎占新创企业的25%；而对于农民创业而言，创业退出的比例更是超过了九成（刘志阳等，2022）。影响农民创业退出的因素十分复杂，但创业农民在创业过程中经营效益不佳是一个不可忽视的因素。比如关育兵（2021）[②]调查发现，我国农民创业有两个比较突出的特征：一是创业规模较小，结构单一，多以农户为单位；二是创业者从众心理比较突出，盲目"跟风"现象比较明显。比如一些地区多数创业农民的创业项目都集中在相似作物的种植、养殖或小店铺经营等方面。这种同质化经营带来的一个后果是创业者之间的竞争日益加剧，产品或服务价格之间的竞争愈演愈烈，很多创业农民甚至陷入入不敷出的困境，最终退出创业。

乡村产业的振兴离不开创业农民的生产经营效益的持续提升，鉴于农民创业整体效益不高的现实，如何提升创业农民的生产经营效益是推动乡村产业振兴的关键。习近平总书记指出："创新是引领发展的第一动力""全面推进乡村振兴，必须坚持以创新为引领"。在农民创业的过程中，要解决创业农民盈利水平不高、经营可持续性不强等问题，必须发挥创新驱动的作用，通过采用或开发新的产品或服务、探索新的生产管理模式、采用新的技术方法、开辟新的市场等方式跳出农民创业同质化竞争的怪圈，提升农民创业的质量和效益。然而，当前农民的创新意识和创新能力仍较为薄弱（董翀，2021），因此探究创业农民的创新及其影

[①] 常钦：《农民工返乡就业创业机会多》，《人民日报》2022年9月20日第2版。
[②] 关育兵：《返乡创业缘何落入同质化竞争》，《新安晚报》2021年8月25日第A02版。

响因素,以便更好地指导推动创业农民的创新,不断提升其创业竞争力和经营效益,成为当前乡村振兴实践中亟待解决的一个重要现实问题。

(二)理论背景

虽然在人类发展的历史上从不缺乏创新的案例,然而创新作为一个话题受到学界的系统关注肇始于100多年前奥地利政治经济学家约瑟夫·熊彼特对创新在经济发展中重要作用的系统论述(熊彼特,1990)。熊彼特认为创新是一种突破性或革命性的变化,是把一种全新的关于生产要素和生产条件的"新组合"引入到生产体系之中,"建立一种新的生产函数"。时至今日,创新已经成为学术研究中最为炙手可热的话题,学界围绕创新开展了大量研究,相关文献可谓汗牛充栋。

受熊彼特对创新定义的影响,先前研究主要关注于精英阶层、高级知识分子或专业技术人员作为主体的创新,而忽视或低估了农民自身所具有的创新能力和主动性(Tambo & Wünscher,2017)。因为传统经济发展理论认为农民具有保守、落后、缺乏理性的特点(李学术,2011),很难想象他们能够引发开创性、革命性的创新成果。随着实践的发展和对创新研究的深入,学者们对创新的内涵和外延的认识不断推进。比如后续有学者认为革命性的创新不是一蹴而就的,对现有做法或模式的局部或点滴改良也可视为一种创新(渐进式创新;Kim & Huh,2015;尚增健,2002)。

此外,进入21世纪以来,经济的可持续发展理念在全球达成共识,社会开始更多地关注基层民众的需求,关注如何让更多人参与到推动经济可持续发展之中。在此背景下,"包容性创新""节俭式创新""草根创新"等一系列与基层民众相关的创新概念被提出(邢小强等,2015;Seyfang & Smit,2007;Hossain,2016)。这些概念虽然侧重点不尽相同,但基本都认同基层民众身上也蕴含着巨大的创新潜能。由此,学界对于金字塔底端基层民众(如农民)作为主体的创新开始受到重视,但相关成果多聚焦于基层社区的非专业民众在生活方面的创新,对于农民生产经营创新的研究有待推进。

二 研究问题与内容

虽然农民创新已经开始受到学界更多青睐,相关成果也不断累积,但由于该话题的探索仍处在起步阶段，因此在梳理现实需求和理论研究不足的基础上，本书具体提出以下研究问题：（1）农民创新是否是一个从创意产生（创造力）到创意执行（创新行为）的过程？（2）哪些因素影响了创意产生和创意的执行，如何促进创意产生向创意执行的转化？（3）不同类型的创新行为对农民生产经营绩效有怎样的影响？（4）对于政府相关部门而言，如何激发农民在生产经营中的创新行为？对这些问题的深入考察，不仅有助于丰富农民创新理论，而且也有助于推动农民创新实践，这些也正是本书的初心。

为了回应上述研究问题，本书主要开展了以下研究。

第一，针对研究问题 1 和 2，本书对农民创新的发生发展过程及其影响因素进行了扎根理论研究。在对文本进行三级编码的基础上，构建了农民创新的过程及影响因素模型：农民创新是一个从创意产生（创造力）到创意执行（创新行为）的过程，揭示哪些因素会影响农民创意产生，哪些因素会促进或抑制从创意产生到创新行为的转化。

第二，由于扎根理论固有的局限性，比如样本量较小难以保证结论的外在效度，难以定量描述变量间关系的大小。同时，考虑到扎根理论所构建的模型与现有的部分研究存在一些冲突（比如本书采用扎根理论研究发现社会网络会促进农民创意产生，但现有研究发现社会网络的作用并不一致[①]）。因此，为了进一步检验所构建的模型，回应现有研究中的不一致，以便更好地回答问题 1 和问题 2，本书开展了三项定量研究，分别探讨：强、弱关系网络对创意产生的影响；互联网使用与农民创意产生之间的关系；创意产生向创意执行的转化过程及边界条件。

第三，为了回答问题 3，本身对农民创新和创业绩效之间的关系进行了定量探索。具体考察了探索和利用两种形式的创新对创业绩效的影响，同时，结合扎根理论研究的发现，考察主动性人格经由农民创新对创业绩效的远端影响。

第四，为了回答问题 4，在对政策文本分析、质性研究和量化研究结果归纳的基础上，提出促进农民创新的对策建议。

---

① Saint Ville 等（2016）的研究发现弱关系网络较强关系网络更能影响农民创新，而叶敬忠（2004）的研究发现亲戚、朋友和邻居这些强关系网络是影响农民创新的最主要的因素。

三 研究方法

针对研究问题和内容的不同,本书选择与之相匹配的研究方法。具体而言,本书主要采用了文献分析法、扎根理论法、问卷调查法等研究方法。此外还使用了词频分析和共词网络分析等文本分析方法,以及词频分析、结构方程模型、因子分析、OLS 回归、交互效应分析、基于 bootstrapping 抽样的中介效应分析等多种文本或数据统计方法,具体所采用的研究方法如下。

1. 文献研究法。为了更全面梳理当前农民创新的理论背景和政策背景,本书收集、整理了基层创新、农民创新相关的国内外文献资料,对与农民创新有关的理论、政策发展脉络进行了分析。通过对基层创新相关概念的梳理分析,明确了农民创新这一研究话题的前沿性和理论价值;通过对农民创新相关文献的分析与比较,寻找现有研究的贡献和不足,进一步明确本书研究问题的理论价值;通过对农民创新相关政策演化过程的分析,进一步明确农民创新研究的政策和实践价值。此外,文献研究也为本书后续实证研究中研究方法的选择、变量测量工具的选取、研究方法的选用提供了重要的参考借鉴。

2. 扎根研究法。扎根理论是一种质性研究方法,该方法主要是基于对经验资料不断地归纳总结,形成概念,并对概念之间的关系进行分析,从而建立理论。这种方法能够抽取出超越现有理论的新信息,对新兴或尚未被充分研究的话题尤为适用。就本书而言,由于农民创新的研究相对较少,且对其过程和前因的探索比较零星。为了较为全面和深入地了解农民创新的过程及影响因素,本书深入到现象中去,对 21 位从事生产经营的农民进行访谈获取一手资料;同时为了扩大样本的代表性,还从互联网或报纸上获取了 7 位创业农民创新的案例资料。通过使用开放式编码、主轴编码和选择性编码的三级编码对所获取的资料进行分析,在此基础上归纳提炼出农民创新从创意产生到创意执行的过程模型,并挖掘不同阶段的影响因素。

3. 问卷调查法。在量化研究部分,本书以从事创业的农民为研究对象,使用了问卷调查法。具体来讲,选择了两种数据采集方式:一种是线下采集,由研究团队的成员入户寻找调研对象现场获取数据;另一种是线上采集，由于项目执行期间，恰逢国内暴发新冠疫情，大规模线下调查遇到了种种不便，为了尽可能采集大样本数据，项目组借鉴已有研究的做法，还采用了线上发放调查问卷来获取数据的方法。此外，为了尽可能控制共同方面偏差和反向因果关系，本书在对农民创业意愿向创业行为转化的研究中采用了两阶段配对的问卷调查方法，即在两个不同的时间点发放问卷收集数据，根据匹配码对两次收集到的数据进行匹配。对获取的数据根据研究问题和数据的类型选择相应的数据分析方法进行统计分析。有效的数据调研保证了本书量化研究的顺利开展。

4. 统计分析方法。在研究过程中，本书还采用了多种统计分析方法。(1) 在对农民创新政策的演化过程进行分析时，使用 Citespace 和微词云等文本分析软件进行词频分析和共词网络分析，以更直观地揭示政策演化的特点。(2) 在农民创新影响因素的扎根研究中，借助 Nvivo11 对获取的文本资料进行编码。(3) 在量化研究中，使用统计分析工具 SPSS 和 Mplus 进行数据分析，具体来讲：使用因子分析法对测量工具的结构效度进行检验；使用克隆巴赫系数对测量工具的内部一致性信度进行检验；使用 OLS 回归对因变量为连续变量的回归方程进行分析；使用结构方程模型法对模型的整体拟合情况进行考察；使用 Hayes（2022）的 process 插件基于 bootstrapping 抽样法对中介效应的显著性进行检验；使用交互作用分析法对调节效应的显著性进行检验。

四　研究路线与结构

(一) 技术路线

本书的研究流程与技术路线见图 1-1。如图所示，本书的研究路径主要包括研究主题的确定，理论、政策分析，主体研究和政策助力四个环节，各环节的主要内容及逻辑关系如下。

1. 研究主题确定环节：通过对实践背景和农民创新理论背景的分析，确定研究主题，并对研究问题、研究内容、研究方法、研究过程等进行总体设计。

2. 理论、政策分析环节：具体从三个方面对相关资料进行综述和分析，包括基层创新相关概念和理论的介绍、农民创新相关文献综述、农民创新相关政策演进研究。农民创新是基层创新的一个分支，

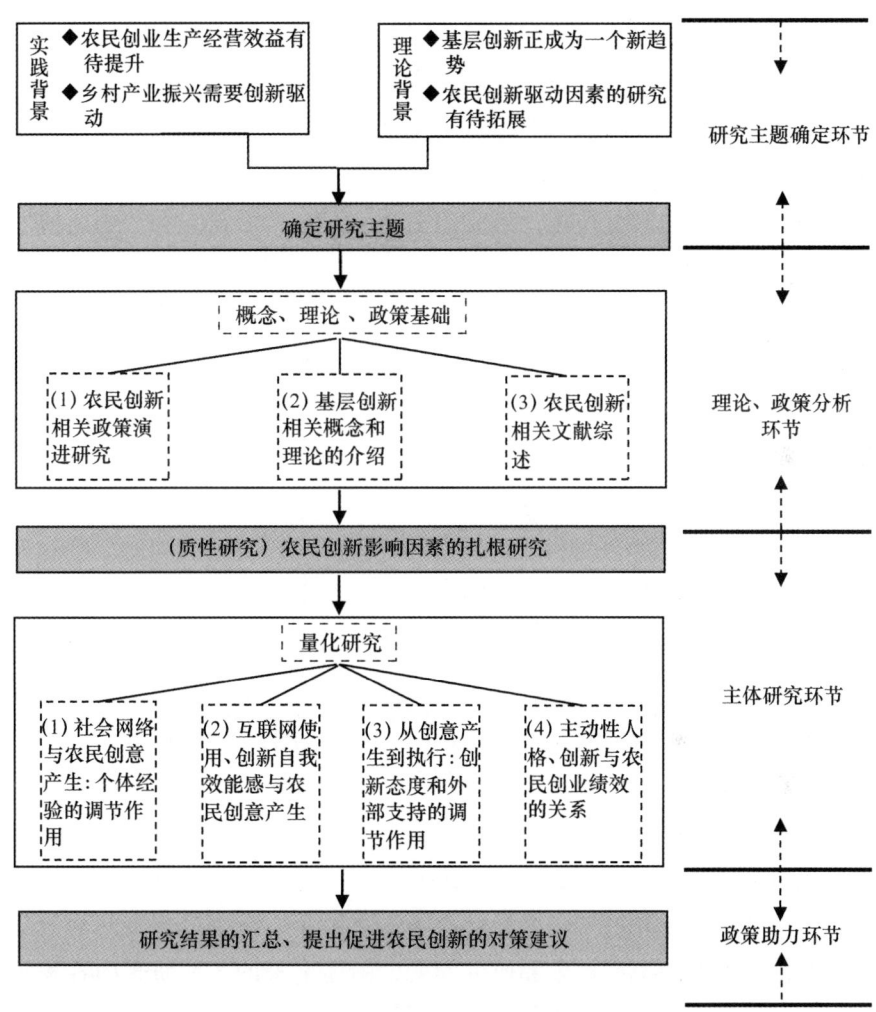

图 1-1 研究流程与技术路线

通过对基层创新的介绍，更好地理解农民创新研究的学术意义；通过对农民创新相关研究的综述，突出本书对农民创新过程及影响因素研究的必要性；通过对政策文本的分析说明农民创新研究的实践价值。这三个方面的分析和整理也为后续归纳整理相关对策和建议提供支持和借鉴。

3. 主体研究环节：本环节开展五项研究，包括一项质性研究和四项量化研究：质性研究主要基于扎根理论的方法系统考察农民创新的影响因素。量化研究结合质性研究的结果和现有文献中的困惑，既是对质性研究所构建模型的检验，也是对模型的优化和拓展。量化研究具体包括：研究1社会网络与农民创意产生：个体经验的调节作用；研究2互联网使用、创新自我效能感与农民创意产生；研究3从创意产生到执行：创新态度和外部支持的调节作用；研究4主动性人格、创新与农民创业绩效的关系。

4. 政策助力环节：这一环节主要对主体研究环节的研究结果进行提炼，同时结合理论、政策分析环节的趋势和问题，提出促进农民创新的对策和建议，为推动农民生产经营效益的提升、乡村产业的振兴提供政策助力。

(二) 结构安排

本书首先通过对实践和理论背景的分析，确定研究的问题。然后根据项目开展的整体思路，设计了四大部分十个章节的内容。第一部分为研究主题确定，主要包含第一章绪论；第二部分为理论、政策分析，主要包含第二章农民创新相关政策演进研究，第三章基层创新的相关概念和理论，第四章农民创新文献综述；第三部分为主体研究部分，主要包括第五章农民创新影响因素的扎根研究，第六至第十章相关实证研究部分；第四部分为政策助力，主要包括第十章结论与建议。各章的主要内容以及章节之间的逻辑关系安排如下。

第一章，问题界定与研究设计。本章主要介绍研究的现实和理论背景，并提出本书的研究对象和研究问题，阐述本书的主要研究内容和研究思路，说明开展各研究所使用的主要研究方法，陈述本书在理论和实践方面的贡献。

第二章，农民创新相关政策演进研究。本章搜集了与农民创新相关的国家层面的政策文件，对农民创新政策的发展阶段进行了划分，并基于Citespace和微词云软件，运用词频分析和共词网络分析的方法对不同阶段政策的特征从内、外两个方面进行描述：在外部特征演进方面，主要关注发文主体和主体合作网络在不同阶段的演化；在内部特征研究方面，从政策文本主题分析和话语策略分析两个方面对农民创新有关的政策文本进行分析。在分析的基础上，总结政策文本关注点的变化特征，奠定对于农民创新影响因素研究的政策基础。

第三章，基层创新的相关概念和理论。农民创新在理论根源上可以追溯到基层创新。本章主要介绍基层创新相关的一些概念和理论，具体包括包容性创新、草根创新、节俭式创新等概念或理论，通过对这些概念或理论的介绍进一步说明近年来学界对于基层创新的关注和重视，从而凸显农民创新这一研究选题在较为宏观的理论背景中的价值。

第四章，农民创新文献综述。本章在对农民创新相关文献进行系统检索的基础上，从文献的定量分析和农民创新的具体内容分析两个方面对相关文献进行概括。定量分析主要从相关论文的发表趋势、论文作者发表数量、所属机构和期刊来源等方面对农民创新的相关文献进行量化描述；具体内容分析主要从农民创新的概念、农民创新的测量、农民创新的影响因素和农民创新的作用后果四个方面对农民创新的相关文献进行归纳整理，并梳理分析现有文献的贡献和有待推进之处，提炼出本书研究的问题切入点。

第五章，农民创新影响因素的扎根研究。鉴于当前对农民创新的过程和影响因素的研究仍比较缺乏，本章基于创新的过程视角，使用扎根理论的方法，构建了农民创新的发展过程及影响因素模型：农民创新包括从创意产生到创意执行的过程，创新态度和创新支持会影响这一过程的发展；人力资本、信息网络会影响创意产生；主动性人格会影响创新的整个过程。由于质性研究难以精确衡量因素之间作用效应的大小，后续的第六章至第十章采用量化研究的方法对本章所构建的模型进行检验。

第六章，社会网络与农民创意产生：个人经验的调节作用。基于第五章扎根理论研究的发现，同时考虑到现有文献对社会网络和农民创新之间关系认识的不一致，本章主要考察不同社会网络类型对农民创意产生的影响，以及人力资本因素（个体经验）的协同作用。获取了615位在乡村从事生产经营的农民的调查数据，实证检验强关系和弱关系社会网络对于农民创意产生的不同影响，以及农民个人经验在强、弱关系网络和创意产生之间的调节作用。

第七章，互联网使用、创新自我效能感与农民创意产生。基于第五章扎根理论的研究发现，本章主要考察农民的互联网使用和农民创意产生之间的关系。同时为了更深入挖掘二者之间关系的机制，引入社会认知理论,提出了创新自我效能感的中介作用。本章使用问卷调查的方法,对互联网使用和农民创意产生之间的关系,以及创新自我效能感的中介机制进行了定量考察。

第八章,从创意产生到执行:创新态度和外部支持的作用。基于第五章扎根理论的研究发现,本章主要考察农民创意产生或创意在多大程度上能够转化为创新行为(创意执行),以及农民的创新态度和外部支持(包括亲友支持和政府支持)的协同作用。为了进一步强化本书中各变量之间的逻辑关系,本章还引入 AMO 模型解释变量之间的关系。本章使用问卷调查所获取的微观数据,定量分析了创意产生对创意执行的作用大小,以及农民对创新的态度和外部支持在创意产生与创意执行之间的调节作用。

第九章,主动性人格、创新与农民创业绩效。在综合分析现有研究不足和第五章扎根理论研究结果的基础上,本章考察主动性人格、创新行为和农民创业绩效之间的关系。使用两阶段配对调查的方法,获取了541份有效数据,对三者之间的定量关系进行考察。并进一步分析两种不同类型的创新(利用式创新和探索式创新)在主动性人格和农民创业绩效之间的中介作用。

第十章,结论与建议。本章对第五章到第九章的研究发现进行归纳总结,在此基础上提出推动农民在生产经营中创新的对策与建议,并对本书研究的不足进行说明,对未来的研究方向进行讨论分析。

五 研究贡献

本书的研究贡献主要体现在研究内容、研究视角、研究方法和实践启示等几个方面,具体内容如下。

第一,从研究话题来看,本书丰富了基层创新的成果,拓展了农民创新的研究。在创新研究领域,主流研究关注自上而下的创新(知识精英、专业人士所主导的创新),将基层民众作为创新的接受者。在包容性增长理念——寻求社会和经济的协调、可持续发展——的推动下,学界对于创新主体的关注从金字塔顶端的知识精英开始扩展到金字塔底端的民众,这种强调基层民众作为主体的创新开始成为创新研究领域的一个新兴话题。但当前基层创新的研究主要关注城镇社区民众在生活领域的创新（Sheikh & Bhaduri，2021；Stremersch et al.，2022），而对其他群体，比如农民创新关注较少。与创新的主流研究相一致，在"三农"研究领域，传统观点往往认为农民是创新的被动接受者（张瑞娟和高鸣，2018），将农民作为创新主体的研究相对较少。事实上，农民不仅仅是创新的被动接受者，他们也会主动寻求改变，甚至产生新的观念和做法（叶敬忠，2004；Goulet，2013）。本书以农民创新为研究话题，一定程度上弥补了当前对自下而上创新研究的不足，丰富了基层创新的研究。

第二，从学科交叉融合的视角来看，本书采用学科交叉的视域将心理学成果引入农民创新的研究之中，拓展了对农民创新影响因素的认识。现有农民创新的研究主要从经济学、管理学和社会学的角度考察农民创新的影响因素。比如学者们探索了性别、年龄、学历水平、外部支持等因素对农民创新的影响（如彭建娟等，2014；霍生平等，2022；Tirfe，2014），但对影响农民创新的心理因素关注不足。来自心理学的研究表明个体的人格、信念等心理特征是引发个体行为的更为直接的前因，客观条件或外部环境往往通过个体的心理特征影响其行为（Ajzen，1991）。因此，本书基于多学科融合的视角考察主动性人格和自我效能感等心理因素在促进农民创新中的作用，不仅丰富了多学科交叉的成果，拓展了对农民创新影响因素的认识，也回应了增强农民发展的内生动力的理论和现实呼吁（徐富明和黄龙，2022）。

第三，从研究内容来看，本书对农民创新发生发展的阶段和不同阶段之间的转化条件进行探索，深化了对农民创新发展历程的理解。已有农民创新的研究主要从行为或结果的视角分析农民创新的前因和后果（周萍等，2019；Tambo & Wünscher，2017），忽视了农民创新发展的过程观。事实上，创新行为不是闪现的，而是一个从创意产生（创造力）到创意执行或创新行为出现的发展过程（朱桂龙和温敏瑢，2020）。最近，创新的过程观开始受到学界越来越多的关注，因为只有通过对创新过程的深入研究，人们才能够更好地理解创新行为产生和发展的机制，并通过细致分析推动或抑制这一过程发生发展的条件，以更好地促进农民创新行为的产生。本书发现农民创新是一个创意产生到执行的过程，人力资本、信息网络、主动人格、创新态度、创新支持等因素分别会影响这一过程的不同阶段，由此，本书深化了对农民创新发生发展的认识。

第四，从研究方法来看，本书综合使用了质性研究和量化研究相结合的方法，使得研究结果更为稳健。现有农民创新的研究多采用质性研究的方法（如 Wu & Pretty，2004；叶敬忠，2004），虽然为数不多的一些研究也使用了量化研究的方法（如霍生平等，2022），但多种方法相结合的研究较为鲜见。本书使用质性研究和量化研究相结合的方法对农民创新的相关问题进行探索。首先使用扎根理论的质性研究方法对农民创新的过程及影响进行分析，构建农民创新的过程及影响因子模型；其次使用问卷调查的方法并结合数据的定量分析，对各因素之间是否存在关联以及影响效应的大小进行量化检验。这种多种方法的综合运用也增强了本书研究结果的可靠性。

第五，从实践来看，本书的研究成果也具有较为重要的实践和应用价值。实施乡村振兴战略是关系全面建设社会主义现代化国家的全局性、历史性任务。产业振兴是乡村振兴的切入点。近年来，虽然参与乡村创业的农民在数量上几乎呈指数级增长，但农民所创事业发展模式单一、发展水平不高、经营效益不佳等问题比较突出（郭承龙，2015；芮正云和方聪龙，2018），习近平总书记指出："创新是乡村全面振兴的重要支撑。"[①] 本书响应创新驱动发展的号召，对农民创新过程及影响因素进行研究，并提出了一些促进农民在生产经营中创新的对策建议。这些研究成果能够为政府相关部门制定促进农民创新的政策提供理论、实证、经验支持和策略参考。

---

① 习近平：《论"三农"工作》，中央文献出版社2022年版，第297页。

第二章

农民创新相关政策演进研究

本章是本书研究的政策实践基础。近年来，在创新驱动发展理念的指导下，大众创业、万众创新（以下简称"双创"）的实践不断向更大范围、更高层次、更深程度推进。作为双创不可或缺的力量，农民创新在双创的浪潮中也呈迅猛发展之势（淦宇杰，2021）。农民创新的发展离不开国家政策的引导，尤其在乡村振兴战略背景下，农民创新被给予了更多关注。本章拟对农民创新相关政策演进的过程进行分析，以便从政策发展的角度理解农民创新研究的必要性和重要性，同时为本书的研究找到政策上的对接点。需要说明的是，关于农民创新的政策可谓汗牛充栋，从中央一号文件，到各部委出台的文件政策通知，再到各省、市、县的农村农业政策，数量十分庞大。本书主要关注国家层面（中共中央、国务院或各部委）发布的农民创新有关的政策文件，原因有两个方面：一是各省市县的政策文件往往根据国家层面的文件来制定，是对国家层面政策要求的具体落实，因此关注国家层面的文件具有较大的代表性；二是各省市县的文件往往具有比较鲜明的地方特色，普适性不强。

本章的结构主要包括五个部分：第一，介绍政策文件的检索方式、来源、数量等基本情况；第二，根据关键事件或关键文件对农民创新相关政策的演进阶段进行划分；第三，从不同阶段发文主体、发文数量和发文主体合作网络等方面分析农民创新相关政策外部特征演化的特点；第四，从政策文本主题词、创新话语策略两个方面对农民创新相关政策的内部特征的演化特点进行分析；第五，对本章的内容进行讨论和总结。

第一节　政策文本的检索及精炼

为了更全面检索相关政策，本章借鉴以往政策文本分析文献中的政策检索策略（如俞立平等，2022），主要使用北大法宝和中国知网（政府文件）两个在线数据库平台选取政策样本。此外，由于农业农村部和乡村振兴局是农业、农村、农民（以下简称"三农"）相关问题的主要发文部门，为了尽可能保证政策文件的完备性，我们还以农业农村部网站为样本搜集的补充平台。具体检索策略如图 2-1 所示：使用北大法宝检索平台，分别以"农民创新"或"农民创业创新"[①] 为关键词在全文中进行搜索，共检索到 76 份相关政策文本；使用中国知网（政府文件）平台，以"农民创新"或"农民创业创新"为关键词在全文中进行搜索，共检索到相关政策文本 83 份，由于两个平台有大量重复的政策文本，剔除重复的政策文本 71 份。此外，还有一部分政策文本是对意见或建议（如全国人大会议相关建议）的函复，或者是协会（如中国科学技术协会）的活动或课题奖励文件，这些内容要么已经涵盖在相关的行政法规或部门规章之中，要么效力位阶相对较低，这里亦进行了删除。为了避

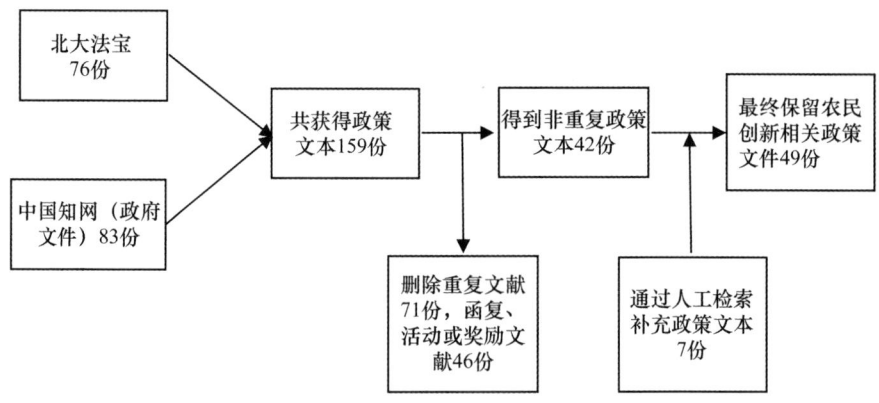

图 2-1　政策文本的检索及精炼过程

[①] 需要说明的是，在国家的政策文件中创新和创业往往作为密切相关的词语连在一起使用，因此在农民创新政策的查找中，包含了农民创新创业有关的政策。

免重要文件的遗漏,我们又在与农民创新密切相关的两个中央部门机构农业农村部和乡村振兴局的网站上对相关政策文件进行了人工检索,最终获得与农民创新相关的国家层面的政策文本49份,作为本章的研究样本。

第二节 农民创新相关政策的演进阶段

根据相关关键词的出现时间和农民创新创业发展过程中的标志或关键性事件(比如2014年李克强总理在夏季达沃斯论坛上提出"大众创业""万众创新"),本章将农民创新相关政策发展过程划分为萌芽培育、快速发展和提质升级三个阶段,具体各阶段的时间划分、特点、标志性事件如图2-2所示。

萌芽培育阶段	快速发展阶段	提质升级阶段
◆主要聚焦于农民的培训,鼓励对部分优秀者进行创新创业引导 ★2002年颁布了修订的《中华人民共和国农村土地承包法》(2003年施行)和《中华人民共和国农业法》(2003年施行),两部法律法规解决了农民创业创新的土地问题和权益保障问题	◆鼓励有各种经历的农民尽可能多地参与到创新创业中去 ★2014年9月时任总理李克强在夏季达沃斯论坛上提出"大众创业""万众创新"的概念,2015年政府工作报告中"双创"这一关键词频频出现	◆强调乡村产业振兴要走创新驱动,高质量发展的路线 ★2020年农业农村部联合科技部、财政部、人力资源和社会保障部、自然资源部、商务部和银保监会出台《关于推进返乡入乡创业园建设 提升农村农业创新水平的意见》,提出强化创新引领,深入推进农村创业创新
2003—2014	2015—2019	2020—2022

图2-2 农民创新相关政策演进阶段

第一,萌芽培育阶段(2003—2014):总体来看,这一阶段的政策侧重于扩大粮食、动物性产品的生产和产量,促进劳动力向外输出以增加农民收入,但这一阶段相关政策已经开始关注农民的创业创新问题。比如2002年全国人民代表大会常务委员会通过了与农民创新创业有关的两部重要法律,即《中华人民共和国农村土地承包法》(2002年修订,2003年实施)、《中华人民共和国农业法》(2002年修订,2003年实施)。前者规定了农民的土地使用权,从根本上解决了农民创业创新的土地问题；后者对农民自主开展生产经营活动提供了法律保障，比如要求各级地方政府"不得干涉农民自主安排的生产经营项目"等。这两部法律为农民创业创新的权益提供了基本保障。2003年农业部印发的《关于做好2003年科教兴农工作的意见》中提出了启动"新型农民创业培植工程"，从学员中择优培训新型农场经营者和农民企业家。此外，在这一阶段，国家也着力改善农村的道路、通信等基础设施。2006年农业部发布的《全国农业和农村经济发展第十一个五年规划（2006—2010年）》中着力强调要大力改善农民饮水、能源、道路、居住、通信等基础条件，这为农村创新创业的开展提供了基础环境。但总体来看，这一阶段国家的政策仍然关注于农村人口的向外地转移，对农民作为主体所开展的创业创新重视相对不足。比如《全国农业和农村经济发展第十一个五年规划（2006—2010年）》中将"农民外出务工每年新增500万人左右"作为"十一五"时期的一个重要发展目标。

第二，快速发展阶段（2015—2019）：这一阶段政策的主要特点是大力鼓励倡导农民乡村创业创新。2014年时任总理李克强在第八届夏季达沃斯论坛讲话中提出了要在中国大地"掀起一个'大众创业'、'草根创业'的新浪潮"、要"形成'万众创新'、'人人创新'的新态势"。2015年政府工作报告的工作部署部分多次提出要推动"大众创业、万众创新"，由此掀起了全国（包括乡村农民）创业创新的高潮。2015年农业部办公厅下发了《关于加强农民创新创业服务工作促进农民就业增收的意见》，提出必须把加强农民创新创业服务工作作为主管部门的重要职责来抓，要抓紧抓好，要引导外出务工农民、退伍军人、大学毕业生等返乡加入乡村创业创新的队伍中。2016年《中共中央国务院关于落实发展新理念加快农业现代化实现全面小康目标的若干意见》中指出破解"三农"问题，必须激发亿万农民的创新创业活力，更多地释放农民农村发展的新动能。2017年党的十九大报告中习近平总书记提出乡村振兴战略，为我国农民创业创新规划了一个更为宏伟的蓝图，极大地推动了乡村农民的创新创业。2018年国家出台《中共中央国务院关于实施乡村振兴战略的意见》，意见提出要实施乡村就业创业促进行动，大力发展乡村特色产业，支持引导党政干部、企业家、各类专业技术技能人才等以各种方式服务于乡村振兴，这种智力的输入有助于多元思维的碰撞，为农民创业创新注入新的活力。有数据显示截至 2019 年在乡创业创新人员已达 3000 余万人①，而这其中大部分是创业农民。总体来看，虽然这一阶段政策文件大力强调乡村创新创业，但相对于创新，对农民创业的关注更为突出。

第三，提质升级阶段（2020—2022）：这一阶段重点强调乡村产业振兴要走创新驱动、高质量发展的路线。随着乡村创业规模的不断扩大，农民创业的一些问题逐渐涌现，比如农民创业羊群效应比较突出，创业者生产或服务内容高度相似、营销策略雷同，导致本地同行业者竞争激烈，生产经营效益不高的现象比较突出，创业失败屡见不鲜（郭承龙，2015）。因此，如何打破跟风式创业，促进创业农民生产经营的差异性和创新性成为亟待解决的问题（芮正云和方聪龙，2018）。强化创新在乡村产业振兴中的驱动作用，在 2020 年后的政策文件中体现得尤为突出。2020 年农业农村部联合科技部、财政部、人力资源和社会保障部、自然资源部、商务部及银保监会六个部委发布了《关于推进返乡入乡创业园建设提升农村创业创新水平的意见》中明确提出要坚持创新驱动，鼓励开发新技术新产品，催生新的产业新业态，用创新引领创业发展。2021 年农业农村部在《关于推动脱贫地区特色产业可持续发展的指导意见》中指出脱贫地区要关注新业态、新产业，脱贫地区的可持续性发展离不开创新，尤其明确提出了特色化、差异化和多元化的"三化"创新发展方向。2022 年国家乡村振兴局、教育部、工业和信息化部、人力资源和社会保障部、住房和城乡建设部、农业农村部、文化和旅游部以及全国妇联八个部委下发《关于推进乡村工匠培育工作的指导意见》，提出要弘扬敬业、精益、专注、创新等工匠精神，要激发传统艺人的创新活力，带动乡村特色产业发展。

第三节　农民创新相关政策外部特征演进

在政策文件演进的研究中，发文主体的变化是描述政策外部特征

---

① 《2020 年返乡入乡创业创新人员料达 1010 万》，中国新闻网，网址：https：//baijiahao. baidu. com/s？id＝168 7381730881680868&wfr＝spider&for＝pc。

演进的一个重要维度（沙德春和何新伟，2023），因此本章对上述三个阶段发文主体的特征进行了分析。考虑到在纵贯20年的时间里，一些政府机构经历了调整和改革，比如有的撤销、有的合并、有的更名、有的新增。为了便于分析，对于发生变更的政府机构，按照其主要职责的归属，统一使用当前政府机构的名称进行指称（比如原"农业部"用"农业农村部"来指称，原"林业局"用"国家林业和草原局"来指称）。

一　发文主体演化

为了更为直观地了解政策发文主体的变化，本章使用文本分析可视化工具Citespace和微词云对政策发文主体，以及发文主体之间的联合发文情况进行了分析。所搜集到的49份政策文本共涉及33个发文主体[①]，本章基于发文主体出现频率的高低绘制了发文主体词云图（如图2-3所示）。从词云图中可以初步发现几个特点：（1）从出现频率来看，农业农村部是农民创新相关政策的最为主要的发文部门；（2）从发文数量来看，农民创新引起了多个部委的关注，说明农民创新的实现也离不开其他部门的协同，这在一定程度上体现了农民创新的复杂性和重要性。

在农民创新政策演化的三个阶段中，每个阶段单主体（主要是农业农村部）的发文量都在半数以上，但总体而言多主体发文的比例随政策的演进有所提升，且逐渐呈现出从单部门主导到多部门联合的变化趋势。比如在萌芽培育阶段共有政策文本15份，其中单主体发文量为12份，多主体发文量仅3份，多主体发文量占比20%；快速发展阶段共有政策文本25份，其中单主体发文量为17份，多主体发文量为8份，多主体发文量占比32%；提质升级阶段共有政策文本9份，其中单主体发文量为5份，多主体发文量为4份，多主体发文量占比44%。

[①] 由于国务院机构改革，部分文件的原发文机构已经更换了名称，为了方便统计发文主体的数量，本书统一用调整后的机构名称代替原机构名称。如用农业农村部代替原农业部、用文化和旅游部代替文化部、用银保监会代替银监会等。

第二章 农民创新相关政策演进研究 / 19

图 2-3 发文主体词云图

注：词云图中字号的大小代表出现的频率，字号越大表明该主体出现的次数越多，反之，出现越少。

二 主体合作网络演化

发文主体合作网络总体呈现出从"单级"向"多元化"发展的变化趋势。为了更好地把握合作网络演变的规律，借鉴黄晓斌和邓宝赛（2020）的做法，采用可视化技术，使用定量的方法对不同阶段政策发文主体的合作网络进行定量分析。具体而言，首先对各阶段的政策发文主体进行提取，然后使用微词云构建政策发文主体之间的相关矩阵，最后使用 Vosviewer 绘制发文主体之间的关系网络。不同阶段政策发文主体的合作网络如图 2-4、图 2-5 和图 2-6 所示，三个图形分别对应政策文本演进的萌芽培育阶段、快速发展阶段和提质升级阶段。其中，每个节点均代表了一个政策发文主体，一个节点与其他节点之间连线的多少代表了该主体与其他发文主体联合发文次数的多少，特定节点连线越多代表该主体与其他发文主体联合发文的次数越多；反之，特定节点连线越少，代表与其他节点联合发文的次数越少。节点的位置代表了该发文主体的中心性，越趋于中心位置，表明发文主体的发文量越大。以下对三个阶段发文主体及主体间合作网络特征进行具体分析。

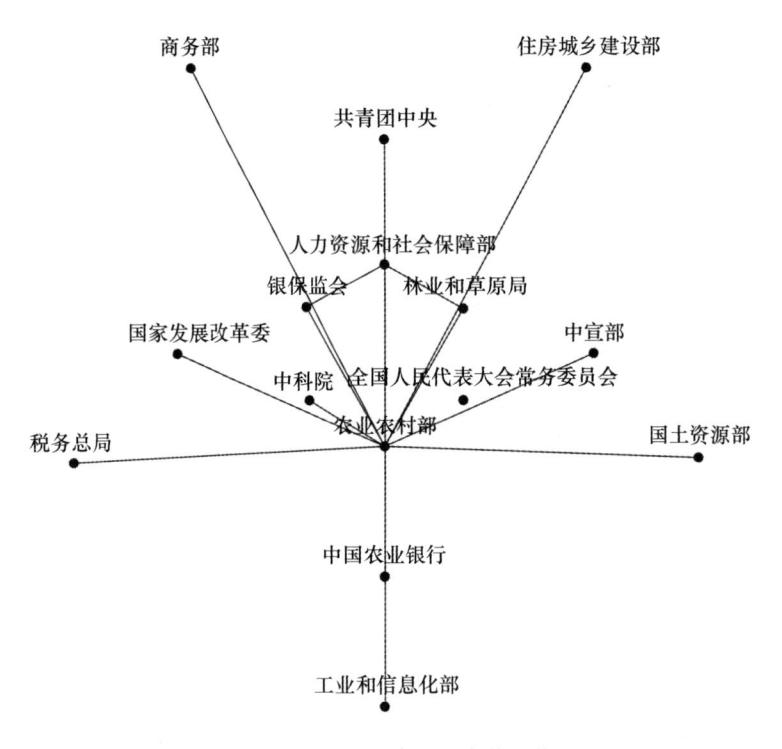

图 2-4 萌芽培育阶段合作网络

第一，萌芽培育阶段：从图 2-4 可以发现，该阶段的发文主体相对比较单一，发文主体之间联合发文的数量较少，发文主体核心网络尚未形成。总体来看，这一阶段发文主体的数量较少（主要有 9 个）；联合制定政策的主体部门也相对较少；在所有发文主体中，农业农村部在发文主体网络中的核心地位极为明显，其单独发文量占该阶段发文总量的 80%。

第二，快速发展阶段：从图 2-5 可以发现，该阶段发文主体的数量和核心都有所增加，发文主体的数量达到 14 个，发文核心除农业农村部外，国家发展和改革委员会也比较突出。该阶段农业农村部单主体发文量占比为 68%，较第一阶段有所下降。此外，该阶段核心网络开始出现，与上一阶段相比，不同主体联合发文的数量迅速增加。虽然农业农村部仍然是政策发文的最主要部门，但以国家发展和改革委员会为主体的发文核心网络也开始初步出现。

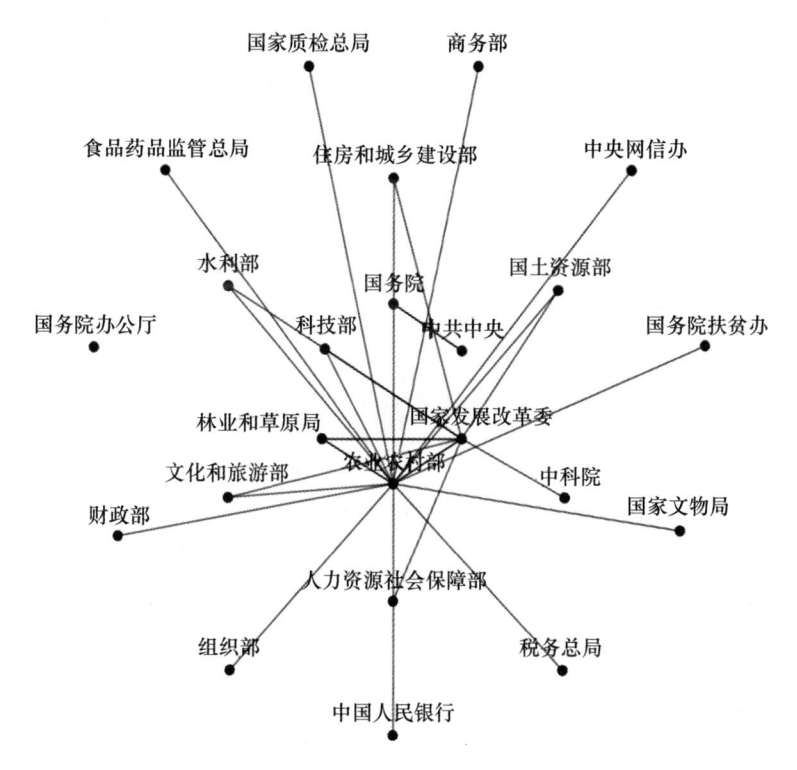

图 2-5 快速发展阶段合作网络

第三，提质升级阶段：从图 2-6 的合作网络中可以发现，该阶段的特征是核心网络呈现分散化、核心主体开始多元化。虽然这一阶段只包括了 2020—2022 年三年中央机关发布的 9 份相关文献，但发文主体已经达到了 13 个。该阶段农业农村部单主体发文量的占比为 56%，较第二阶段继续下降。此外，发文核心的数量增长到三个。长期由农业农村部构成的发文核心网络开始被打破，国家乡村振兴局、人力资源和社会保障部也成为发文核心。需要说明的是，发文主体网络的多元化趋势并非意味着对于农民创新问题关注度的降低，或者农业农村部在促进农民创新中作用的削弱。事实上，这种发文主体的多元化更凸显了农民创新的重要性，并进一步说明了推动农民创新工作越来越受到更大范围的关注和支持。

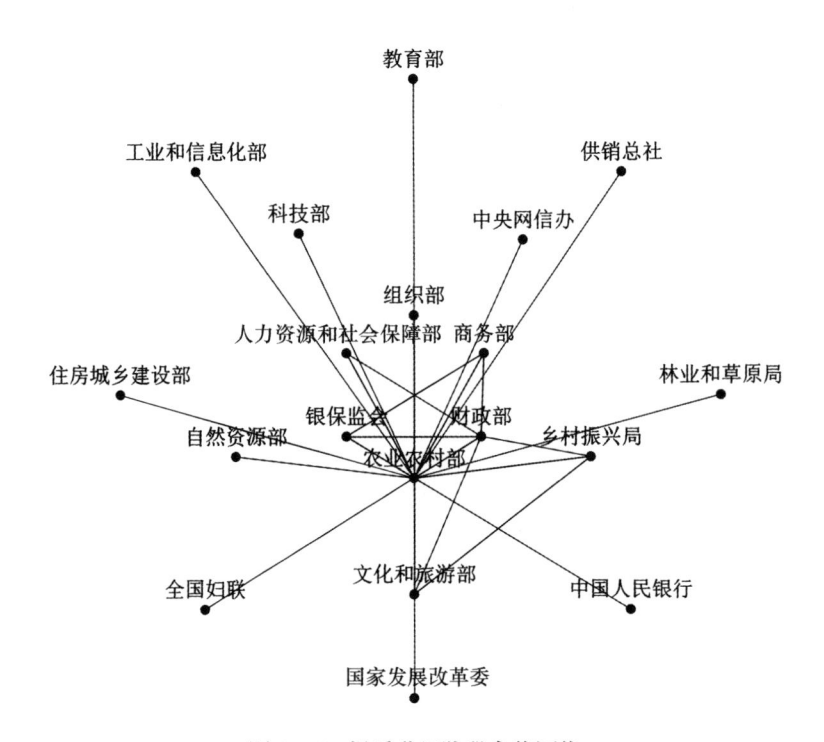

图 2-6 提质升级阶段合作网络

第四节 农民创新相关政策内部特征演进

一 政策文本主题词分析

为保证政策文件主题词选择的规范性，本章按照以下原则进行主题词的选择：(1) 仅把有明确对象的词纳入主体词范畴，一些意向含糊的动词（如强化、引导、鼓励、支持等）、形容词（落实、明显、重要等）、副词（如进一步、不断、长期等）等不纳入主题词分析的范畴。(2) 对同义词进行统一，如将"创意产生""革新""创造力"等同于"创新"，将"承包经营"也等同于"创新"［刘新智和刘雨松（2015）认为承包经营是家庭农场的前身，可以视为一种早期的农民创业创新活动］。(3)

采用微词云自动分词和人工手动分词相结合的分词策略。一方面使用微词云分词工具对政策样本进行自动分词，另一方面对于分词工具错误识别的关键词进行手动修正（如自动分词工具会将"三品一标"分为"三品"和"一标"两个词，但在政策文本中"三品一标"是作为一个独立的词）。(4) 按照 tf-idf 算法①而非词汇出现的绝对数量选择主题词。因为不同阶段所发布的政策的数量差别较大，如在第二阶段政策文本的数量达到了25个，而在第三阶段政策文本的数量仅有9个，为了避免因为政策文本的数量或长度可能带来的主题词绝对数量的变化，所有主题词按照 tf-idf 算法进行排序（王春柳等，2019；陈悦等，2015）。根据 tf-idf 的计算结果，本章整理出了不同阶段政策文本中排名前20的主题词汇（具体如表2-1所示）。

表2-1　　　　　　　三个阶段文件中排名前20的主题词

1. 萌芽培育阶段	2. 快速发展阶段	3. 提质升级阶段
1. 农业；2. 农产品；3. 农民；4. 农村；5. 粮食；6. 园区；7. 工程；8. 技术；9. 动物；10. 重点；11. 优势；12. 农村经济；13. 国家；14. 能力；15. 科技；16. 市场；17. 质量；18. 试点；19. 资源；20. 创业	1. 农村；2. 农业；3. 创业；4. 农民；5. 创新；6. 农产品；7. 乡村；8. 主体；9. 产业；10. 体系；11. 企业；12. 机制；13. 基地；14. 技术；15. 平台；16. 职业；17. 科技；18. 社会；19. 资源；20. 现代农业	1. 乡村；2. 农产品；3. 创业；4. 工匠；5. 创新；6. 品牌；7. 地区；8. 绿色；9. 产业；10. 种养；11. 政策；12. 特色；13. 重点；14. 基地；15. 特色产业；16. 国家；17. 培训班；18. 学员；19. 人才；20. 质量

从表2-1的主题词可以发现，农村、农业、农民、乡村、农产品等与"三农"有关的词汇在三个阶段中均排在了前列。这一结果一方面从主题词的角度支持了本章所选择的政策文本的有效性；另一方面也说明"三农"的重要性在各个阶段均比较突出。虽然三个阶段都关注"三农"问题，但不同阶段的政策文本在农村的发展、农民的生产经营等微观方

---

① tf-idf 是一种统计方法，用以评估一个字词对于一个文件集或一个语料库中的其中一份文件的重要程度。字词的重要性随着它在文件中出现的次数成正比增加，但同时会随着它在语料库中出现的频率成反比下降。

面关注的重点仍存在一些差异。

（一）萌芽培育阶段政策主题词及共现网络的特征

在萌芽培育阶段，政策文本中基本没有提到"创新"一词。从对主题词的分析中可以发现，这一阶段政策文件所关注的是农产品的增产、农业技术的推广和农民收入的增加，仅有为数不多的政策文件谈到了农民创业的问题。为了更好地理解这些主题词之间的关系，绘制了在该阶段排名前30的高频主题词的共现关系图谱（见图2-7）。从图2-7中可

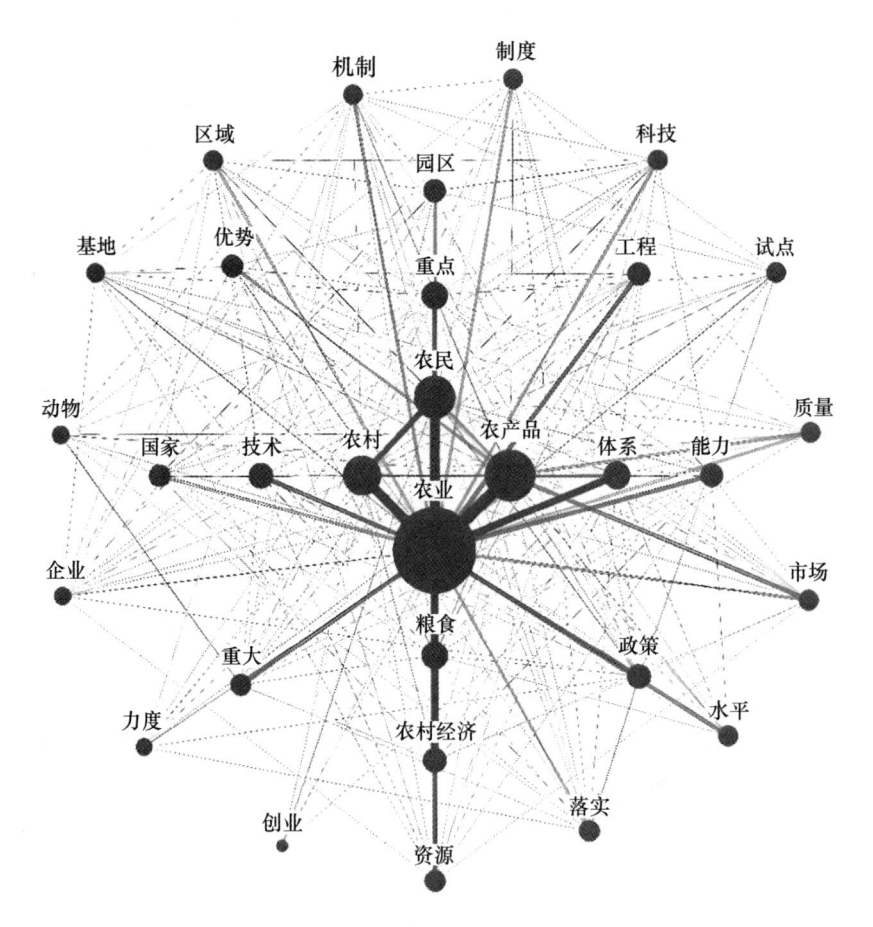

图2-7 萌芽培育阶段高频主题词共现网络

注：圆点的大小代表相应主题词出现的频次的多少，越大表明频次越高；反之越低。各主题词之间的连线代表两个主题词之共现的次数，线越粗代表两个主题词共现的次数越多，反之越少。下同。

以发现,"农业"是该阶段排名第一的高频主题词,其位于网络的核心,说明政策文本首要关注农业在动植物产品生产方面的功能。此外,农业与"农民""农村""农产品""粮食"主题词都存在着非常高的共现关系,共同构成了共现网络的内层。结合政策文本的具体内容分析发现,这一时期的政策主要关注于农民的学习和生活、农产品的生产、农村基础设施的建设和完善、粮食生产4个核心方面。

对"农民""农村""农产品""粮食"4个与农村关系密切的主题词进一步分析发现,这一时期的政策文本主要关注4个方面的内容:(1)关注农民的学习和生活。为了改善农民生活,强调加强培训提升农民的知识和能力;鼓励外出务工,提高农民收入;增加政府财政对农民的补贴。(2)关注农产品的生产。一方面关注农产品的供给保障能力,提升农产品的质量;另一方面关注农产品的市场体系建设和优化,提升农产品流通效率,促进农产品的低成本流通。(3)关注农村基础设施建设。比如强调推动农村信息化的发展,加大对农村的投入和财政支出,以更好地推动农村经济快速发展。(4)关注粮食产量增加,促进农民增收。虽然粮食也属于农产品,但由于粮食生产在农产品中的重要性,所以政策文本中对于"粮食"生产进行了特别强调。这一阶段政策的主基调是稳定粮食生产,确保粮食安全,同时鼓励农民对粮食的深加工,增加农民收入,培育拉动农民收入的新增长点。

从这一阶段的主题词来看,政策文件对于农民创业创新的论述相对比较匮乏,在排名前30的高频主题词中,仅有"创业"(出现频率32次)排在比较靠后的位置,"创新"一词更是没有进入排名前30的主题词中。仅有个别政策谈到了鼓励一部分农民创业创新,比如农业部发布的《关于做好2013年农业农村经济工作的意见》中谈道:"鼓励和支持承包土地向专业大户、家庭农场、农民合作社流转,发展多种形式的适度规模经营。"

(二)快速发展阶段的主题词及共现网络特征

图2-8呈现了快速发展阶段各政策文本的高频主题词的共现网络。从该网络图可以发现,在快速发展阶段排名首位的主题词与萌芽培养阶段有所不同。快速发展阶段政策文本中出现的最高频的主题词已经不再是"农业"一词独大,"农村"这一主题词开始和"农业"并驾齐驱。

这一变化说明政策对农村的定位开始有所变化，出现了从最初只关注第一产业农业向开始鼓励农民从事第二第三产业的转变。从"农村""农业""创业""农民""创新"这几个高频主题词及其相关联的共现主题词可以发现这一时期政策文本的一些特点：继续关注作为第一产业的农业在农产品供给方面的保障功能，大力支持农民在农村的创业创新，引导鼓励企业、人才、信息等更多资源向农村投入，努力推动农村经济社会发展。

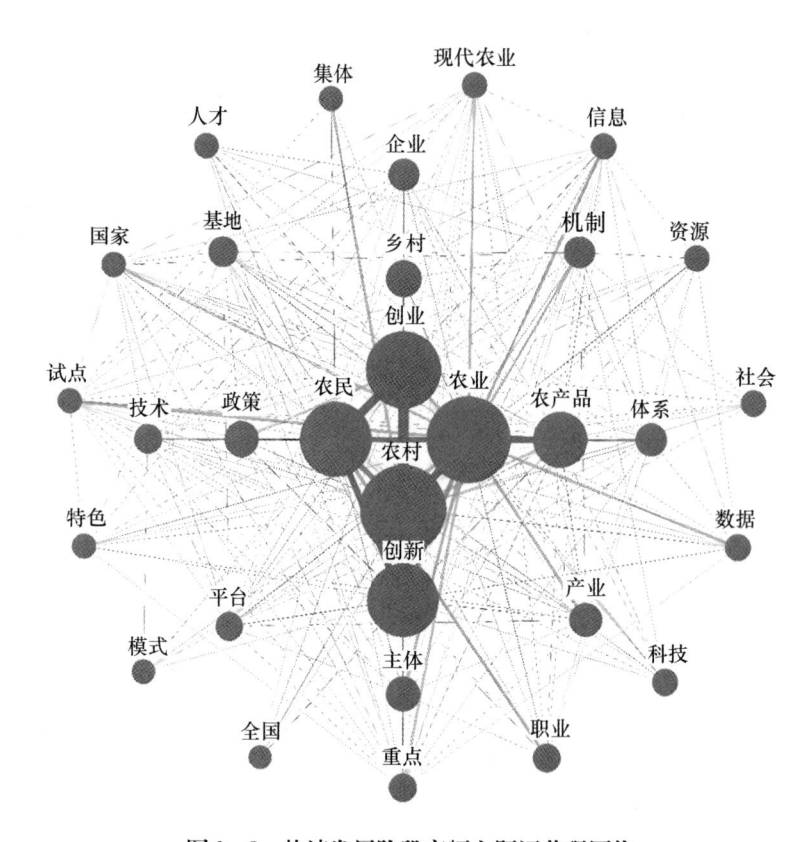

图 2-8 快速发展阶段高频主题词共现网络

这一阶段的特点具体体现在三个方面：（1）继续强调提升农产品的质量，发挥农业农产品的供给保障作用。这一点基本延续了第一阶段的思想，农业所提供的农产品是人生存和发展的基础，因此确保农产品质量安全，推动农产品的加工和流通也是这一阶段的重要任务。但与第一阶段略有不同的是，快速发展阶段开始注重一二三产业的融合发展。比如在 2015 年《农业部关于积极开发农业多种功能大力促进休闲农业发展的通知》一文中强调，要开发农业的多种功能，大力发展休闲农业，促进农村一二三产业的融合。（2）大力支持农民在农村创业创新。在萌芽培育阶段，政策的主基调是鼓励农民外出务工以增加收入，而"创业""创新"两个主题词出现频率很低，处于被弱化的边缘地点；而在快速发展阶段，政策文件大力倡导降低创新创业门槛，让尽可能多的农民返乡、在乡创业创新，通过农民自组织、自激励的创业创新增加收入，驱动农村的全面发展。（3）鼓励更多资源要素向农村汇集，促进农村创业创新。该阶段政策文本提出了一系列具体措施鼓励农民创业创新，比如鼓励金融机构、投资机构、企业等社会资金为农民创业创新提供资金支持；打造以农产品科研院所、大专院校等为重点的科技创新平台、农村创新创业人才培训孵化基地等促进农民创业创新；引导大学生、返乡农民工、退伍转业军人、退休技术人员、农村青年、农村妇女等多个主体参与到农村科技创业之中。

（三）提质升级阶段的主题词及共现网络特征

图 2-9 直观展示了提质升级阶段政策文本中高频主题词及其共现情况。从图中可以发现，提质升级阶段最高频的主题词是"乡村"。三个阶段中高频主题词从"农村"再到"乡村"的转变不仅体现了国家对农村定位改变，也体现了农村产业结构的变化。随着快速发展阶段返乡农民、农村青年、农村妇女等各类农民，以及大学生、各类技术人员、退伍军人等在农村大规模、大范围的创业，农村已经不再局限于第一产业的发展，第二、第三产业在农村经济发展中的占比迅速增加。比如农业农村部 2018 年上半年发布的统计数据显示"农民经营性收入中，来自二三产业的收入占比达到 49.8%，增速达到 10%"。在这种多产业综合发展的背景下，以往所认为的"农村"（以从事农业为主要谋生手段的居民所组成的区域社会）的概念已经不再合适（王洁钢，2001）；而用于描述人们在农业生产、工商业经营等各种经济活动和社会关系的"乡村"成为更为凸显的主题词。鉴于农民创业蓬勃发展和农民创业创新不足之间的鲜明对比（芮正云和方聪龙，2018），创业农民的创新在这一阶段开始成为政策文本关注的重点。

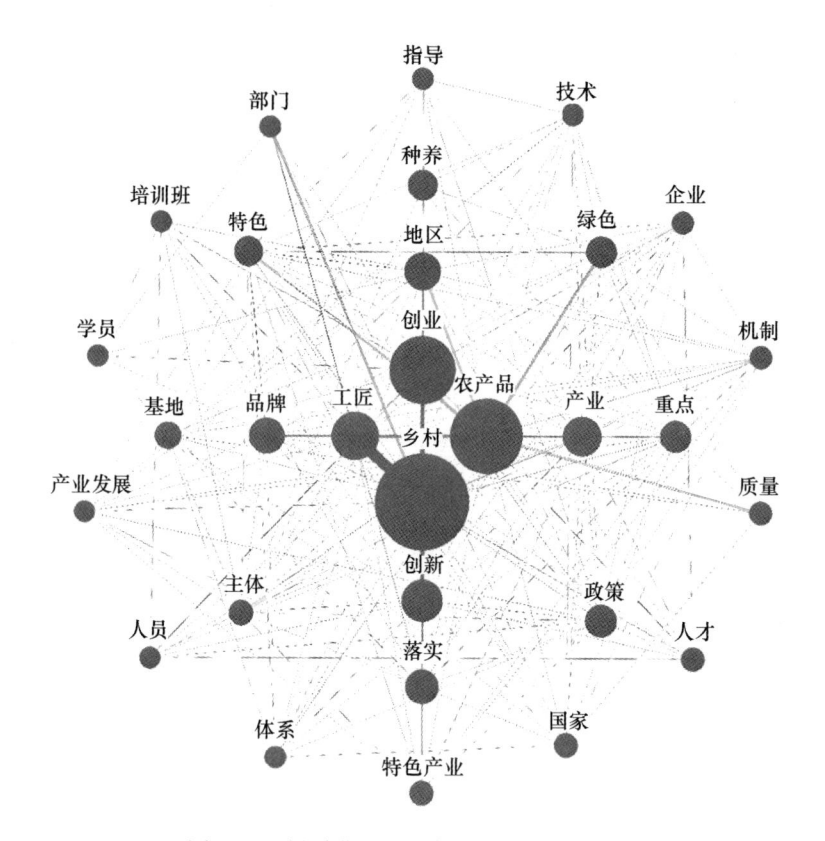

图 2-9 提质升级阶段高频主题词共现网络

对比图 2-9 和图 2-8，虽然从主题词出现的绝对次数来看，"创新"这一主题词在本阶段出现的次数较快速发展阶段有所降低，但这并不意味着创新不再重要，恰恰相反，这一阶段政策文件对于创业农民创新的要求更高。具体表现在政策文本中对于"创新"的外延阐述得更为详细，对于农民创新的方向和方法指导得更为明确，使用了很多更为具体的创新主题词来代替"创新"。例如从图 2-9 可以发现"特色""绿色""工匠""品牌""特色产业"等出现频率较高的主题词。这些主题词更具体地指明了创新的方向，强调了农产品提升品质，创新组织和营销模式，鼓励挖掘乡村特色，走差异化发展的道路，增加生产经营效益。例如，2020 年农业农村部、科技部、财政部、人力资源和社会保障部、自然资源部、商务部和银保监会联合发布的《关于推进返乡入乡创业园建设提升农村创业创新水平的意见》中明确提出"要新建一批特色突出、设施齐全的返乡入乡创业园，搭建众创空间和星创天地等平台，构建'生产+加工+科技+营销+品牌+体验'多位一体、上下游产业衔接的创业格局"；2021年农业农村部、国家发展和改革委员会、财政部、商务部、文化和旅游部、中国人民银行、中国银行保险监督管理委员会、国家林业和草原局、国家乡村振兴局和中华全国供销合作总社在《关于推动脱贫地区特色产业可持续发展的指导意见》中指出"依托田园风光、绿水青山、村落建筑、乡土文化、民俗风情等特色资源，发展乡村旅游、休闲农业、文化体验、健康养老等新产业新业态，突出特色化、差异化、多元化""发展地域特色鲜明、乡土气息浓厚的特色种养业，建成一批绿色标准化基地。推进品种培优，发掘一批优异种质资源，提纯复壮一批地方特色品种，自主培育一批高产优质多抗的突破性品种，以特色赢得市场"；2022年农业农村部《关于实施农产品"三品一标"四大行动的通知》中指出"不断提高农产品质量品质，全产业链拓展增值增效空间，让农产品既要产得出、产得优，也要卖得出、卖得好，将农产品'三品一标'打造成高品质、有口碑的农业'金字招牌'"。

二 创新话语策略分析

话语策略分析是对政策演进历程分析的一个重要方面（张慧玉等，2021）。话语策略分析有很多种类型，本章主要关注述谓策略分析。述谓策略是通过对社会现象、事件等的特征和属性进行描述来达成话语目的的一种语言方式，其通常使用描述性的名词、谓词、形容词等来实现。本章从政策文件中创新的主体和对创新的政策态度两个方面描述政策文本的演进情况。

（一）创新的主体

创新主体是指从事创新活动的人或群体（文件中多用人称代词表示，如农户、大学生等），在政策文件中对创业创新主体描述的变化一定程度上也是政策变迁的一个重要指标。这里需要特别说明的是，在农民创新相关的政策文本中，创新创业往往同时呈现，比如经常会在政策文本中看到"创业创新""创新创业"的表述。因此为了具体分析三个阶段中创新主体的变化，使用手动检索和微词云中文分词自动检索两种方式考察了"创业"和"创新"两个词左边共现的人称代词，分析结果如表2-2所示。

表2-2　　　　不同阶段政策文件中创业创新主体特征

阶段	创业创新主体
1. 萌芽培育阶段	家庭（10）、农民（8）、农户（6）、农民工（2）
2. 快速发展阶段	农民（66）、农民工（43）、科技人员（7）、农村妇女（12）、退役军人（4）、大学生（41）、农村能人（5）、农村青年（14）
3. 提质升级阶段	农民（51）、带头人（27）、农民工（4）、科技人员（2）、农村妇女（6）、退役军人（1）、大学生村官（17）、农村青年（1）

注：表中（）内数字为该人称代词与"创业"或"创新"共现的次数。

从表2-2可以发现创业创新主体在三个阶段不同的演变特征：

（1）萌芽培育阶段创业创新的主体主要是"家庭""农民""农户""农民工"。这一阶段的创业创新主体一个鲜明的特点是频繁出现"家庭""农户"。究其原因，主要与该阶段家庭联产承包责任制的背景高度一致。因为在家庭联产承包责任制中，农村生产的基本单位是家庭或农户，并不强调具体的个体农民，所以这两个词出现频繁。"家庭""农户"在后续两个发展阶段中逐渐消失。

（2）快速发展阶段的创业创新主体范围迅速扩大。与萌芽培育阶段相比，这一阶段的政策文本除了仍关注乡村创业创新的主力军"农民"和"农民工"以外，还体现出两个与第一阶段明显不同的特征：一是创业创新的主体呈现出更为多元化的特点，政策呼吁一些新的主体如"科技人员""退役军人""大学生"等在乡村创业创新；二是创业创新的主体更为明确，对作为创业创新主体的农民进行了更为细致的分类，比如"农村妇女""农村能人""农村青年"等突出个体特征的一些主题词开始出现。第二阶段的这两个特征在一定程度上体现出这一阶段政策文本对农村创业创新的重视，并且更加关注创业创新活动的落地。

（3）提质升级阶段，创新创业的主体主要有"农民""带头人""农民工""科技人员""农村妇女""退役军人""大学生村官""农村青年"。总体来看，这一阶段所关注的创业创新的主体与快速发展阶段基本类似，但出现了"带头人"和"大学生村官"两个新的主体。这是因为从农民创业创新的发展来看，在第二个阶段农民创业的人数规模已经得到了极大的提升，但这一阶段农民创业总体重数量、轻质量，导致"同质化"竞争严重，大大削弱了创业农民的生产经营效益（谢洋，2021）①。在这一背景下，破解农民创业的同质化现象，强化创新驱动，提升创业农民的创新能力尤为重要。为了"转变观念、拓展思路和提升能力"②，政策文件在这一阶段开始增加对创业带头人、村官等具有更强创新能力的群体的关注。

（二）对于创业创新的政策态度

与主题词相关联的动词在一定程度上能够反映政策文本对于主题词的态度（张慧玉等，2021），本章对与主题词——创业或创新——共现的动词进行了分析，结果如表2-3所示。

表2-3　　不同阶段政策文件对于创业创新的态度特征

阶段	创业创新态度
1. 萌芽培育阶段	培植（2）、引导（2）、提供（1）、促进（1）、吸收（2）、集成（6）、加强（2）
2. 快速发展阶段	返乡（27）、带动（15）、提供（15）、孵化（14）、开展（12）、下乡（8）、搭建（7）、支持（7）、担保（7）、扶持（6）、建立（4）、设立（4）、促进（3）、培养（3）、开展（8）、提供（8）、实施（6）、推进（5）、鼓励（3）、探索（3）、推动（3）
3. 提质升级阶段	返乡（37）、提供（3）、带动（2）、担保（2）、引领（3）、弘扬（2）、加快（2）、激发（2）、鼓励（1）、坚持（4）、强化（2）、升级（3）、崇尚（1）

注：表中（）内数字为该动词与"创业"或"创新"共现的次数。

---

① 谢洋：《避免同质化竞争返乡创业思路再不改变就来不及了》，《中国青年报》2021年，网址：https://baijiahao.baidu.com/s?id=1708923870356790586&wfr=spider&for=pc。
② 《中共中央组织部办公厅农业农村部办公厅关于创新方式安全有序开展2020年农村实用人才带头人和大学生村官示范培训工作的通知》（农办人〔2020〕23号）。

从表2-3可以发现与创业或创新相关联的动词的特征：

（1）萌芽培育阶段与创业或创新共现的动词主要有"培植""引导""提供""促进""吸收""集成""加强"7个。这一阶段政策文本中与创业创新共现的动词相对较少，并且这些词的情感色彩相对比较中性，比如"培植创业""引导创业""吸收创新""集成创新"等。这说明该阶段政策文件对于农民在乡村创业创新总体持一种相对保守的态度，相比而言，更强调农村劳动力向城市的转移。比如2004年农业部关于贯彻《中共中央、国务院关于促进农民增加收入若干政策的意见》和2012年农业部《关于做好2012年农业农村经济工作的意见》中均提到要把抓好和扩大农村劳动力向城市转移作为重要工作来抓。

（2）快速发展阶段与创业创新共现的主要动词有"返乡""带动""提供""孵化"等23个之多。从数量上看，第二阶段动词较第一阶段更为丰富，这种数量上的增加说明该阶段政策文件对于农民创业创新关注度有了极大提升。此外，这一阶段的动词在情感态度上较第一阶段也更为积极，比如"返乡创业""带动创业""提供金融支持""创业孵化""搭建创业平台""支持创业""创业担保""促进创新""推进创新""鼓励创新""推动创新"。但总体来看，第二阶段国家政策主要致力于推动各种创业主体到乡村创业，对于创业的鼓励和支持态度相对于创新更为突出。比如2016年农业部关于印发《全国农产品加工业与农村一二三产业融合发展规划（2016—2020年）》的通知中提出"加大对农民创业创新扶持力度""开展创业展示、创业辅导、创业培训、创业大赛等活动"等。

（3）提质升级阶段与创业创新相关联的动词的总量和快速发展阶段相比有明显的下降。但进一步分析可以发现，该阶段与创业共现的动词下降明显，而与创新有关的动词却显著提升。比如，与创业共现的动词主要表现为"返乡""提供""带动""担保""引领"五个动词，与创新有关的动词主要表现为"加快""激发""鼓励""坚持""强化""升级""崇尚"等。以农业农村部《关于落实好党中央、国务院2021年农业农村重点工作部署的实施意见》为例，在该政策文件中，创业仅提到了3次，而创新则提到了14次之多。这种与创新有关动词的增加凸显了政策文本对这一时期农民创新的关注；此外，从词语情感色彩来看，这些与创新有关的动词均比较积极，这也在一定程度上说明这一时期的政策文件对创新的格外重视。

第五节　本章小结

本章以政策文件为研究对象，通过系统检索国家层面的政策文件，构建了由 49 份农民创新有关的政策文本构成的语料库；进而运用内容分析、政策文本计量分析等研究方法，对这些政策文件的内部和外部演化特征进行了分析，主要得出了如下结论。

第一，自 2003 年以来，国家层面的农民创新政策文件根据对创新关注力度的不同可以分为三个阶段：2003—2014 年属于农民创新的萌芽培养阶段，这一阶段发文量较少，年均不足 2 份；政策的主基调仍然是劳动力向城市转移，只是在部分政策文件中提及有选择性地支持部分农民开展创业创新活动；2015—2019 年属于农民创新快速发展阶段，2015 年中央一号文件《关于加大改革创新力度加快农业现代化建设的若干意见》掀起了农民创业创新的热潮，但这一阶段的政策文件主要关注的是各类主体（如农民工、农村青年、留守妇女等）留乡、返乡创业，对于农民创业的创新或特色发展关注不足；2020—2022 年属于农民创新的提质升级阶段，这一阶段的政策文本主要关注创业农民在生产经营中的特色、品牌化和创新性发展，强调通过创新驱动乡村产业的发展。

第二，从发文主体来看，农民创新政策的发文主体呈现出从"单兵作战"到"多部门联合"的演变趋势。通过对发文主体的分析发现：在萌芽培育阶段，农民创新政策的发文主体较少且单一化现象较为突出，以农业农村部（原农业部）发文为主，很少有跨部门联合发文的情况；在快速发展阶段，发文主体开始较第一个阶段有所增加，政策发文主体除农业农村部为主外，国家发展和改革委员会作为一个新的发文中心也开始形成，并且不同发文主体之间的联合发文数量有所增加；在提质升级阶段，发文主体数量进一步增加，核心发文主体也开始多元化，形成了农业农村部、国家乡村振兴局、人力资源和社会保障部三个发文中心，各主体之间的合作发文数量进一步增加，核心合作网络趋向"分散"。发文主体的这种变化说明农民创新受到了越来越广泛的关注。

第三，在创业创新主体方面，农民创新的主体不断扩大和具体化。通过政策文本的分析发现：在萌芽培育阶段，创新的主体所涉及的面比较窄，主要是一些留乡的民众，并且这一时期政策文件在描述创新主体时多使用"家庭""农户"等更群体化的代词，尚未向个人身上聚焦；在快速发展阶段，主体进一步多元化和具体化，比如"返乡农民""农村妇女""农村青年""农村能人"等都被写进了政策文件；在提质升级阶段，政策文件中创新的主体与快速发展阶段基本相似，但更加强调要在创业人员中选拔"带头人"、在下乡大学生中选择表现突出的"大学生村官"进行重点培养，提升他们的创新能力。这种创新主体多元化的特征与张慧玉等（2021）对于中央一号文件分析的结果相一致，这一结果也从另一个角度说明了研究结果的稳健性。

第四，政策文件对于农民创新的态度是一个从保守到支持，再到大力推广的逐步演进过程。通过与创业创新共现的动词的分析发现，在萌芽培育阶段政策文件对于农民创新的态度比较保守，主要关注于如何通过对现有技术和方法的吸收或集成来实现创新，并且更强调劳动力从乡村向城市的输出；在快速发展阶段，政策开始更明确提出要大力培养、推动农民创新，鼓励农民从城市返乡创业创新，从用词的语气和情感色彩来看也较第一阶段更为积极和明确；在提质升级阶段，政策文件对于创新的提倡力度更大，不仅仅是培养、推动个人的创新，而且要弘扬创新精神，推动创新升级，让更多农民参与到创新之中，激发农民更大的创新活力。

综上所述，通过对农民创新有关的国家层面的政策文本演化过程和演化特点的分析，可以发现，农民创新正成为当下政策文本的核心关切。创新不仅是打破当前创业同质化经营的弊端，持续提升创业农民经营效益、增加农民收入的重要手段，也是推动乡村产业多元化发展、高质量实现乡村振兴的重要抓手。基于这一政策背景，本书对农民创新影响因素的探讨具有极为重要的政策意义。

第 三 章

基层创新的相关概念和理论

本章是本书选择农民创新这一话题作为研究方向的宏观理论基础。基层创新是近年来深受学界关注的一个领域，农民创新是基层创新研究的一个分支方向。在熊比特系统地提出创新理论以后，创新作为一个重要议题开始受到了理论和实践界越来越多的关注。早期的创新研究主要关注于专业研发机构做出的空前的、革命性的创新，其认为创新的主体是高级知识分子或社会精英阶层。然而，随着对创新认识的不断深入，理论界开始重新审视创新的概念和主体。越来越多的人开始认识到创新是一个渐进的过程，并非开创性的成果才叫创新，渐进式的改进也属于创新。学术界也逐渐认同创新主体也不局限于科学家等专业技术人员或占有大量资源的专业机构，非专业人士甚至处于基层的草根民众均具有创新潜力，均可成为创新者。基层民众参与或主导的创新不仅有助于满足他们自身的需要，提升其生活质量，而且在推动社会的持续发展方面亦具有非常重要的助推作用。本章主要从主流创新向基层创新的演化、包容性创新、草根创新、节俭式创新四个方面，对基层民众创新相关的主要概念或理论进行简要的介绍和回顾，以便更充分地理解农民创新的宏观理论环境，更深入地认识农民创新研究的理论基础。

第一节　从主流创新向基层创新的演化

一　创新理论的缘起

从实践来看，创新具有久远的历史，比如中国古代的四大发明、古埃及的金字塔、古印度的计数法，甚至古人开始种植作物、狩猎工具的改进等都属于创新。但作为理论，学术界对于创新进行规范的界定和研究一般认为始于1912年经济学家约瑟夫·熊彼特（Joseph Schumpeter）在其《经济发展理论》一书中对于创新的界定和论述。熊彼特对创新做出了开创性的精辟的论述，他提出，所谓创新就是"建立一种新的生产函数"，即把一种尚未出现过的关于生产条件和生产要素的"新组合"引入到生产。熊彼特将这种"新组合"或创新分为了五类：（1）引入消费者还不熟悉的一种产品或产品的新的特性；（2）采用一种尚未通过经验鉴定的新的生产方法；（3）开辟一个以前不曾进入过的市场（不管这个市场以前是否存在过）；（4）掠夺或控制原材料或半成品的一种新的供应来源；（5）实现企业的组织创新，如造成或打破一种垄断地位。熊彼特认为创新极为重要，经济发展即是"来自内部自身创造性的关于经济生活的一种变动"（熊彼特，1990）。自此，创新开始进入众多学者的视野，并逐渐成为政治、经济、管理、教育等几乎各个领域关注的重点。

二 金字塔底层战略的关注

从20世纪50年代开始，以微电子技术为重点的新技术革命给资本主义世界带来了长达20年的经济发展"黄金时代"，以及第二次世界大战后日本经济依赖创新的迅速崛起，创新对于经济社会发展的重要作用逐渐赢得了全球的共识（李学术，2011）。但长期以来，主流创新（mainstream innovation）是一种精英主义导向性（Smith et al., 2014），这种精英主义导向主要表现在：（1）主流创新认为的创新主体主要是大中专院校、科研机构、企业研发部门等专门科研机构的专业人士或知识精英阶层；（2）主流创新的动力主要来自市场利益的驱动或研究人员好奇心的促使；（3）主流创新的市场主要是面向成熟市场，主流创新往往投入巨大，因此其产品或服务往往价格较高，需要消费者具有一定门槛的收入水平，低收入人群难以享受创新带来的成果（赵武和孙永康，2015）。这种高投入、大规模、牺牲环境只为富裕阶层带来获益的创新发展方式随着能源危机、环境危机的到来引发了全社会对以往发展模式的重新审视，各国政府和企业均开始意识到可持续发展对于维持经济和企业长期成长的重要性（仝允恒等，2018）。

正是在此背景下 Prahalad 和 Hart（2002）提出了金字塔底层（bottom of the pyramid，以下简称 BOP）战略的概念，即针对金字塔底部群体（指被排除在主流经济之外的处于社会底层低收入经济群体）的需求，创造新的产品或服务，通过满足这些低收入群体的潜在需求，来实现经济和社会的持续增长。2006 年世界银行发展报告中提出，要建立包容性的制度，不能割裂增长政策和公平政策；2007 年亚洲开发银行提出了包容性增长（inclusive growth）的概念，强调经济发展的成果要惠及所有民众和机会公平；2008 年亚洲开发银行将包容性增长、环境的可持续发展写入了其 2008—2020 年长期战略框架。

三 与金字塔底层有关的创新的出现

包容性增长的理念强调可持续发展，关注底层民众的需要，倡导机会平等的增长，由此推动了研究者们对金字塔底层民众需求和潜力的关注（Pansera，2013）。大量的与金字塔底层民众相关的创新概念开始出现在创新商业和组织学者的研究中，如"节俭式创新（frugal innovation）"、"反向创新（reverse innovation）"、"Jugaad 创新（jugaad innovation）"、"BOP 创新（bottom of the pyromid innovation）"、"甘地式创新（Gandhian innovation）"、"移情创新（empathetic innovation）"和"亲穷人 vs 来自穷人（propoor vs. from-the-poor）的创新"、"长尾和长剪裁创新（long tail and long tailoring innovation）"、"草根创新（grassroots innovation）"、"不引人注意的创新（below-the-radar innovation）"和"包容性创新（inclusive innovation）"。虽然这些概念或理论的表述方式不尽相同，但这些创新形式几乎都拥有一个共同的特点：通过创新满足以往被主流经济体所忽视的基层民众的需要；通过在物质、财政和人力资源稀缺、资源不安全等不利环境下的创新实现经济和社会的可持续发展。

本章并不准备对上述所有创新概念或理论进行全面的梳理和分析，接下来仅对包容性创新、节俭式创新和草根创新三个概念或理论进行分析。原因有三个方面：一是上述很多创新的提法仅出现在个别文献之中，作为一个概念在学术界共识度较低，没有得到广泛的关注（如 Jugaad 创新；亲穷人 vs 来自穷人的创新）；二是上述创新概念彼此之间有很大的交叉重叠，比如甘地式创新（被定义为金字塔底端民众创新者结合外部的技术和内部的能力进行的创新；Singh et al.，2020）和 BOP 创新或草根创新都强调创新主体为底层民众；三是考虑到相关概念或理论与本书所要研究的农民创新的相关性，我们需要了解与基层民众作为创新主体，并且低消费群体和高消费群体均需要考虑的创新概念或理论，包容性创新、节俭式创新和草根创新这三个概念或理论与本书的主题契合度更高。所以，以下仅对包容性创新、节俭式创新和草根创新这三种创新理论进行简要介绍。

第二节　包容性创新

一　概念与源起

在宏观政策环境方面，2007 年亚洲开发银行提出了"包容性增长"的理念，包容性增长的一项重要倡议就是让经济发展的成果惠及更多人、关注低收入人群的需求。由此，低收入群体、基层民众的需求满足开始受到越来越多关注。在学术研究方面，Prahalad 和 Hart（2002）提出了 BOP 的概念（即 bottom of the pyramid，金字塔底端），认为存在大量的低收入人群，这些人群的多数需要难以得到满足，权利无法得到充分保障。为了解决这些低收入群体的需求缺口，政策制定者鼓励企业关注 BOP 市场，通过针对贫困人群进行的创造性开发，满足 BOP 市场的需要，同时获取经济回报。这种以商业化的方式满足低收入群体的需求，同时创造社会和经济价值的创新被定义为包容性创新（inclusive innovation）（邢小强等，2015）。后续，学者们对于包容性创新的主体上又进行了扩展，认为包容性创新的主体不仅包括以往服务于高收入群体的企业组织，还包括基层民众。如 Patnaik 和 Bhowmick（2020）认为包容性创新不仅指商业企业针对 BOP 市场需求的创新，金字塔底端人群为了满足自身需要，自己发挥聪明才智所做出的创新也属于包容性创新的范畴。

二　包容性创新的特征

以下主要从创新主体的多样性、创新内容针对 BOP 市场的需求和创新结果的双重价值性三个方面对包容性创新的特征进行简要介绍。

第一，创新主体的多样性。学者们根据创新主体的不同将包容性创新分为"自上而下"的包容性创新和"自下而上"的包容性创新（赵武等，2014）。"自上而下"的创新所涉及的创新主体主要是金字塔顶端的专业人士和知识精英群体（比如工商企业的研发人员、科研院所的专家等人员），其主张这些金字塔顶端的群体通过创新或服务更好地满足金字塔底层群体的需要；而"自下而上"的创新涉及金字塔底层的低收入人群参与的创新活动，他们可以以个体或团体的方式进行创新来满足自身甚至更广泛群体的需要，比如印度平价卫生巾生产机器的发明者穆鲁加南萨姆就属于金字塔底层的基层民众。

第二，创新内容针对 BOP 市场的需求。与传统的聚焦于高消费群体的商业创新相比，包容性创新最鲜明的一个特征是为了让贫困人群共享全球化的成果，能够享有与高收入人群平等的需求满足机会，比如长城汽车针对农民群体开发的长城"金刚炮"新农人汽车。由于低收入人群往往居住分散，地域、文化等差异性大导致他们需求的多样性和异质性；此外，低收入人群的消费能力有限，他们往往难以承受费用过高的产品或服务。因此，为了能够满足 BOP 市场的需要，包容性创新一方面需要通过不断创新降低产品或服务的价格；另一方面包容性创新的产品往往具有类型的多样性和价格低廉性的特点。

第三，创新结果的双重价值性。与关注可持续发展的草根创新和以节能为目标的节俭式创新不同，包容性创新既关心创新的社会价值，又关注创新所带来的经济价值。并且从长远来看，只有使企业不断获利，才能保证包容性创新的可持续性（仝允恒等，2018）。包容性创新往往通过使用传统之外的方式达成双赢的目标——既能降低成本，使低收入人群受益，又能使企业获利。比如印度塔塔集团通过创新房屋的建设材料（使用椰子纤维和黄麻材料做墙壁）、缩短工期，推出了使用寿命可达 20年、售价仅为 720 美元的 20 平方米的廉价住房（高传胜，2016）。这一创新既让穷人能够买得起房，企业又获取了一定的经济利润。

三　包容性创新的影响因素

由于包容性创新主体的多样性，学者们从多个角度对包容性创新的影响因素进行了分析，以下主要从两个视角对其进行概括。

宏观政策视角。邢小强和赵鹤（2016）对中国、印度、泰国、巴西和越南等国家关于包容性创新政策进行了分析,在此基础上提出了影响包容性创新的政策体系。该政策体系包括五个维度,即旨在协调不同部门政策退出时序、领域和层次的组织协调政策;旨在驱动拥有大量创新资源的科研院所、工商企业关注 BOP 市场需要并进行研发的主体激励政策;旨在推动资金、技术和人力资源的支持政策;旨在推动包容性创新扩散的商业推广政策;旨在激发包容性创新文化和扩大包容性创新范围的环境设施政策。

区域多主体联动视角。宏观政策视角主要关注如何促进专业人士针对 BOP 底层民众需求的创新。区域多主体联动视角不仅关注知识精英的创新,而且还关注 BOP 底层民众参与或主导的创新。比如 van der Merwe (2018) 指出工商业企业、社会参与者之间协同创设一种共生关系对于促进包容性创新具有重要意义。赵武等(2014)对于如何从多主体联动的视角促进包容性创新给出了更为具体的指导。他们认为促进包容性创新的发展需要企业、科研院所和低收入的需求群体的共同参与,具体而言:要构建促进供给和需求两个层面参与包容性创新的政策;营造促进包容性创新各类主体相互结合的环境;加强对 BOP 底端的低收入人群需求的调查以更好地了解创新的方向;加大对低收入人群的教育和培训,提升低收入群体的创新能力;完善信息通信等基础设施建设,为低收入人群的信息获取提供便利;通过金融支持加快对低收入人群包容性创新的孵化。

第三节 草根创新

一 概念与源起

进入 21 世纪,由于环境问题的不断凸显,可持续发展引发了越来越多的关注,2005 年英国的可持续发展战略"保障未来"提出:"可持续发展的目标是使世界所有人都能满足他们的基本需求,享受更好的生活质量,而不损害子孙后代的利益"。可持续发展的实现依赖创新,但创新的实现可以有不同的路径。传统路径主要通过公司、企业主导的自上而下的商业创新,但以 Seyfang 和 Smith (2007) 为代表的学者发现传统路径在创新和社区需求之间尚未建立起应有的联系,他们认为社区民众在促进可持续发展中也蕴藏着巨大的创意,由此提出草根创新的概念。Seyfang 和 Smith(2007)将草根创新定义为"一种活动家和组织构成的网络,该网络不仅为可持续发展提供新颖的自下而上的解决方案,而且还会提供针对当地情况以及相关社区的利益和价值观的解决方案"。随着这种自下而上创新思想的进一步演变拓展,草根创新的概念早已超越了其最初为解决可持续发展的目的,在发展中国家越来越关注其在改善自身经济社会条件中的作用(高天跃,2016)。

二 草根创新的特征

第一,草根创新是一种自下而上的创新。传统或主流创新关注于技术效率和科学技术的商业化,因此往往依赖自上而下的方式产生和传播(Hossain,2016)。草根创新强调草根组织或个人通过运用那些适合可持续发展的知识和经验,为当地人提供有意义和直接相关的资源。其自下而上的特征体现在创新主体的非专业性和所使用知识的地方性两个方面:从创新的主体来看,草根创新者主要由非科创组织的非专业人士、业余爱好者、工匠或当地企业家组成,而非相关领域的专业研发人员;从所使用的知识来讲,草根创新主要依赖社区和个人的知识、经验和技能,用来解决当地问题(Reinsberger et al.,2015)。比如印度的一位名叫曼苏克拉尔(Mansukhbhai Prajapati)的制陶工人面对当地尚未通电、无法使用电冰箱的困境,受当地双层陶土保温的传统做法的启发而创造性地开发出陶土制成的无电冰箱(Hossain et al.,2021)。

第二,草根创新强调不同于主流创新的社会、文化和伦理价值。主流创新离不开大量的资源投入和知识精英的参与,关注于创新的溢出价值,寻求数量上的增加和创新的大范围扩散。草根创新将规模、知识的专属性作为最关切的目标,随着时间的推移,草根创新可以发生在不同的维度上(Geels,2011)。有些草根创新并不渴望扩张和成长,比如由于大型挤牛奶机价格昂贵,为了解决自家小规模奶牛养殖挤牛奶的问题,印度的一位农民历时 4 年,发明了一款小型、卫生、成本低廉的挤牛奶机。草根创新具有开放性,其创新所用知识可能来自当地社区之外,也可以来自当地知识和社区积累的传统知识或经验,从而构建内外协同的创新活动。草根创新的典型例子包括社区能源项目、有机食品超市、当地材料回收再利用、社区水电和卫生设施，这些都是小规模且旨在服务于当地需求的创新项目（Smith et al.，2014）。

第三，草根创新关注于更可持续的生活方式。传统或主流创新具有高消耗、高投入的特点，当前正在威胁着人类可持续的生产方式。与传统企业创新相比，由于草根创新往往要突破传统高污染或非洁净的生产方式，草根创新具有变革性的力量。这类创新往往具有节约、环保的特点，一定程度上促进了向可持续发展过渡（White & Stirling，2013）。比如河北村民在房顶安装太阳能电池板，建立光伏发电站，不仅节省了自己的电费开支，也充分利用洁净能源促进可持续发展；广西一位农民创新了一台小型垃圾焚烧炉，该环保炉不仅能够满足乡村垃圾处理的需要，解决农村垃圾处理难的问题，而且在处理垃圾的过程中不排黑烟，没有臭味，不污染环境（湛泳和刘萍，2018）。

三 草根创新的影响因素

对于草根创新的影响因素研究相对较少，但现有草根创新影响因素大体可以从能力、动机两个方面来概括。

影响草根创新的能力因素。Singh等（2020）以印度400名草根创新者为研究对象，采用实证研究的方法，通过因素分析的方法抽取影响草根创新能力因素。这些因素可分为三个方面，分别是草根新的学习实践、地方解决方案和网络能力。创新者可以通过内部和外部两种方式获取新的学习实践，提升自身的能力，从而促进草根创新：内部获取新的学习实践的方式是从做中学、从使用中学、从失败中学；外部获取新实践的方式主要是从家人或邻居那里获取传统的知识和技术。本地解决方案主要强调有效利用本地资源来解决基层创新者生活中的问题，其也被称为"拼凑解决方案"（bricolage solution），被认为是基层发展主流创新的替代方案。草根创新者往往伴随有限资源的约束，在这种情况下，其网络能力变得非常重要，因为人际网络有助于克服单个行动者可能面临的各种困难，通过参与网络，为发展创造新的机会。

影响草根创新的动机因素。秦佳良和张玉臣（2018）基于扎根理论的方法，选取了10个草根创新案例进行分析，提炼出驱动草根创新的三个因素：（1）资源驱动，即草根创新者出于资源的限制、成本、效率的考虑和可用性的考虑进行创新。比如河南省安阳县草根创新者孟文海等人在缺乏资金、技术支持的条件下，受缝纫机踏板、炼油机的启发，将废旧自行车、呼吸球等进行组合，发明了成本低廉的自行车呼吸机。（2）社会驱动，为了经济发展和经济实用性的目的而进行创新。比如湖南省临澧县草根创新者沈昌健父子为解决家乡面临吃油难的问题，改良培育出高产的油菜品种——超级油菜；山东省岱岳区草根创新者张承绍创新秸秆造纸法，使秸秆变废为宝，增加农民收入。（3）生态驱动，为了减少环境污染，提高生态效率而进行创新。例如，为了减少浪费，为了解决枯枝落叶和农林废料焚烧带来的环境污染，提高能源的利用率，云南省巧家县草根创新者林文忠发明了多功能净烟灶。

段婧婧（2021）从驱动和抑制两个方面对草根创新的动机因素进行了划分。驱动因素可以归结为经济和政府机构支持两个方面：就经济方面的因素而言，能源价格的上涨、新技术成本的降低等都会促进草根创新的发生。行政政策、非营利组织的支持对于草根创新亦有重要的促进作用，如印度的蜜蜂网络（honey bee network）通过访问社区、采访、颁奖和比赛等不同活动有力地促进了印度草根创新的蓬勃发展。抑制性因素包括内部和外部两个方面：内部抑制草根创新的因素主要有资助资金不足、核心人员的离开、志愿者流失或更迭等方面；外部抑制草根创新的因素主要有地理根治性、行业专业化水平不高、外部竞争等。

第四节　节俭式创新

一　概念与源起

节俭式创新（frugal innovation）[①] 最早起源于节约创新理念。从实践脉络来看，2006 年雷诺—日产联盟主席兼首席执行官卡洛斯·戈恩提出"节俭工程"（frugal engineering）的概念，节俭工程倡导在降低成本的情况下进行生产设计和制造。在学术界，Zeschky 等（2011）的《新兴市场

[①] 国内也有学者将 frugal innovation 翻译为"朴素式创新"，本书认为"frugal innovation"主要体现的是在资源不足情况下的创新，使用节俭式创新可能更为贴切，故本书将"frugal innovation"翻译为"节俭式创新"。

的节俭式创新》一文中最早提到了节俭式创新。国内关于节俭式创新的论述最早可追溯到斯克里普斯研究所首席研究员埃里克·托普尔（2012）在《科技创业》发表的《节俭式创新：医药行业的必由之路》一文，该文介绍了一种用于检查患者心脏状况的新的成本低廉的便携式超声波装置。从节俭式创新的起源来看，其最为关注的是在保证基本功能的情况下，通过创新降低产品或服务的成本，从而创造出满足人们需要的产品或服务。

虽然节俭式创新最初关注成本的降低，后续随着概念的演进，学者们对于其内涵和外延有了更丰富的认识。Hossain（2018）对节俭式创新的概念进行了总结，发现相关定义有十余个。Pisoni 等（2017）从概念随时间演变的角度对节俭式创新的定义进行了分析，认为按照从早到晚的顺序节俭式创新分别经历了产品导向的定义（通过低廉的价格、紧凑的设计、有限的原材料使用来实现降低创新产品的成本）、市场导向的定义（强调产品满足低收入人群的需求）和标准导向的定义（关注某个或几个特定标准，如成本效益、易用性等）。Weyrauch 和 Herstatt（2017）提出按照三个标准来定义节俭式创新，即创新成果的成本是否大幅降低，是否专注于核心功能，以及性能水平是否得到优化。Agarwal 等人（2016）的定义认为，对于资源受限的消费者来说，节俭式创新是一种消费者负担得起且质量达标的产品（不追求质量的最优化）。Hossain 等（2016）认为节俭式创新是一种资源稀缺条件下诞生的解决方案（表现为产品、服务、流程或商业模式），这种创新是存在财务、技术、材料或其他资源约束的条件下设计和实施的创新，其最终结果能够满足低收入客户的基本需要，且在成本上明显低于竞争产品。

分析上述关于节俭式创新的定义，Hossain 等人对于节俭式创新的定义无论从创新的内容还是创新的目的都相对比较全面：从创新的内容来看，其不拘泥于产品，而是包含服务、流程和商业模式等方面的创新；从目的来看，这一定义旨在通过创新降低成本，满足低收入群体的需要，为低收入客户服务。

二　节俭式创新的特征

通过对节俭式创新文献的分析，其特征主要体现在强调创新的低成本、服务于低收入人群、减法思维三个方面：

第一，强调创新成本的降低。降低成本是节俭式创新的核心关切，其主要通过两条途径实现成本的降低：一是聚焦于产品或服务的核心功能，在保证产品的质量、可靠性和寿命的情况下减去非必要功能。如印度塔塔汽车公司所生产的超低价格的小汽车NANO，这种号称"为穷人设计生产"的"全球最便宜汽车"为了降低成本，生产上去掉了车载空调，以及电动车窗和助力转向等配置，售价仅合人民币1万多元。二是进行资源替代，充分利用本地化、价格低的材料替代从外部购入的价格较高的资源进行生产。比如印度的塔塔化工利用当地随处可得的稻谷壳作为滤水材料代替原来成本高昂的材料，开发出了价格低廉的清水过滤器满足低收入民众的需要（刘宝，2015）。

第二，聚焦于低收入消费者的。根据二八定律，金字塔顶端的20%的人拥有了绝大多数社会财富，而金字塔底端的80%的人却持有更少的财富。因此，在追求经济效益最大化的传统经济中，企业组织所开发的产品主要关注于高收入人群，而忽视了金字塔底层的低收入消费群体的需求。节俭式创新关注于低收入群体，其将社会中的贫困群体重新整合到经济之中，通过技术手段或管理模式的重构来帮助低收入群体，满足低收入群体的需求（陈劲等，2014）。因此，节俭式创新理论最早得到广为普及的地区主要是发展中国家，比如印度、东南亚等国家，但近年来受环境不断恶化、全球经济增长变缓的影响，发达国家也开始关注节俭式创新。

第三，节俭式创新具有减法思维的特征。Adams等（2021）对人的思维方式进行了研究，发现人们在解决问题时存在着两种思维类型，即加法思维和减法思维两种类型：前者是指通过增加资源的投入来解决问题；后者则通过减少不必要的内容或结构来解决问题。比如面对电子文本过多、电脑硬盘容量不够的问题，加法思维的个体可能会通过购买容量更大的硬盘，通过硬盘扩容来解决此问题；而减法思维的个体可能会考虑删除一些长期不用或不必要的文件，从而释放更多空间来解决问题。传统创新关注有用和新颖，较少考虑成本，因此其往往通过使用加法原则通过增加产品的功能和使用一些专有技术来创造更多价值；而节俭式创新在理念上更关注可接受性（不求最好但求够用）和消费者的可负担性（邢小强和葛沪飞，2015）。

三 节俭式创新的影响因素

对于节俭式创新的影响因素，近年来学者们也进行了探讨。总体来看，这些因素主要与资源的稀缺、降低成本和利用本地经验等相关。比如 Hossain（2018）将节俭式创新影响因素分为三个方面：更少资源、当地材料的使用和对当地合作伙伴的授权。更少资源的使用可以使得低收入者能够承受节俭式创新的费用，比如比亚迪（BYD）利用可回收材料以低于竞争对手70%的成本生产锂电池；联合利华推出小包装肥皂液提升低收入客户的负担能力。强调对当地材料的使用也有助于降低产品成本，如印度的一位工人利用恒河黏土制造出不用电的陶土冰箱。赋予当地合作伙伴权力是促进节俭式创新的又一个重要因素，这种授权能够使得合作伙伴有更大的自主性利用本地知识和资源解决问题。比如西门子胎儿心率监测器（FHM）是授权印度开发，用于监测子宫内胎儿心率的一种廉价的设备（Hossain，2017）。

邢小强和葛沪飞（2015）将节俭式创新的驱动因素概括为市场、环境和技术三个方面。就市场驱动而言，在发达国家国内消费需求疲软的情况下，以人口基数大、总体收入水平低、未满足需求多为特征的发展中国家新兴市场成为大公司关注的对象，而要满足新兴市场消费者的需求，创新性地开发出物优价廉的产品成为必然选择。就环境驱动来看，环境的恶化和资源的短缺对企业提出了新的挑战，为了增强竞争优势，企业需要转变创新思路，通过减少资源的消耗、优化价值流程取得健康发展，而这正契合了节俭式创新的主导逻辑。就技术层面而言，由于传统创新具有高消耗、高投入的特征，一旦失败会给组织带来较大的损失。一些组织为了节省成本，将新兴的低收入市场作为试验区，首先向市场投放形式粗糙简陋的节俭式创新产品，然后基于市场的反应逐步完善产品，最后进入发达国家市场，得到更为高端市场的认可。

Pansera 和 Sarkar（2016）基于多案例研究的方法将节俭式创新的驱动因素归为三类，即稀缺驱动的创新、成本驱动的创新和去技术化（deskilling）创新。稀缺驱动的创新表现为当企业组织缺乏材料和金融资源时，可能会回收和再利用现有的技术材料，从而实现节俭式创新。成本驱动的创新是指当企业组织缺乏专业人才、无法支付采用外国先进技术的成本或面临低收入的消费者时，为降低产品成本所进行的创新。去技术化是指考虑到低收入群体消费者受教育相对不足，他们对于功能复杂、高新技术加持的产品驾驭能力有限，因此迫切需要开发功能简单、易于使用的节俭式产品来满足他们的需求。

第五节　本章小结

基于以上分析，本章主要从创新的主体和目的两个方面对三种与基层民众有关的创新类型进行比较和总结，以更好地理解开展农民创新研究的宏观理论土壤。

包容性创新的主体上至知识精英、下至基层民众，可以是任何人、组织或社区，其目的是将经济发展、增长的好处惠及那些以往被排除在主流经济体外的人，追求平等、持续发展。草根创新和节俭式创新可以说是包容性创新的一个部分。草根创新的主体主要是普通民众和社区，其认为基层民众或草根阶层的聪明才智是巨大的，公共机构必须促进这些草根阶层的创意产生，其目的在于通过赋予当地社区权力，使得他们的基本需求能够自我满足。草根创新更强调增强本土创新潜力（Seyfang & Haxeltine，2012）。节俭式创新的主体主要是一些个体公司，其目的是通过减少资源的使用或使用本地资源来增加竞争优势。简言之，其要突破资源稀缺的限制，秉持"少花钱多办事"的理念（Baker & Nelson，2005）。这种创新考虑到了贫穷地区资源的限制，以及发挥主动性利用本地资源来进行创新、满足需要，但是忽略了发挥基层民众的聪明才智的重要性和积极性。

这些概念或理论为本书突破自上而下创新的传统思维束缚，开展农民创新提供了坚实的理论基础。受主流创新的影响，一直以来大众习惯认为创新的主体是精英阶层的专业技术或管理人员，基层民众与创新相去甚远，这些基层创新的概念打破了对创新主体的刻板印象，说明关注基层创新（如农民创新）是有价值的，其不仅能够满足自身的需要，而且对于推动社会的持续发展亦有重要意义。此外，传统观点认为创新需要大量的资源支持，基层民众创新中遇到的一个最大障碍是知识和物质资源的不足，而包容性创新、草根创新和节俭式创新等概念或理论的研究告诉我们，在资源约束的情况下，创新依然可以实现。因此，采取有效的措施鼓励、支持资源相对贫乏的农民积极投身创新实践，通过创新提升生产经营效益是可行的。

第 四 章

农民创新文献综述

本章是选择农民创新影响因素作为研究问题的微观理论基础。第三章对农民创新的宏观理论背景进行了分析回顾，本章进一步聚焦农民创新这一微观领域，对这一研究方向的相关文献进行梳理。具体而言，本章对农民创新的相关研究进行了系统的搜集，着重从农民创新的概念、农民创新的测量方式、农民创新的影响因素和农民创新的作用后果四个方面对现有文献进行总结。在回顾总结已有文献的基础上，梳理当前农民创新研究在理论上的贡献和进展，提出现有研究的不足或有待进一步拓展之处，明晰本书的研究问题。

对于文献的综述一般有量化分析和具体内容分析两种方式（陈春霞，2019；Hossain，2017）：量化分析主要是指对文献的演化规律、作者和作者所属研究机构情况等进行宏观的全景式描述；而具体内容分析主要关注文献的具体内容，通常是按照一定的逻辑对文献的具体内容进行串联，以便更深入细致地整理当前研究的进展，发现不足，并提出未来研究的方向。为了更全面了解农民创新的相关研究，本章从量化分析和内容分析两个方面对农民创新的相关研究进行梳理归纳。

第一节　农民创新文献的定量分析

一　数据来源与分析方法

为了尽可能全面地搜集农民创新有关的高质量文献，借鉴 Hossain (2017) 的做法，我们使用了系统化的文献检索方法，具体包括以下四个步骤：（1）确定检索关键词。在对相关文献进行初步分析的基础上确定了以"农民创新""农户创新""农民主导的创新""农民发展创新""农民实验"为中文检索的关键词;使用"farmer innovation""peasant innovation""farmer led innovation""farmers' experiments"作为英文文献检索的关键词。(2)确定检索数据库。中文文献主要在中国知网(CNKI)的核心库、CSSCI库和硕博论文库中进行检索;英文文献在 Elsevier ScienceDirect、Web of Science、EBSCO、SpringerLink 等权威数据库进行检索。(3)确定检索范围。主要在期刊论文的主题、标题、摘要和关键词中进行检索。(4)检索结果及精炼过程(见图4-1)。初步检索在 Web of Science 中检索出 58 篇、Elsevier ScienceDirect 中检索出 36 篇、EBSCO 中检索出 21 篇、SpringerLink 中检索出 17 篇、中国知网中检索出 53 篇,共计 185 篇(中文文献 53 篇、外文文献 132 篇)。由于在四个英文文献数据库中检索出的文献可能存在重复,我们手动去除重复出现的 58 篇文献后得到 149 篇非重复的中英文文献。然后通过对摘要的进一步阅读分析,排除与农民创新关联度较弱的文献(比如探讨"对农民支持模式创新""制度

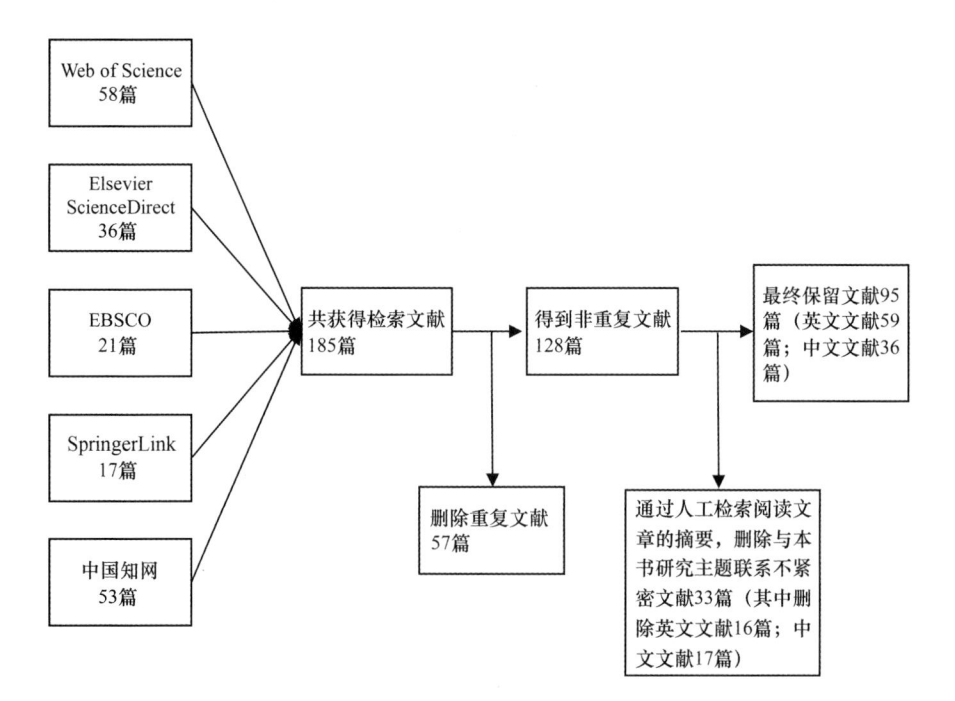

图 4-1 文章检索及精炼过程

创新促农民发展""农民培训模式创新的"等文献）。最终得到与农民创新主题高度契合的中文文献36篇、外文文献59篇。以下重点对这59篇外文文献和36篇中文文献进行分析。

二 论文历年发表趋势分析

为了更直观地了解论文发表趋势，我们以发表年份为横轴，以年发表论文数量为纵轴，对最终保留的英文论文和中文论文的年度发表情况分别进行绘图分析（见图4-2和图4-3）。从图4-2和图4-3可以发现关于农民创新的英文和中文文献整体呈增长的趋势。英文文献中关于农民创新这一主题的研究大概在2002年开始出现；2017年以前数量相对较少，年均不足2篇；但在2017年以后相关文献的年发文量几乎达到了8篇，在2021年更是达到了11篇。中文文献也几乎遵循相似的趋势，相对而言中文期刊中关于农民创新的论述出现稍晚，大体在2004年开始出现，这一年国内学者叶敬忠发表了2篇"农民发展创新"相关的研究；在2016年以前国内关于农民创新的研究也是相对较少，年均不足2篇；从2017年开始，农民创新的相关研究出现了一定的增加，年均在4篇左右。从历年论文的发表数量来看，农民创新的研究虽然纵跨20余年，但总量仍然偏少，说明该话题的研究仍然处于初级阶段；但从趋势来看，近年来农民创新研究的数量正逐渐增加，说明农民创新已经开始受到学界更多的关注，其重要性和价值正逐渐凸显。

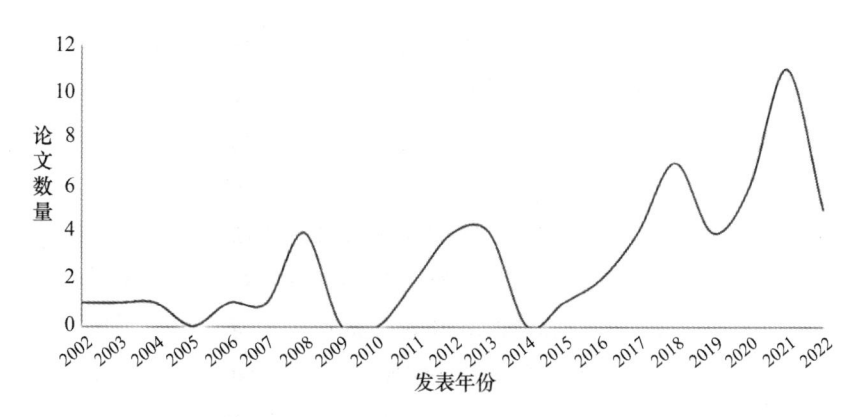

图4-2 外文期刊农民创新有关论文历年发表情况

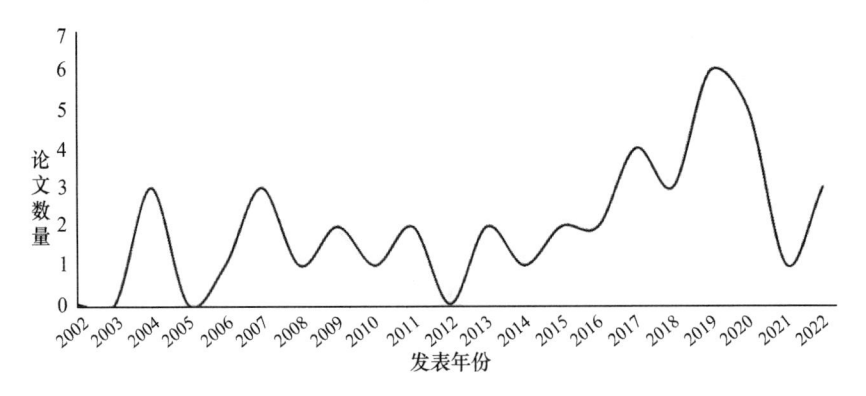

图 4-3 中文期刊农民创新有关论文历年发表情况

三 论文作者、发表数量及所属机构

论文总共涉及 64 位作者，其中外文文献作者 35 位，中文文献作者 29 位。鉴于大部分作者只有 1 篇文章，一一列出会导致篇幅过长，故在这里仅对发文量较大的作者的姓名、发文量和所属机构等情况进行了分析（具体结果见表 4-1）。从表 4-1 可以发现，发表 2 篇以上有关农民创新英文文章的学者有 14 位，其中发表 3 篇以上的学者有 4 位，分别是来自德国波恩大学（University of Bonn）的 Tambo 和 Wunscher、英国诺丁汉大学（University of Nottingham）的 Wu Bin 和英国雷丁大学（University of Reading）的 Dorward。中文期刊中发文在 2 篇以上的学者有 3 位，分别是云南财经大学的李学术、中国农业大学的叶敬忠和华东师范大学的王可园。从研究机构来看，英国雷丁大学研究农民创新这一主题的学者相对较多，有 3 位学者发表了这方面的论文；加拿大温莎大学（University of Windsor）和印度农业研究所（Indian Agricultural Research Institute）各有两位主要学者关注这一话题。国内关于农民创新研究的主要机构有云南财经大学、中国农业大学和华东师范大学 3 所学校。总体来看，对于农民创新开展持续深入研究的学者和相关机构仍相对较少，后续有待更多的学者和机构关注并投入农民创新的研究中。

表 4-1　论文作者、发表数量及发表机构的初步分析

作者	发文数量	所属机构
Tambo J A	4	University of Bonn
Wu Bin	3	University of Nottingham
Dorward P	3	University of Reading
Wunscher T	3	University of Bonn
Barker D	2	University of Windsor
Bechford C	2	University of Windsor
Cardey S	2	University of Reading
Clardson G	2	University of Reading
Dentoni D	2	Wageningen University & Research
Lza C L B	2	Escuela Superior Politecnica del Litoral
Nain M S	2	Indian Agricultural Research Institute
Sharma J P	2	Indian Agricultural Research Institute
Teeken B	2	Universidade de Lisboa
Zhang L Y	2	Tianjin University of Finance & Economics
李学术	4	云南财经大学
叶敬忠	2	中国农业大学
王可园	2	华东师范大学

四　论文的来源期刊分析

表 4-2 列举了发表 2 篇及以上农民创新相关研究的主要期刊的名称和发文数量，从中可以发现有 9 个英文期刊发表农民创新论文在 2 篇以上，这 9 个期刊发表了 22 篇农民创新的相关文章，占所有英文期刊发文总数的 37.3%。其中 *Sustainability*、*Agriculture and Human Values* 和 *Food Security* 对于农民创新这一话题研究的发文量最高，均在 3 篇以上。中文核心期刊中《农业经济问题》《中国农村经济》《求索》《福建论坛》（人文社会科学版）4 种期刊关于农民创新研究的发文在 2 篇以上，累计发文 9 篇，占中文期刊发文总数的 25%。

表4-2　　　　　　　　　　论文的来源期刊分析

期刊名称	文章数量
Sustainability	4
Agriculture and Human Values	3
Food Security	3
Agricultural Systems	2
Agronomy for Sustainable Development	2
Indian Journal of Agricultural Sciences	2
Journal of Agribusiness in Developing and Emerging Economies	2
Land Degradation Development	2
Renewable Agriculture and Food Systems	2
农业经济问题	3
中国农村经济	2
求索	2
福建论坛（人文社会科学版）	2

上述定量分析有助于我们从整体上把握农民创新的相关研究，了解农民创新研究的总体现状、动态和趋势。但由于文献定量分析主要表现为一种宏观的框架勾勒，对于每篇文献所研究的问题、研究的内容、研究的方法、所涉及的变量之间的关系等较为具体的信息难以清晰地展示。为了更为详细地了解相关研究的内容，具体把握农民创新相关研究的进展，挖掘现有研究的贡献和不足，为本书问题的提出提供理论依据和对话的空间，接下来主要从微观视角入手，按照农民创新的概念、测量、影响因素、作用后果的逻辑顺序对农民创新的相关文献进行梳理剖析。

第二节　农民创新文献的具体内容分析

一　农民创新的概念

由于不同的学者研究的侧重点不同，对于农民创新的概念，目前学界尚未形成完全统一的认识。本章试图对一些有代表性的观点进行梳理（表4-3对农民创新的一些定义进行了汇总），从中提取出农民创新概念的一般性特征，并在此基础上提出本书所关注的农民创新的概念。具体而言，主要从农民创新的主体、农民创新的内容、农民创新的范围、农民创新的变化程度四个方面对农民创新的概念进行梳理。

（一）农民创新的主体

从创新的主体来看，学者们几乎一致认为农民创新的主体是从事生产经营的农民或农户（如李学术和向其凤，2010；Wu & Zhang，2013），但在具体是否需要与外部专家合作方面，不同的学者存在不同的态度。比如 Tambo 和 Wünscher（2017）强调农民创新是一个农民或一群农民"在没有外部机构或正式研究的直接支持下"做出新的或改良的实践、技术或活动。但多数学者认为农民创新主要强调农民主动发起的行为，外部可协助也可不协助。比如 Badstue 等（2018）认为农民创新包括外部实体引进的或自己开发改造的生产经营技术或制度变革（如获取资源或组织营销活动的新方法）；Mugonya 等（2021）认为农民创新行为是指一个或一群农民在有或没有来自推广代理、研究人员或开发人员的外部支持的情况下产生的具有新颖性的技术或产品；Ensor 和 de Bruin（2022）则认为农民创新是农民主动谋求或参与的创新，由于农民在知识上的局限性，农民创新的主体不必只局限于农民，专业科研人员的合作或参与对于促进农民创新也具有重要意义。

（二）农民创新的内容

创新内容关注在哪些方面做出创新。从广义的角度来看，农民创新不仅包括与生产经营有关的创新，还包括与生产经营无关的生活方面的创新，比如为了改善自己家庭餐桌上的饭菜口味，创新了饭菜的烹饪方法。本书所关注的农民创新主要是前一种。但即使关注于生产经营方面改变的创新，学者们对于创新的内容认识也不尽一致。比如李学术和向其凤（2010）认为农民创新的对象可以非常广泛，农民在任何方面所做出的对现有或传统做法的有进步意义（有益于收入的增加或生活质量的提升，且合乎伦理道德）的改变都属于创新。从这个意义上讲，农民外出务工代替现在的田间劳作也可以视为一种创新，只要其相对于现有的方式具有进步意义。Wu 和 Zhang（2013）对于农民创新内容的界定相对比较狭窄，将农民创新只局限于农民在技术方面做出的发明或改进。大多数学者支持一种折中的观点，认为农民创新的对象可以包括在生产经营实践、技术、市场、组织上的改进（如彭建娟等，2016；Tambo & Wünscher，2017；韩琳和姜志德，2012）。事实上，现有研究中创新内容的这种差异可能更多地受不同研究者所研究对象差异的影响。比如从事农民种植研究的学者多关注种植技术的创新，从事个体工商经营的学者更关注在市场、组织上的改进。

（三）农民创新的范围

创新的范围是指创新在多大范围内是新颖的。不同于一般的科技创新所追求的革命性或全新性，Saad（2002）和 Badstue 等（2018）认为农民创新所追求的新颖性不一定对科学界或全社会来说是新的或绝对意义上的新颖，而是对农民现在所处的环境来说是新的（比如虽然作物轮作种植方式早在西汉时期就开始出现，但有农民在其社区或村庄结合本地的条件首次尝试作物轮作就属于创新）。不同学者对于在多大范围内是新颖的这一问题的认识不完全相同，比如李学术和向其凤（2010）认为创新的比较对象是现在或以往的自己，无关乎周围人的做法，超越了现在或以往自己的做法就是创新。Saint Ville 等（2016）也支持了这种观点，认为创新与否依赖行为主体的判断。另一些学者，如叶敬忠（2004）认为创新是与社区（或村）的其他农民相比而言，当一个社区内的某个农民在生产经营方面率先做出改变时，这种改变就是创新，比如最先在村里开零售店。叶敬忠将这种做出创新的农民称为"先锋农民"。

（四）农民创新的变化程度

农民创新的变化程度是指与现行做法相比，创新带来了多大程度上的变化。虽然很多学者在这一问题上没有更为具体的描述，但一些学者认为农民创新在变化的程度上是有区别的。大体来讲，可以分为对现行做法或知识变化不大的微创新和颠覆现有知识或做法的创新。比如陈莉等（2014）将农民创新分为适应创新和原发创新：前者是指农民结合自身实践及发展需求，适应性地调整外界创新成果，并为自己所用的系列创新活动；后者是指农民为完全依靠自身的传统实践，逐步总结研发出新成果的创新活动。霍生平等（2022）认为农民创新可分为探索式创新行为和利用式创新行为：前者是指实验和尝试新方法等，主要与创造性活动相关，强调获取新的知识能力和探索新机会；后者则与提升效率和优化现有工作相关，强调对现有知识能力的开发。Tambo 和 Wünscher

(2017)认为农民创新包括小创新和大创新两个维度：前者是指对现有做法的微小修改（如改变种植模式、播种率和种植间距）；后者是新奇的，或者是对现有做法的实质性修改（如使用从当地植物中提取的生物农药控制杂草、害虫和疾病）。总体而言，虽然不同学者的表述不尽相同，但基本认同创新可以分为变化程度小的渐进式创新和改变程度大的激进式创新。

表 4-3   农民创新的概念

序号	年代	作者	农民创新概念
1	2004	叶敬忠	农民的发展创新指的是农民开展各种各样的活动来实现农户及农村社区的变迁。这种变迁表现在很多方面，如社会、经济、文化、政治、机制与立法、人力与性别、知识与技术以及环境等方面。比如在相似的环境条件下，有些农民开展了包括果树种植、家畜养殖、中草药种植、荒山承包、小型加工业及小商店等各种形式的促进家庭生计发展的活动，而其他人没有，这就是创新
2	2010	李学术和向其凤	农户的任何一种具有进步意义的对传统或现有做法的改变，都属于农户创新的范畴。这里的"具有进步意义"至少包含两层含义：一是对农民的收入增长或生活质量提升具有促进作用；二是对传统做法的改变必须具有法律上的正当性或者符合社会道德规范
3	2012	韩琳姜	农户依据自身的能力和资源，重新组织生产要素，做出技术、市场、组织上的变革和改进，实现创新经济效益、改变传统行为方式的过程。这里的创新包括改善产品、提高生产工艺等技术改进，拓展市场以及完善组织制度等经营模式的调整
4	2013	樊军亮	没有对农民创新进行明确定义，但认为主动寻求并应用和实践新的农业技术，结合自身特点对农业技术应用成果进行转化就是创新
5	2014	陈莉等	将农民创新分为两类，即适应创新和原发创新：前者是指农民结合自身实践及发展需求，适应性地调整外界创新成果，并为我所用的系列创新活动；后者是指农民为完全依靠自身的传统实践，逐步总结研发出新成果的创新活动
6	2014	陈莉	任何具有进步意义的对传统做法改变的活动，都属于创新范畴，农民创新是农民整合应用多方知识、信息和技术的过程，是农民与其周围环境（包括自然和社会角度）互动的过程

续表

序号	年代	作者	农民创新概念
7	2016	彭建娟等	农民创新是指农民根据自身能力和现有资源，自发地对产品、技术、生产工艺或商业模式进行变革或改进，以寻找并发现机会、产生创新构想，并为实现新构想而努力争取资金，最终产生执行和操作方案的过程。这一活动包括产生新构想来改进生产生活工具的创造性活动、注册企业或进行创业活动等。其最终是以提高经济效益、发展能力或扩大权利等为目标
8	2022	霍生平等	农户创新可分为探索式创新行为和利用式创新行为：前者是指实验和尝试新方法等，主要与创造性活动相关强调获取新的知识能力和探索新机会（如开发乡村旅游、休闲农业）；后者则与提升效率和优化现有工作相关，强调对现有知识能力的开发（如多家农户化肥农药的集中采购，产品的集中销售）
9	2002	Saad	农民创新可以是一种新的材料或工具（如种子、手泵等）或一种新的做事方式（如作物轮作）。新颖性不一定对世界或整个科学界来说是全新的，而是对它们所使用的环境来说是新的。因此，对于第一次采用新的整地方法、作物轮作、作物品种等的农民来说，这也是一种创新。实验是指创新者产生、测试和评估一项创新的过程
10	2013	Wu	农民创新是指农村人为适应当地复杂的资源、生态、经济和社会条件而进行的技术发明或改进
11	2014	Tirfe	一个农民如果在作物生产、牲畜、水土保持等农业领域提出新的做法或做出新的事情，就被称为创新者。Tirfe 进一步列出了 21 种可以被视为农业创新的具体活动类型。该清单包括：引进新作物、使用化肥、混合使用堆肥和化肥、作物轮作、杂草控制、养蜂、土地复垦、休耕、滴灌、引进集水技术、适应推广/研究推荐的农业做法
12	2016	Saint Ville	创新是指行为主体判定为新颖的一些"观点、实践或者客体"，Saint Ville 将创新定义为在过去五年内，在农业中采用新的作物、新的生产方式、新的种植方法、新的病虫害防治、土壤或水管理技术或其他技术

续表

序号	年代	作者	农民创新概念
13	2017	Tambo & Wünscher	将农民主导的创新定义为一种新的或改良的实践、技术或产品，是由一个农民或一群农民在没有外部机构或正式研究的直接支持下开发出来的。因此农民创新者是那些发展了新的技术、工具或实践，为常见的或传统的实践增加了价值，或修改了现有的技术或实践以适合他们当地的条件或农业系统的农民。因此，简单地采用外部推广的技术不是农民主导的创新的一部分。农民创新包括小创新和大创新两个维度：前者是指对现有做法的微小修改（如改变种植模式、播种率和种植间距）；后者是新奇的，或者是对现有做法的实质性修改（如使用从当地植物中提取的生物农药控制杂草、害虫和疾病）
14	2018	Badstue 等	创新包括从外部实体引进的或当地人自己开发的作物、牲畜生产、农产品加工方面的技术变革，以及制度方面的变革，例如获取资源或组织营销活动的新方法。Badstue 认为创新不完全是指绝对意义上的新奇，不同于现有生产经营的方式方法或产品等均可视为创新
15	2021	Mugonya 等	农民创新行为是指一个农民或一群农民在有或没有来自推广代理、研究人员或开发人员的外部支持情况下，沿着给定的价值链开发新技术、实践或组织的趋势。农民创新行为有四个核心维度，包括：①探索（寻找创新/技术和新的替代方案）；②实验（尝试新技术和观察细微变化）；③修改（改进现有做法）；④适应（改进新的做法以适应农民的情况）
16	2022	Ensor & de Bruin	农民主导的创新是"在当地开发新的、更好的做事方式的过程"，其中可能有合作的发生（比如正式的科研人员），但强调农民在其中的主导作用

综上可以发现，学者们对农民创新主体的认识相对比较一致，主要的分歧在于农民创新的内容和范围方面，即在哪些方面创新，在大多范围内相对是新颖的。随着全面脱贫的实现，我国乡村振兴战略的全面推进，外出务工已经成为常态，乡村的生产经营者主要变成了从事规模化或经济作物种植、养殖，以及乡村从事零售、货运或其他服务的个体工商经营的创业者。我们认为，在这一新的时代背景下，将所有谋生手段

的变化（比如外出务工）均视为创新在当前的语境下已不再合适，因此本书认为当下农民创新的内容应该包括从事生产经营活动的农民（或创业农民）在营销手段、产品或服务类型、生产服务技术或方式、管理方法或制度等方面开展的具有积极意义的变化。此外，在创新的范围方面，我们认同叶敬忠（2004）的观点，即创新不仅仅针对自己以往的做法是新颖的，而且也要在一定的范围内具有领先性。至于这一范围的大小，基于目前尚未有共识性的界定，本书认为按照叶敬忠的观点以社区或村为范围是合适的。费孝通（2018）认为中国的乡下具有聚村而居的特征，在同一个村落里，大家共享相似的认知和做事方式。因此，我们认为以村或社区为范围，如果某个农民打破了其所在村或社区的传统或与大多数人的生产经营方式不一致则可视为创新是可取的。基于此，本书将农民创新定义为：从事生产经营的农民，依据其自身能力和可获取的资源，在产品、技术、生产经营模式、营销手段等方面做出的变革或改进，这种变革或改进在当地或更大范围内具有领先或进步意义。

　　农民创新不同于农民的技术采纳行为或农民实验（farmers' experiments）。就农民创新和技术采纳的区别而言，二者在视角和范围上的差异：一方面，技术接纳是一种自上而下的视角；在新技术接纳研究中，新技术往往由专业研发机构提供，此类研究多关注如何推广这些技术，农民主要扮演被动接纳的角色。Wu（2003）认为农民创新中，农民不再是单纯的农业科技的被动接受者，他们会根据自己的生活实际情况，有选择性地接受或调整外来的农业技术。因此，农民创新强调农民的主动性，其关注在一定区域内谁会主动引入新技术，或对新技术进行本土化改造（Tambo，2015）。比如，一个社区或村庄某农民最先引入某作物新品种或对种植技术适当改进的行为可以视为农民创新，后续该村庄其他效仿该农民做法的行为（虽然也采纳使用了该作物品种）则不能被视为创新。另一方面，就范围而言，农民创新所涉及的范围要更广，不仅包括技术方面的创新，而且还可以包括组织模式（比如一些农民通过联合形成合作社、规模化采购农产品以享受更低的购买价格）、市场或营销手段（比如农民开辟新的市场或利用互联网新媒体的方式销售其产品）等方面的创新（霍生平等，2022）。

　　就农民创新和农民实验而言，农民实验是农民主导的一种仔细观察的非正式实验活动，这些活动往往是由不断变化的环境或机会所引起，是几千年来农民农业生活的一个重要部分（Leitgeb 等，2014）。实验与创新往往密切相连，在实验中，许多农民可以证明自己的想法或核实别人的说法。通过实验，农民产生或发现新的知识，并将其与已有的当地知识结合起来，因此农民实验往往意味着尝试新事物并从结果中学习。比如有农民为了检验作物套种的方式是否合适，先选择一小块试验田进行试种，在试种过程中总结经验的做法就是农民实验。正是基于此，Tambo（2015）在对农民创新进行分类时，将农民实验作为农民创新的一种类型。但 Leitgeb 等（2014）认为农民实验更多的是一个产生、测试和评估创新的过程，而创新需要有一定的成果产出，比如新的思想或实践。因此，从这个意义上来讲农民实验可能会带来农民创新，也可能不会带来农民创新。

二 农民创新的测量

当前对于农民创新的研究多为理论或案例研究，实证研究相对比较匮乏，因此对于农民创新的测量方式探讨得较少。从为数不多的实证研究来看，学者们往往基于自己所研究的对象的特点设计相应的工具，以下从单维度测量和多维度测量两个方面对现有文献中农民创新的测量方式进行梳理。

1. 农民创新的单维度测量。对于农民创新的单维度测量可以分为单条目测量和多条目测量两种类型。就单条目测量而言，彭建娟等人（2016）以 231 名农民为研究对象，选用二分评定法（是 = 1，否 = 0），直接询问农民"是否有参与创新实践"。Saint Ville 等（2016）使用单条目的测量问卷对加勒比地区小农户的创新进行测量，让被调查者直接回答"在过去的 5 年里，你是否开发或采用了一种新的作物，一种新的做事方式、新的种植方法、新的病虫害管理技术、土壤或水管理或一些农业方面的技术学习"。Tambo 和 Wünscher（2017）也采用单个条目对创新进行测量，他们从加纳的东部和西部选择部分农民作为研究对象，直接询问被调查的农民"您在社区中是否开发了任何新的农业技术或实践，或者您是否修改或改变了任何农业技术或实践？"并进一步要求被调查者报告出这些创新，为了使得创新的评定更为客观，他们还聘请第三方专家来评定农民的这些做法是否可以归为创新。

多条目测量。多条目测量是将农民创新视为单维度结构，但使用多个条目进行测量。比如周萍等（2019）使用 6 个条目的问卷来评定农民创新的程度，6 个条目分别是"与市场原有产品相比，我公司在新产品上有重大改变""我公司应该打开新市场""我公司使用了新的技术工艺""我公司擅长改善现有产品的品质""我公司应该降低成本""我公司应该经常调整生产过程、规则、策略使产品更为优质"。测量中要求被调查的农民在 Likert6 点计分量表上进行回答（1 代表完全不同意，6 代表完全同意，从 1 到 6 认同程度依次递增）。Hinrichs 等（2004）以美国纽约、加利福尼亚等地农贸市场从事农产品批发零售的农民为研究对象，使用 6 个条目的问卷，分别从是否增加了产品类别、是否提高客户黏性、是否从产品深加工和扩大市场等方面考察农贸市场个体农民工商户的创新实践，最后将 6 个方面的创新实践加总来评定不同农民的创新程度。王凯男（2014）基于创新从产生到应用的纵向过程的视角将农民创新分为新想法产生、寻求支持、创新实践三个方面，使用 6 个条目进行测量，即："愿意主动去改善劳动工具、机械设施或生产工艺""面对问题喜欢提出新的想法、思路或解决办法""会努力推动家人、亲戚朋友了解支持自己的新想法""会努力调动各种资源渠道推动新想法的实施与执行""在每日例行的劳动中，实行可改善工艺、产品、技术或生产方式的新想法""曾有过创新或创造性的实践活动（包含创业）"，使用 Likert5 点计分量表进行测量（1 代表完全不同意，5 代表完全同意，从 1 到 5 认同程度依次递增），量表的克隆巴赫内部一致性信度系数为 0.73。

2. 农民创新的多维度测量。农民创新的多维度测量认为农民创新可以包含多个维度。比如韩琳（2012）在熊彼特所提出的创新理论的基础上归纳出了技术创新、市场创新和产品创新三个维度。三个维度由 17 个具体的测量指标或条目来进行测量：技术创新包括技术使用水平、技术改进频率、设备先进程度、新产品数量、新产品质量、新产品效益；市场创新包括主营产品市场份额、产品在市场上的差异化、销售资金投入、原材料的获取、产品的销售情况、顾客满意程度；组织创新包括合作社的参与状况、规模化经营管理程度、筹集资金能力、管理水平、管理费用投入。调查中要求被调查的农民通过与周围其他农户的比较，评定自已在这17个指标上的先进程度，采用Likert7点计分量表计分，三个维度均具有较好的内部一致性，克隆巴赫内部一致性信度系数在0.81—0.94之间。霍生平等（2022）将企业组织中员工二元创新的概念引入农民创新，从创新的程度上将农民创新分为利用式创新和探索式创新两个维度：前者强调获取新的知识能力和探索新机会，而后者关注于对现有知识的开发利用。他们借鉴了崔月慧等（2018）的双元创新问卷中的部分条目，并根据农民的特点对其中相应条目进行调整，形成每个维度各4个条目的测量问卷，样例条目如"经常利用已有的技术或技能来增加产品或服务的功能或种类""经常采用同行业其他组织没有采用的经营战略或战术"，问卷的克隆巴赫内部一致性信度系数为0.834。Barzola Iza和Dentoni（2020）从产品、过程和市场三个方面将咖啡种植农民创新分为产品创新、过程创新和市场创新三个维度：产品创新采用单条目测量"在过去的五年里，我改进了咖啡的品质"；过程创新的测量采用两个条目"在过去的五年里，我改进了与其他农民的合作方式"和"在过去的五年里，我改进了与价值链中其他参与者的组织方式"；市场创新采用单条目进行测量"在过去的五年中，我已经改变了我出售咖啡产品的地点"，问卷采用Likert5点计分量表进行测量（1代表完全不同意，5代表完全同意，从1到5认同程度依次递增）。

表4-4　　　　　　　　　农民创新测量问卷

序号	年代	作者	创新的测量指标	信度系数
1	2012	韩琳	使用多维度的问卷，三个一级指标或维度和17个二级指标：技术创新（技术使用水平、技术改进频率、设备先进程度、新产品数量、新产品质量、新产品效益）；市场创新（主营产品市场份额、产品在市场上的差异化、销售资金投入、原材料的获取、产品的销售情况、顾客满意程度）；组织创新（合作社的参与状况、规模化经营管理程度、筹集资金能力、管理水平、管理费用投入）	克隆巴赫系数内部一致性信度系数在0.81—0.94之间

续表

序号	年代	作者	创新的测量指标	信度系数
2	2019	周萍等	使用6个条目单维度的问卷进行测量:"与市场原有产品相比,我公司在新产品上有重大改变""我公司应该打开新市场""我公司使用了新的技术工艺""我公司擅长改善现有产品的品质""我公司应该降低成本""我公司应该经常调整生产过程、规则、策略使产品更为优质"	未报告
3	2016	彭建娟等	使用单条目问卷进行测量,询问农民是否有创新实践,有=1分,无=0分	
4	2016	王凯南	农民创新包括创新想法产生,寻求支持,创新实践三个步骤,具体内容为:愿意主动去改善劳动工具、机械设施或生产工艺;面对问题喜欢提出新的想法、思路或解决办法;会努力推动家人、亲戚朋友了解支持自己的新想法;会努力调动各种资源渠道推动新想法的实施与执行;在每日例行的劳动中,实行可改善工艺、产品、技术或生产方式的新想法;曾有过创新或创造性的实践活动(包含创业)	克隆巴赫内部一致性信度系数为0.73
5	2017	Tambo & Wünscher	使用单条目的测量方法:在过去的一年中,您的家庭是否在没有直接外部援助(例如,来自推广机构、研究人员、非政府组织等)的情况下,独自或与其他农民合作,在您的社区中开发了任何新的农业技术或实践,或者您是否修改或改变了任何农业技术或实践?然后找专家评定	
6	2022	霍生平等	农民创新包括探索式创新和利用式创新两个维度,借鉴崔月慧等人(2018)的部分测量条目,如"经常利用已有的技术或技能来增加产品或服务的功能或种类""经常采用同行业其他组织没有采用的经营战略或战术"	未报告各维度的信度系数,两维度总的克隆巴赫内部一致性信度系数为0.834

续表

序号	年代	作者	创新的测量指标	信度系数
7	2016	Saint Ville 等	采用单条目测量的方法：在过去的 5 年里，你是否开发或采用了一种新的作物，一种新的做事方式，新的种植方法，新的病虫害管理技术，土壤或水管理或一些农业方面的技术学习	
8	2020	Barzola Iza & Dentoni	农民创新包括产品创新、过程创新和市场创新三个维度。产品创新：在过去的五年里，我改进了咖啡的品质。过程创新：在过去的五年里，我改进了与其他农民的组织方式；在过去的五年里，我改进了与价值链中其他参与者的组织方式。市场创新：在过去的五年中，我已经改变了我出售咖啡产品的地点	使用 5 点 Likert 计分，未报告信度
9	2004	Hinrichs 等	使用 6 个条目对农民创新进行测量：①增加了新的产品类别；②扩展了现有的产品线（比如一个蔬菜小贩增加了一种新的辣椒品种，或者一个陶工增加了一种新的花瓶）；③开始附加加工以增加一个或多个产品的价值；④建立农贸市场老客户的邮寄名单；⑤为农贸市场客户提供参观农场的机会；⑥通过市场、饭店、商店建立新的业务联系	未报告

总体来看，现有的农民创新测量工具表现出两个特征：一是几乎所有农民创新的测量工具都关注测量创新的结果或行为，对创意产生关注不足；二是现有测量工具可分为专用型测量工具和通用型测量工具。专用型测量工具内容指向性比较明确，往往与所研究农民的生产经营特点密切相关。比如 Hinrichs 等（2004）所调查的是在农贸市场进行农产品经营销售的农民，所以其从建立老客户的邮寄名单、提供参观农场的机会等方面来考察农民创新；Hinrichs 等（2004）考察的是咖啡种植农民的创新，故其对于创新的测量与咖啡生产销售密切相关。

通用型测量工具适用面更广，这种测量工具不针对某种特定生产经营类型的农民，对于从事种植、养殖的农民适用、对于从事工商业经营的农民也适用。比如周萍等（2019）所使用的农民创新测量问卷既可以测量从事工商企业经营的农村农民的创新，也可以测量种植、养殖农民的创新；霍生平等（2022）将企业组织中测量员工创新的双元创新问卷在表述上进行相应调整后，引入对农民创新研究中，用来测量各类种植、养殖户的创新；彭建娟等（2016）在测量中也没有区分农民具体从事何种类型的生产经营，而是使用单个条目，直接询问农民是否有创新实践。总体来看，无论是专用型测量工具还是通用型测量工具，在研究中都得到了较好的信度和效度支持。

三　农民创新的影响因素

基于对已有文献的分析，本章提炼出了如图4-4所示的农民创新的远端影响因素、近端影响因素和作用后果图（为了表述简洁，图4-4中每项研究只列出了第一作者）。考虑到变量间的相似性，我们将农民创新的远端影响因素分为人口统计学特征、社会资本、人力资本、经营环境、态度与偏好五大类。鉴于有研究对于创新的近端影响因素和远端影响因素也进行了区分，本章将近端影响因素视为作用机制（或中介变量），以便更清楚地呈现变量之间的关系。

（一）农民创新的远端影响因素

人口统计学特征。研究发现，农民的年龄、性别、家庭人口数量以及从事创业活动的时长均对创新有显著性影响。比如彭建娟等人（2016）以吉林省260名农民为研究对象，发现相对于大龄农民，年轻农民会表现出更多的创新实践。霍生平等（2022）也发现年龄会负向预测农民的开发式创新和利用式创新。年轻人较年长农民表现出更多创新可能与其对新事物的学习理解力强，以及经济压力小、风险承受力强有较大关系。就性别而言，不同学者的发现并不一致，彭建娟等（2016）发现相对于女性农民，男性农民表现出更多的创新行为；而Hinrichs等（2004）的研究发现，农贸市场的女性农民比男性农民表现出更多的创新行为。性别与农民创新之间关系的不一致可能受到不同研究对象差异的影响，比如彭建娟等人的研究对象多是从事种植、养殖活动的农民，这类活动相

```
┌─────────────────────────────────────┐      ┌──────────────────────────────────┐
│           远端前因                  │      │    近端前因（中介变量）          │
│ 人口统计学特征                      │      │ -创业拼凑能力（霍生平等，        │
│ -年龄（彭建娟等，2016；霍生平等，2022）│    │ 2022）                           │
│ -性别（彭建娟等，2016；霍生平等，2022；│    │ -资源整合能力（王凯男，2016）    │
│ Hinrichs 等，2004）                 │      │ -创新能力（苏岚岚等，2020）      │
│ -家庭人口数量（彭建娟等，2016）     │      │ -信息使用（Mugonya等，2021）     │
│ -生产经营时长（霍生平等，2022；Tirfe，│    │ -知识获取和保留、知识使用        │
│ 2014）                              │      │ （Karubanga等，2017）            │
│ 人力资本                            │      └──────────────────────────────────┘
│ -受教育程度（彭建娟等，2016；周萍等，│                     │
│ 2019；Hinrichs 等，2004）           │                     │
│ -社会学习（Hinrichs et al., 2004；Karubanga│              ▼
│ 等，2017；Ensor 等，2022）          │            ┌────────┐     ┌──────────────────────────────┐
│ -务工经历、创新经验（彭建娟等，2016；│           │ 农民   │────▶│         影响后果             │
│ Tirfe，2014）                       │──────────▶│ 创新   │     │ -家庭收入、人均消费支出      │
│ -知识势差（霍生平等，2022）         │            └────────┘     │ （李学术等，2010；Tambo      │
│ 社会资本                            │                          │ 等，2017）                   │
│ -社会关系资源（王凯男，2016；周萍等，│                         │ -环境适应（Tran，2019；      │
│ 2019；韩琳，2013；叶敬忠，2004；wu等，│                        │ Tambo 等，2017）             │
│ 2004；Saint Ville 等，2016）        │                          └──────────────────────────────┘
│ -社会网络（叶敬忠，2004）           │
│ 环境因素                            │
│ -自然环境的改变（Bellotti 等，2014）│
│ -政府支持（Bellotti 等，2014）      │
│ -市场环境（Mugonya 等，2021）       │
│ 态度与偏好                          │
│ -对农业的态度（Tirfe，2014）        │
│ -风险偏好（苏岚岚等，2020）         │
└─────────────────────────────────────┘
```

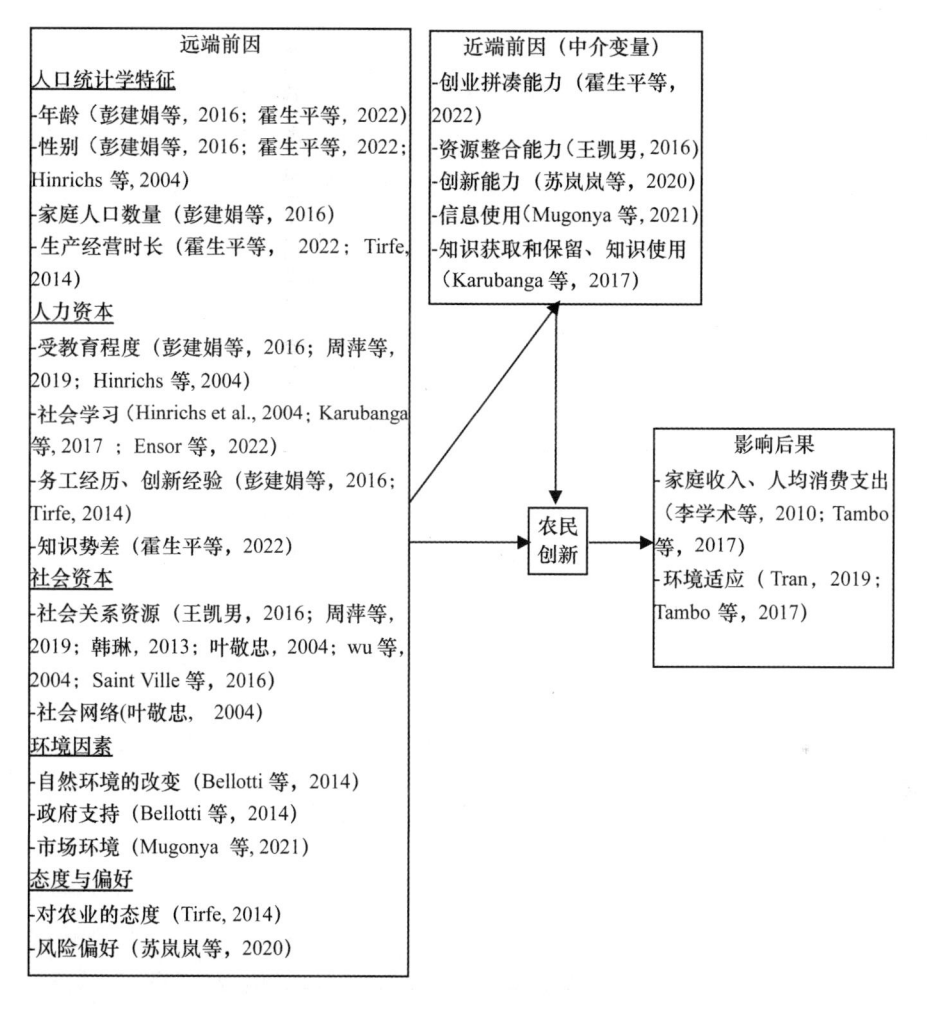

图 4-4　农民创新的影响因素及作用后果

对更需要体力，男性在这类活动中经验相对更为丰富，因此更容易创新；农贸市场中农作物的交易活动需要涉及大量的人际沟通，这方面女性可能更为擅长。此外，研究还发现，家庭人口数量、从事特定领域生产经营的时长也会影响农民创新。比如彭建娟等（2016）发现家庭人口数量会负向影响农民创新，即家庭人口越多，农民越少创新；农民从事特定经营活动的时长会负向预测其创新行为（霍生平等，2022），这是因为在特定领域生产经营时间过长会导致个体思维或认知的固化，不利于新想法的产生，并且他们接受新的做法或采用新的农业技术的意愿也会更低（Tirfe，2014）。

人力资本。现有研究还发现农民的人力资本会影响农民创新。学者们用来表征人力资本的变量主要有受教育程度、外出务工经历、社会学习等。研究发现，农民的受教育程度可能会正向影响农民创新，农民的受教育程度越高或接受教育的时间越长，其越容易表现出更多创新行为（如彭建娟等，2016；Hinrichs et al.，2004；周萍等，2019）。因为受教育越多的人更容易利用其在学校或其他非农工作环境中学到的实践技能和反思倾向，这些获取的技能和反思有助于增强他们的创新能力。彭建娟等人（2016）发现外出务工经历对农民创新有显著的正向影响，相对于没有外出务工经历者，有外出务工经历的农民在生产经营中会表现出更多的创新行为，这可能与他们在打工过程中所获取的新知识和经验有关。与新知识和经验相关的另一个对农民创新有积极促进作用的因素是社会学习，比如 Hinrichs 等（2004）发现农贸市场的农民通过与其他同行的交流或者通过与前来采购商品的顾客进行交流会有助于提升其创新能力；而 Karubanga 等（2017）采用案例研究的方法，以乌干达稻农为研究对象，发现农民仅仅通过观看其他农民的技术推广视频就可以触发社会学习，进而激发农业实验促进农民创新。此外，Tirfe（2014）发现以往的创新经验会促进后续农民创新。

社会资本。社会资本是个体通过社会网络可以动员或利用的资源或能力的总和。在农民创新的现有研究中，社会资本被认为是影响创新的一个重要因素，引发了学者们较多的关注。大量案例或实证研究发现，社会资本对农民创新行为具有非常重要的促进作用（如叶敬忠，2004a；王凯男，2014；韩琳，2012；Saint Ville et al.，2016）。具体而言，现有研究发现社会资本可以通过两条路径促进农民创新：其一，丰富的社会资本有助于农民获取新的知识和信息，而新的知识和信息是农民创新的重要驱动因素。比如 Wu 和 Pretty（2004）对陕西省志丹县某村的案例研究发现，农户家庭通信网络、技术学习小组和村庄间联系等因素均能够促进农民创新。其二，农民创新往往需要一定的资金投入，而丰富的社会资本或社会关系网络有助于农民筹集资金，从而促进农民创新（Appiah-Twumasi et al.，2020）。对社会资本和农民创新关系的进一步研究发现，不同类型的社会资本对农民创新的作用效果可能存在差异。比如 Saint Ville 等人（2016）以加勒比地区 112 位农民为研究对象，考察了朋友、亲戚、同辈农民和新技术推广专员等不同类型的社会资本对农民创新的影响，发现与朋友、亲戚、推广专员等相比，同辈农民对农民创新的正向促进作用更强；叶敬忠（2004）发现与功能性社会网络（农户与外部机构或团体的联系，如乡政府、乡镇信用社等）相比，社会建构性社会网络（农户与其他社会角色之间的联系，如亲戚、朋友等）对农民创新具有更大的促进作用。

环境因素。农民生产经营的环境（包括自然环境和市场环境）和政府的支持对于农民创新亦有重要影响。比如 Bellotti 和 Rochecouste（2014）对澳大利亚免耕农业的发展历程进行了案例研究，发现干旱少雨的自然环境变化是促使农民思考和尝试新的生产技术和方式的重要促进因素；此外，政府出面组建的农民交流互助组织为农民的创新尝试提供了知识支持，有助于推动农民不断实践新的想法，促进农民创新。但也有研究发现政府支持对农民创新的影响并不显著（如彭建娟等，2016）；柴浩放等人（2009）的案例研究更是发现，一些农民是在创新取得一定的成就后，才取得了政府的支持。最近有学者指出市场环境也可能会影响农民创新，其影响的机制可能主要是市场所提供的信息。比如 Mugonya 等（2021）以乌干达以北的 239 名养殖户为研究对象，发现市场所提供的信息质量（包括及时性——信息更新，并能按计划及时获取使用的程度；成本效益——用户负担得起信息访问的程度；可用性——信息被理解的容易程度；准确性——信息正确可靠的程度；相关性——所提供的信息与农户需求的匹配程度）对农民创新有显著的正向影响，信息质量越高，养殖户在生产经营中越易于表现出更多创新行为。

态度与偏好。态度与偏好属于影响农民创新的心理因素。当前关注心理因素和农民创新关系的研究相对较少，为数不多的几篇研究主要分析了农民对农业的积极态度和风险偏好对农民创新的影响。比如 Tirfe（2014）以埃塞俄比亚的 56 户农民为研究对象的案例研究发现，农民对农业的态度（从事农业生产的自豪感）在促进农民创新中具有积极作用，当农民对于农业有积极态度时，他们更倾向于在农业生产经营上投入更多时间和精力，对农业生产进行更多反思，并且开展更多实践，从而做出更多创新行为。这一结果与自我决定理论所指出的内部动机促进创新的观点是一致的。还有学者发现个体的风险偏好对农民创新有显著影响，高风险偏好有助于促进农民创新（苏岚岚和孔荣，2020）。

（二）农民创新的近端影响因素

部分学者考察了远端因素和农民创新之间关系的作用机制，这些机制主要与农民的创新能力有关。比如苏岚岚和孔荣（2020）以陕西省540位创业农民（包括农业创业和非农创业）为调查对象，发现农民的社会网络（包括家庭网络、村庄网络和商业网络）和对于风险的偏好会通过提升农民的创新能力进而影响农民创新；王凯男（2014）认为农民获取的各种社会资源会通过提升农民的资源整合能力促进农民创新，其以274位种植和养殖农民为研究对象，发现这些小农户的资源整合能力（对现有资源的识别、筛选、融合等能力）在外部资源和农民创新之间起到了显著的中介作用；无独有偶，霍生平等（2022）考察了另一种资源整合能力——资源拼凑——在农民的知识势差和创新行为之间的中介作用，发现农民的相对知识势差会通过提升农民创业拼凑（资源整合能力的一种形式，指通过对现有资源的重塑或重新组合来摆脱对外部资源依赖的能力）。而创业拼凑能力意味着农户可以有效地整合现有的生产经营知识，从而推进农民的开发式创新行为和利用式创新行为。此外，Mugonya等（2021）以乌干达的生猪养殖农户为研究对象，发现外部信息质量会影响养殖户的创新行为，养殖户对知识的使用在外部信息质量和养殖户创新行为之间发挥了中介作用。通过以上分析可以发现，虽然外部信息、资源对于农民创新是重要的，但其作用的发挥必须通过农民自身知识能力变化的中介才能发挥作用。正如Karubanga等（2017）的社会学习模型所呈现的，所有的外部资源需要通过农民对资源的保留、使用的过程才能影响特定行为的发生（包括农民创新行为）。

四　农民创新的作用后果

较少实证研究关注农民创新的后果，在仅有的几项研究中学者们主要考察了农民创新对农民的收入、支出、环境适应等方面的影响。国内学者李学术和向其凤（2010）较早地对农民创新的作用后果进行了实证研究，他们收集了云南省13个市（州）的331个农户的微观数据，发现农民创新（如市场拓展、增加借款）对于农民收入的增加具有显著的正向影响，并且农民的创新程度越高（在区域的领先程度），创新对收入的促进作用越明显。Tambo 和 Wünscher（2017）的研究几乎得到了与上述研究相似的结果，他们以加纳的 409 位粮食种植农户为研究对象，发现农民创新不仅有助于增加粮食产量、减少粮食短缺，而且还能增加农户的家庭收入，扩大农户的消费开支。但与李学术和向其凤的研究不一致的是，Tambo 和 Wünscher 进一步分析发现创新程度与农民收入的增加成反比：与高程度的创新行为（对现有种植实践的实质性或重大修改）相比，低程度的创新行为（对现有实践的微调整）对农民的收入增加的促进效应更为明显。

除收入等经济后果外，学者们还发现创新会提升农民的环境适应能力。比如 Tambo 和 Wünscher（2017）对加纳北部农民的调查显示，在面临环境变化冲击（如干旱和洪水等不可预测的环境事件）的情况下，农民创新有助于增加农村家庭的复原力，从而提升农户对突变环境的应对：创新农民对气候冲击的适应能力比非创新者高约 6%，使用其他加权方法和匹配算法进行结果的稳健性分析，发现这一结果仍然十分稳健。Tran 等（2019）以越南湄公河三角洲两个不同的农业生态区的农民为研究对象，发现农民自觉实施的创新有助于他们在生产经营中更好地适应当地的气候环境：比如洪水泛滥地区农民创造性地利用高洪水系统进行巨虾养殖；建造池塘养鱼，并利用汛期捕获的垃圾鱼作为养殖鱼的饲料；在盐碱化严重的地区种植耐盐碱水稻或其他可替代的经济作物；调整水稻种植的季节安排，最大化减少高盐度带来的不利影响。

第三节 本章小结

基于上述分析可以发现，虽然当前聚焦于农民创新这一话题的文献总量仍比较少，但农民创新的重要性和必要性近年来已得到越来越多的认可，这方面的研究也产出了一些具有重要理论和实践价值的成果。总体而言，当前农民创新的研究仍处于初期阶段，尚有很多问题有待进一步澄清。以下结合上文对农民创新相关文献的整理分析，从四个方面对于现有文献进行总结并对农民创新的未来研究方向予以展望。

其一，农民创新的概念有待进一步澄清。在农民创新的界定方面，除了创新的主体（农民）外，不同学者对于创新的界定差异较大。本书认为在农民创新的界定中要突出三个方面的特征：一是要突出农民在农民创新活动中的主动性。在农民生产经营领域一直不缺乏创新，比如农业新技术的推广和传播，但这种新技术的采纳忽视了农民在创新中的主动性。对主动性的强调能够区分农民创新与农业技术推广，比如 Tambo 和 Wünscher（2017）特别强调农民创新过程中农民的主动性和独特的贡献，因此农民创新也被他们称为农民领导的创新（farmer-led innovation）。二是要强调创新的范围限制。农民创新往往是农民为解决当下的生产经营问题而做出的变革，所以农民创新之"新"是在一定范围内的新，而不是追求空前的、绝对意义上的新颖（Bellotti & Rochecouste, 2014）。对于范围的界定，可以借鉴我国学者叶敬忠（2004）的观点——即农民创新是在社区或村内领先。三是要注意内容的广泛性。随着乡村振兴的持续推进，当前乡村的大部分农民已经不再延续传统的小规模、自给自足式的种养，农民生产经营活动更为多元化，比如越来越多的人开始从事规模化种植、养殖，经济作物种植，农产品加工、运输，及其他个体工商户经营等活动。因此，农民创新的范围不能只局限于种植、养殖技术或方式的变化，而是要关注更广泛内容的创新（比如管理方式、营销方法等）。

其二，农民创新的影响因素需要进一步拓展。虽然如何促进农民创新在农民创新文献中受到了较多关注，但已有农民创新影响因素的研究主要关注于农民的人口统计学特征（如性别、年龄；彭建娟等，2016）、人力资本（如教育水平、知识学习；周萍等，2019）、社会资本（Ville 等，2016）等前因，而对于其他因素（如心理特征）关注不足。来自组织行为学的大量研究发现心理特征（如个体的人格特征）是除社会资本、人力资本之外的影响组织中员工创新的重要因素。比如 Li 等（2020）以组织中的员工为研究对象，研究发现人格是影响员工创新行为的一个重要因素；Farmer 等（2003）对组织中员工的研究发现，员工对于自己的自我概念会显著影响其创新行为；杭承政和胡鞍钢（2017）也指出精神贫困（如行为被动、信念消极）可能是影响我国农村农民创新致富的一个重要因素。因此后续有必要考察心理因素对农民创新的影响。此外，鉴于当前对农民创新影响前因的探索仍处于初期阶段，相关成果比较碎片化，后续采用扎根理论的方法对农民创新的影响因素进行较为系统的探索是有必要的。

其三，农民创新的作用后果尚待检验。已有研究对于农民创新的作用后果关注较少，究其原因，Tambo（2015）认为可能源自人们相信创新会带来积极结果这一似乎不证自明的信念。但通过上述文献分析，我们认为当前对于农民创新的后果仍存在着一些问题有待进一步考察：一是现有研究对于农民创新与后果之间关系的认识存在不一致之处，比如有研究发现农民创新程度越高对农民的收入增加的促进作用越强（李学术和向其凤，2010）；也有研究发现农民小创新而非变化程度大的创新对于农民家庭收入的提升有更强的促进作用（Tambo & Wünscher, 2017）。二是当前对于农民创新后果的研究主要关注经济指标或对环境的适应（Tran 等，2019），对于其他方面的后果，比如农民的获得感、幸福感关注不足。我国的乡村振兴战略不仅要促进农民的增收，更要提升农民的幸福感和获得感，因此有必要直接考察农民创新对其幸福感的影响。三是当前的研究主要关注农民粮食种植或养殖技术方面的创新（Tambo & Wünscher, 2017）或兼业（如农民外出务工）创新（李学术和向其凤，2010），随着双创工作的不断深入，从事种植、养殖以外的其他个体工商经营活动的农民逐渐增多，这些农民的创新对于其经营绩效和幸福感有何影响尚缺乏实证的探索，因此未来可以探讨不同类型农民的创新及其作用后果。

其四，从过程的视角考察农民创新。现有农民创新的研究主要基于状态的视角考察农民创新，比如将农民创新视为一种行为或结果。从过程的视角来看，创新行为或结果的一个重要前提是创意的产生，并且创意并不必然转化为创新行为。就目前所检索到的文献来看，农民创新研究领域仅有两篇文献谈到将农民创新视为一个从创新想法产生到应用的过程（王凯男，2014；叶敬忠，2004）。为了更精细地理解创新发生发展的过程，更好地促进创新，最近创新研究领域的学者也提出应加强创新过程的研究（朱桂龙等，2021；Perry-Smith & Mannucci, 2017）。过程视角无疑为农民创新的探索提供了非常有价值的启示，但对于创意产生在多大程度上能够转化成为创新行为，影响其转化的因素有哪些等问题尚有待进一步探索。考虑到当前对农民创意产生和创意向创新行为转化过程研究的不足，今后有必要加强农民创意产生影响因素、创意向创新转化过程的研究，对于深入理解农民创新，更好地驱动农民创新具有重要意义。

第 五 章

农民创新影响因素的扎根研究

如前所述，当前农民创新的研究仍处于起步阶段，相关成果较少且比较零星。为了更为深入系统地了解农民创新的发生发展过程，本章采用扎根理论的方法进行探索。扎根理论方法强调从原始数据中归纳概念、形成理论框架，尤其适用于新兴话题、探索性研究和理论发展不充分的领域（陈向明，1999）。具体来讲，本章基于创新过程的视角，采用扎根理论的方法，构建从创意产生到创意实施的农民创新过程模型，并探索创新过程各阶段的影响因素，以及从创意产生向创意执行转化的边界条件。本章的研究结果也是后续第六至第九章量化研究的基础。

本章主要包括五个部分的内容：第一，相关文献回顾。主要对当前农民创新影响因素研究的一些重要文献，以及创新过程理论等进行简要概括和介绍。第二，研究设计。阐述本章的研究方法、样本和数据收集情况。第三，资料分析。在原始数据的基础上进行理论归纳，通过对质性数据的编码、概念化和分类，建立农民创新的过程及影响因素模型。第四，模型阐释。解释所构建的农民创新过程模型的内部逻辑。第五，总结讨论。概括研究的结论和研究意义。

第一节　相关文献回顾

一　农民创新影响因素的研究

就目前所检索到的期刊论文来看，学术界对农民创新影响因素的关注已经有一个较长的历史，比如国内学者叶敬忠早在20年前就关注到了农民创新的问题（叶敬忠，2004）；美国学者 Hinrichs 等（2004）基于社会学习的视角对农贸市场从事批发零售的农民的创新行为的影响因素进行了研究。但在此后很长的一段时间里，相关话题在学术界并没有引起更为广泛的重视。近年来，随着可持续发展成为全球共识，包容性创新、草根创新等概念或理论的提出，基层创新的重要性越来越被全球所接受（Hossain et al., 2021）。此外，在乡村振兴战略的大背景下，国内越来越多的农民不再局限于传统的自给自足式的农业生产，开始在乡村创业，从事规模化种植/养殖、经济作物种植，开展运输、商店经营等生产经营活动。农民创新的话题开始从边缘走向核心，再次引发了学界的重视，但由于重新回归学术视野的时间较短，相关研究仍处于积累阶段。

现有农民创新的研究呈现出两个特点：第一，将创新视为一种行为或结果，对创意产生或创意关注不足。比如在 Barzola Iza 和 Dentoni（2020）对咖啡种植户的创新进行测量时，关注这些农民是否改变了咖啡的售卖地点、是否改善了咖啡的品质等行为或结果；彭建娟等（2016）关注农民在生产经营中是否有新的实践。事实上，导致农民创新不足的一个不可忽视的因素是农民在生产经营中创意产生的困难。比如当前我国农民创业一个比较突出的现象是生产经营的同质化现象严重——生产或提供同样的产品或服务、同样的管理方式、同样的销售方式或市场（芮正云和方聪龙，2018）。导致这种同质化的原因可能有很多，但调查发现，农民跟风效仿的一个重要因素是他们不知道应该做出何种创新。Karubanga 等（2017）的研究从另一个方面也说明了创意产生的重要性：他们对乌干达稻农的创新行为进行了案例研究，让稻农观看其他人使用创新的方法种植水稻的视频，结果发现这种新知识的输入可以在一定程度上启发这些稻农的思维，促进他们对自己的现行种植方法做出一些有价值的变革。

第二，农民创新影响因素的研究主要关注外在或难以改变的因素，对内生动力关注不足。当前农民创新的文献主要关注农民创新行为的影响因素。研究者们主要分析或考察了性别、年龄等人口统计学变量（彭建娟等，2016）；社会关系资源、社会网络等社会资本因素（Saint Ville et al., 2016；王凯男，2016）；政府支持、市场环境等外部环境特征（Bellotti et al. , 2014；Mugonya et al. , 2021）。对于心理因素等内生动因关注不足，对各因素之间的协同作用关注不够。来自贫困心理学的大量研究表明，心理因素是影响农民等低收入人群收入增加的重要前因（徐富明等，2017）。最近学者们也强调要发挥心理学在增加农民获得感和助推乡村振兴中的积极作用（陈雪峰，2020；徐富明和黄龙，2022）；激发农民的内生发展动力也是当前党和国家政策的核心关切（侯雪静，2023）①。因此有必要对农民创新的影响因素进行系统探索，以便更为全面地了解农民创新的影响因素及不同因素之间的协同作用。此外，当前虽然学者们也关注了外因（如政府支持、培训学习），但对于各因素之间的整合效应关注不足。鉴于此，本章旨在回答影响农民创新的因素有哪些？具体而言，首先通过对相关文献的分析，为扎根研究提供一个初步的框架；其次在此基础上设计访谈问题；最后对访谈结果进行编码，并提炼农民创新的影响因素模型。

二　创新的过程模型

为了更好地探索农民创新的过程及其影响因素，本章在创新过程模型的指导下开展扎根理论研究。严格来讲，创新的过程模型并不是一个固定的模型，而是一种观点。这种观点认为创新是一个从创意产生到创意执行的过程（Amabile，1996），至于这一过程包含哪些阶段，不同学者的认识不尽一致（朱桂龙和温敏瑢，2020）：比如有学者认为可以分为创造力和执行两个阶段；有学者认为可以分为创意产生、创意推广和创意实施三个阶段；也有学者认为可以分为创意产生、创意细化、创意倡导和创意实施四个阶段。学者们对不同阶段的划分主要受其侧重点和研究对象的影响。

创新过程观的提出源自创意产生（creativity）和创新（innovation）文献的累积。在创新研究领域，创意产生和创新是两个密切联系的概念：早期一些学者认为这两个概念等同，在使用中可以相互替代，比如管理学顶级期刊 *Academy of Management Review* 的主题索引中对于"创意

---

① 侯雪静：《国家乡村振兴局今年多举措增强脱贫地区和脱贫群众内生发展动力》，新华网，网址：https：//m.gmw.cn/baijia/2023 - 01/19/1303260074.html。

产生"的解释后面备注了"见创新"（Ford，1996）；而另有一些学者将"创意产生"和"创新"视为新系统、产品和技术产生发展必须经历的共生现象。由于当时相关研究的数量相对较少，研究结果之间的冲突并不明显，但随着研究的不断累积，创意产生和创新研究出现了一些矛盾的结果。为了处理创意产生研究和创新研究的不一致性，以 Amabile（1996）为代表的学者从概念上对创意产生和创新进行了区分，发现创意产生（creativity）的研究主要关注创新性想法如何产生，而创新（innovation）的研究主要关注新行为的执行。Amabile（1996）的研究旨在对创意产生和创新进行区分，并认为可以从过程的视角对两者进行整合，但其并未就创新的过程进行过多的论述，而是将研究重点关注于如何激发创意产生。比如其认为领域知识、创造性思维和动机是提升创意产生的关键。

最近 Perry-Smith 和 Mannucci（2017）对创意产生和创新的研究进行了系统回顾，进一步将创新过程进行细分，认为对于组织中的员工创新而言，在创意产生和执行之间还应包括创意阐释和获得主管支持两个阶段，由此提出了组织情景中员工的创新过程模型。该模型将员工的创新过程分为四个阶段：阶段1，想法生成阶段（generation）。其被定义为产生一个新颖而有用的想法的过程，该阶段中员工可能会产生很多新颖的想法。当创造者选择出一个其认为比其他想法更有前途、更有用或更有价值的单一、新颖的想法时，意味着该阶段的结束。阶段2，想法阐释阶段（elaboration）。即系统地评估一个新想法的潜力，进一步阐明和发展这个新的想法，与部门"守门人"（gatekeeper，如部门负责人）分享该观点。这一阶段要获得部门守门人的认可后才能进入下一个阶段。阶段3，想法支持阶段（championing）。该阶段是对一个新想法的积极推广，旨在获得批准以推动该想法的发展。此时个体开始把新想法放在更大领域的守门人面前（如其所在组织中该领域的专家面前），阐明一个令人信服的理由，并强调它将对组织或领域产生的积极影响。获得更大领域守门人的认可是想法得以执行的一个重要前提。阶段4，想法执行阶段（implementation）。该阶段个体将想法变成了有形的东西——成品、服务或过程，即将想法变成"蓝图"。在创新过程中，执行是非常重要的一个阶段，因为它决定了一个想法是否能够真正地被实现并产生实际的影响。

Perry-Smith 和 Mannucci（2017）的创新过程模型对创新过程做了一个比较详尽的描述，但由于其关注的是组织中员工的创新，与本章所关注的农民创新过程可能不尽相同。在组织中，员工的决策权比较有限，一个创意能否执行往往需要组织相关部门或领导的层层审核。比如在 Perry-Smith 和 Mannucci 的模型中，员工的创意在执行前首先要经过部门守门人的审核通过（想法阐释阶段），然后还需要通过该领域专家的审核（创意支持阶段）。只有通过这两个阶段"守门人"对于员工创意的审查后，该创意才有可能得以执行。而对于本书所关注的农民创新来讲，其创新的主体是从事生产经营的农民，对于自己的生产经营有很大甚至完全的决策权，其自身就是自己创意的"守门人"。因此 Perry-Smith 和 Mannucci 模型中的阶段 2 和阶段 3 可能在农民创新过程中表现得并不明显，因此本章在对农民创新的过程和影响因素进行扎根研究时只关注创意产生（创造力）和创意执行（创新行为）两个阶段。

第二节 研究设计

一 研究方法

鉴于当前农民创新的研究仍处于初期阶段，对于农民创新过程尚缺乏研究，这种未被充分研究的话题使用扎根理论的方法尤为合适（Strauss & Corbin，1994）。扎根理论（grounded theory）最早由 Glaser 和 Strauss 在 1967 年提出，虽冠以"理论"之名，但其本质上是一种质性研究的方法，而非一种阐述概念及概念之间关系的实体理论。作为一种质性研究的方法，扎根理论主张采用自下而上的路径来构建理论（从现象或经验逐步抽象归纳建立理论），其强调了解当事人对于事件或行为的看法，要求研究者秉持开放的心态通过多级编码的过程（主要包括开放性编码、主轴编码和选择性编码的三级编码过程）对获取的资料进行概括总结，深度挖掘他们对事件的意义建构，最终完成对现实的理论呈现（陈向明，2015）。

对于扎根研究中研究者是否要带着一定的理论去开展研究，不同的学者有不同的看法：早期观点认为，研究者在扎根研究中应该放空自己的头脑，不带任何前提预设，以避免"先入为主"的影响（陈向明，1999）。后续有学者认为在扎根理论实施的过程中对文献进行分析是切实可行甚至是必需的。比如 Suddaby（2006）在 *What grounded theory is not* 一文中指出：从资料中发展理论并不意味着研究者可以忽略已有的文献和知识；相反，扎根理论方法要求研究者在研究过程中不断地参考和借鉴已有的文献和知识，以便更好地理解和解释数据。Suddaby 认为忽略现有的文献和知识可能会导致研究结果的不完整或相对未消化，可能会使得研究结果变得显而易见或陈词滥调，缺乏新颖性和创造性。近年来，越来越多的学者结合现有文献和知识，或在现有理论指导下开展扎根研究。比如 Sy（2010）在对领导者的内隐追随进行扎根理论分析时预设追随者可以分为有效的和无效的两种类型；周媛等（2020）在对旅游志愿服务行为的影响因素进行扎根研究时，也是基于计划行为理论、人格特征和外部情景理论作为理论指导，然后通过对旅游志愿服务者的访谈获取资料，再通过三级编码来构建旅游志愿服务行为的影响因素模型。基于此，本章将结合创新过程模型及其他现有文献来开展农民创新影响因素的扎根理论研究。

二 样本选择

进行扎根理论研究时，访谈样本的选择一般遵循"目的性抽样"（purposive sampling）的原则，这是一种有目的的、非随机的抽样方法，旨在选择那些能够提供最丰富信息的参与者（Birks & Mills，2015）。基于此，在选择研究样本时，本章遵循目的性抽样的原则，根据本书的研究目的来选择访谈对象。具体来讲，本章的研究对象需要同时满足以下三个条件：第一，受访者须有农村户籍，且一年中有 10 个月以上的时间生活在乡村；第二，受访者自己从事生产经营活动（包括规模化种植、养殖，经济作物种植，个体工商经营等），不以市场交易或增加收入为目的、从事自给自足的生产者除外；第三，受访者对于生产经营中的重大事项（如产品调整、市场扩展等）具有决定权。在样本量的选择上，当前扎根理论文献并没有明确的规定。一般认为，影响扎根理论样本量选择的一个重要因素是理论的饱和度。从理论上看，所选择的被访谈者人数越多，越有助于通过理论的饱和性检验，但样本量过大亦会带来研究时间和成本的增加，并且还可能会带来大量的冗余信息。为了更好地确定多大样本量在扎根理论研究中是合适的，Marshall 等（2013）对扎根理论研究的样本量进行了综述，他们发现 76% 的扎根理论研究在样本量为 30 或更少时即可达到理论饱和；在扎根理论研究中，60% 的研究所选择的访谈对象不超过 40 人。基于此，他们提出在进行扎根理论研究时，选择 20—30 人作为访谈对象是合适的，会有最高的性价比。

就本章而言，结合研究目的，最终选择了 28 位农民作为研究对象，对其中 21 位农民进行直接访谈，其余 7 位农民的相关资料通过二手数据获取，受访者的基本情况见表 5-1。研究对象的平均年龄为 48.1 岁（SD=7.98）；性别分布，男性 22 人（占比 78.6%）、女性 6 人（占比 21.4%）；地域分布，江西省 10 人（占比 35.7%）、河南省 7 人（占比 24.4%）、河北省 2 人（占比 7.1%）、安徽省 2 人（占比 7.1%）、云南省 1 人（占比 3.5%）、湖南省 1 人（占比 3.5%）、山东省 1 人（占比 3.5%）、福建省 1 人（占比 3.5%）、吉林省 1 人（占比 3.5%）、重庆市 1 人（占比 3.5%）、云南省 1 人（占比 3.5%）；农民生产经营的类型，从事规模化或经济作物种植的农民 12 人（占比 42.8%）、从事养殖的农民 6 人（占比 21.5%）、从事其他个体工商经营的农民 10 人（占比 35.7%）。

表 5-1　　　　　　　　　　受访者基本信息

编号	性别	年龄	生产经营类型	创新内容
N01	男	45	脐橙种植	按照脐橙的大小对脐橙进行分类设定不同价格销售，每个橙子单独包装，引入早熟品种
N02	男	51	甜瓜种植	采用三膜覆盖促进瓜苗生长和瓜果早熟，改变瓜果形状，网上销售
N03	女	42	冬枣种植	在冬枣大棚套种樱桃，利用唱戏机会宣传打开新的销售市场
N04	男	58	瓜果种植	大棚智能灌溉、智能施肥系统
N05	女	47	便利商店	进行线上线下销售相结合，改变货物摆放位置
N06	女	41	水果店	制作水果拼盘，采用促销方式，提供榨果汁服务
N07	男	60	苹果种植	果园里养鸡，直播销售产品，大小分类分级销售

续表

编号	性别	年龄	生产经营类型	创新内容
N08	男	61	农事服务	使用无人机喷洒农药，帮人喷洒农药
N09	女	38	便利商店	会员储值，建立微信社群，快递代收、邮寄等增值服务
N10	男	57	鱼养殖	休闲垂钓，餐饮配套
N11	男	42	草莓种植	与旅游公司合作，旅客现场采摘；微信群销售
N12	女	34	快递驿站	承接广告宣传，售卖冷饮，开展网络代购业务
N13	男	48	农资销售	送肥到田，提供农药、化肥使用指导
N14	男	55	瓜果种植	增加种植的品种，按照糖分对瓜果分类售卖
N15	男	58	蔬菜种植	一年多茬轮作种植，如西蓝花和茄子轮种
N16	男	50	牛羊养殖	利用电商平台宣传、销售，定制化认养
N17	男	53	肉鸡养殖	使用立体笼养代替原来的网养
N18	男	44	零售商店	使用微信群接受订单，将商品送货到村服务
N19	男	42	经济作物种植	根据市场需求，种植多种经济作物（如蔬菜、甜玉米等）
N20	男	34	快递驿站	网络代购，打印复印业务，售卖日用品
N21	男	36	乡村饭店	送饭菜到家，增加户外烧烤服务
N22	男	51	莲子种植	观光旅游，扩大规模，茎叶做食用菌培养基
N23	男	53	蚯虫养殖①②	微信营销、鸡蚯共生系统、权威机构认证等
N24	男	50	稻米种植③	水稻种植可视化、水稻种植机械化、出口扩大市场等
N25	男	42	鲜花种植④	将花朵分级打扎、高畦垄种植、无土栽培养植鲜花、秸秆返田再利用等
N26	男	52	大黄鱼养殖⑤	降低鱼的养殖密度、更换鱼的养殖饲料、发现并拓展小规格鱼市场等

---

① 《养殖黑水虻变废为宝引领环保养殖新航向》，经济网，网址：http://www.ceweekly.cn/2018/0619/227585.shtml。

② 《"虫王"回乡养鸡记》，央视网，网址：https://xczx.cctv.com/2023/02/01/ARTIPl1xw9oY1t2XWU8sS8w2230201.shtml。

③ 《肖建波和他的现代家庭农场》，中国农村远程教育网，网址：https://www.ngx.net.cn/ngmt/gb/jmyg/xknj/201904/t20190408_207799.html。

④ 《花海弄潮人》，央视网，网址：https://xczx.cctv.com/2023/02/13/ARTIFJcGsHSXc4N1ejwaF4lY230213.shtml?spm=C73274.PrF09QY4NgTM.EjuZSHfPQAk1.222。

⑤ 《创新养殖模式：他的大黄鱼价格高经销商也抢着买》，央视网，网址：https://xczx.cctv.com/2022/06/10/ARTIhXP81rl8fJleYcvSrUDt220610.shtml。

续表

编号	性别	年龄	生产经营类型	创新内容
N27	女	46	麻辣鸡制作①	增加麻辣鸡口味，开连锁店，创新公司和农户的合作模式等
N28	男	50	蜜蜂养殖	改进蜂箱培育新蜂王，仿野生养殖蜜蜂，改变蜂王产卵时间增加蜂蜜波美度

三　数据收集

在扎根理论研究中，数据的收集可以采用多种方法，包括访谈、观察、文献研究等，具体的方法可根据研究问题和研究目的进行选择（Birks & Mills，2015）。本章采用访谈和二手文献两种方式获取数据。访谈法顺利开展的前提是有效交流，考虑到本书的研究对象为农民，而农民多使用方言交流（外地人对于一些方言难以理解），为了方便交流，组织了一个由2位老师和11位农村籍大学生组成的调研小组，利用假期回乡的时间在其家乡所在地寻找满足研究调研对象要求的农民进行访谈。为了让小组成员熟悉访谈方法，在研究开始前对研究小组成员进行访谈法培训，通过现场模拟和讨论的方法提升他们的访谈技巧和能力，并形成一套标准化的访谈程序（包括开始时先预热再引入问题、访谈过程中适时回应和追问、访谈结束后整理访谈记录等）。采用半结构化的方式进行访谈，访谈提纲包括两个部分的内容：一是背景信息，包括受访农民的个人信息（如年龄、教育背景等）、家族生产经营传承情况、所在地区的创新创业发展情况；二是农民创新影响因素和过程相关的问题，包括"请具体谈一谈您在生产经营过程中主动做出了哪些创新或改变""您在创新过程中所面临的困难和挑战是什么""您认为哪些个体特征对您的新想法或创新行为有影响，有何种影响""您所处的社会网络或关系对新想法或创新行为影响如何""市场环境和政府等外部因素对您的新想法的产生或创新行为影响如何""您认为如何更好地将新想法转化为创新行为""您认为创新会带来怎样的影响""您认为政府、组织或其他利益相关者

---

① 《她的大生意从1000元起步》，央视网，网址：https://tv.cctv.com/2020/12/27/VIDEbpIl0y8iAlqjjEKOsfE0 201227.shtml?　spm = C47996.PEQcu7CFaec5.E1duYqEwVCnQ.2326。

可以如何支持和促进农民创新"。为了尽可能防止信息的遗漏,在受访者授权的情况下,对访谈结果进行录音。

就二手数据而言,Corbin 和 Strauss(2015)认为扎根理论的分析资料并不只局限于一手访谈资料,网络收集的资料、图书文档、新闻报道、政府文件等二手资料也可以作为扎根理论研究中的分析材料。比如田进和张明垚(2019)通过抓取互联网上浏览者的评论作为二手资料,使用扎根理论的方法对网络舆情的生成逻辑进行研究。此外,为了增加样本的代表性和研究资料来源的多样性,一些学者将访谈资料和二手数据结合起来进行扎根理论研究。比如赵栋祥(2023)在研究大数据环境下个体的数字囤积行为时使用了访谈数据和网络二手数据相结合的方法。考虑到新冠疫情所造成的出行不便,面对面的访谈难以获得多样性的样本,这可能会削弱研究结果的有效性(Fassinger,2005)。为了尽可能保证研究样本的多样性,获得更为充分的信息,本章还使用了7份从网络上收集的二手资料。为了保证资料的真实性和可靠性,所选择的案例材料主要来自一些权威网站(如央视网、中国农村远程教育网)或政府部门网站。

通过两种方式最终获得了28位农民的文本资料。为了对扎根理论所建构的模型进行理论饱和度检验,借鉴以往研究对访谈样本进行分类的做法:2/3 的样本用来构建理论,1/3 的样本用来进行理论饱和度检验(如吕宁等,2019)。本章从包含28位农民的样本中随机抽取20位农民的数据进行编码建构理论,其余8位农民的文本资料被用于进行理论饱和度检验。

第三节 资料分析

根据扎根理论常用的文本资料的处理方法,在接下来的分析中执行了开放式编码、主轴式编码和选择式编码的三级编码过程,形成了农民创新过程及影响因素的初步模型,并通过理论饱和度检验来确保理论模型的稳健性。具体而言,研究构建了由3个人组成的编码小组。首先,3位小组成员独立对获取的文本资料进行分析,选择与研究有关的语句进行概念化,并对概念进一步抽象形成范畴;其次,3

位小组成员交叉检验，寻找与其他成员相同或不同的编码，保留相同编码，对于不同编码进一步讨论达成一致意见；最后，对于讨论最终仍无法达成一致的编码予以剔除处理。三级编码和理论饱和度检验具体过程如下。

一　开放式编码

开放式编码（open coding）也称为初步编码（initial coding），是扎根理论研究中数据分析的第一步。这种编码是研究者通过识别数据中的重要词语或词语组，然后进行标记，其目的是对概念进行界定并寻找发现范畴（贾旭东和谭新辉，2010）。开放式编码要求研究者保持开放性和灵活性，并通过对数据进行反复比较和分析，确定数据中的模式和关系，并将数据进行分类和整理，以便更好地理解数据中的模式和关系。

本书的开放式编码具体包括如下步骤：第一，提取相关语句。逐字逐句地阅读数据，识别数据中的重要词语或词语组，提取出与农民创新有关的表述，得到 276 条原始语句。比如"一开始种植甜瓜的时候，卖得很快，价格也好，后来大家都种，种的瓜果都一样，成熟的时候都急着去卖，价格上不去，一降再降，后来我就想种植早熟品种，错开销售高峰（N02）"等。第二，标记数据。直接使用受访者的原话作为标签，或者使用其他标签，对数据中的重要词语或词语组进行标记。比如将"网上卖东西，就是多买一台电脑，失败了也赔不了多少钱（N16）"贴标记为"风险承受能力"。第三，比较和整合标记。由于在初始编码时得到的概念存在语义重复以及数量过大的问题，通过反复比较和整合标记，将数据进行分类和整理合并，最终获得 24 个初始概念或初始范畴。比如将"新品种有竞争力"和"收入增加"两个初始概念合并成"经济效益"。第四，形成副范畴。副范畴较概念更具有指向性，它是对初始概念的进一步抽象和凝练。当将初始概念按照一定的意义进行归类形成概念群的时候，初始范畴就形成了，比如将"经济效益"和"社会效益"两个初始概念进一步抽象整合，形成了"创新获益"的副范畴。

经由开放式编码并结合相关研究，本章最终得到了 13 个副范畴，这些范畴包括：主动求变、心理韧性、未来导向、创新获益、风险感知、培训学习、先前经验、社会网络、互联网使用、政府支持、亲友支持、创意产生、创意执行。表5-2较为清晰地呈现这些范畴,此外,表5-2中还列出了每个副范畴所包含的部分概念,及相关原始语句示例。

表5-2　　　　　　　　　开放式编码结果

副范畴	初始范畴	访谈语句示例（概念）
主动求变	喜欢变化	N02-我从小就喜欢折腾,不喜欢跟在别人后面做事（喜欢折腾）
		N08-看到新的农机就走不开,总想去看看,试着用一下,琢磨琢磨（喜欢新事物）
	主动行为	N02-虽说原来那种种植方式也怪好（挺好）,但还是想着怎么样能进一步提升产量（不满现状）
		N11-去年价格下降得厉害,靠等解决不了问题,要自己多想办法（主动解决）
心理韧性	情绪控制	N13-也有不想去干（创新活动）的时候,但是过一会儿就过去了（情绪调整能力强）
		N07-我性格比较好,遇到失败的时候,我不会太往心里去,该咋做咋做（积极情感）
	坚持不懈	N14-做这个事你得往里钻,不能说一开始没赚到钱,马上就不干了,要坚持、一边做、一边试,你就能发现新门道,干啥都不可能一开始就能做好（不轻易放弃）
		N22-配套观光旅游要做很多事,安全、停车、吃饭这些都要考虑,干啥都不容易,只要干了我就会干到底（坚持到底）
未来导向	未来发展	N11-咱干的这些活没啥技术含量,只要看到你赚钱,其他人肯定都会跟着学,人一多价格就掉下来了,所以你得经常去想做点大家都还没有做的（未来竞争）
		N16-干养殖有一定风险,行情好一年坏一年,你得提前准备,比如提前找好买家（提前准备）
	行为预期	N02-人家能干成,我觉得咱只要好好干,也能干成（成功信念）
		N17-也可能失败,做事都得摸索着来,失败了也能积累经验（失败收获）

续表

副范畴	初始范畴	访谈语句示例（概念）
创新获益	经济效益	N19-大家种得都一样（种植相同的作物）赚不到钱，你只能想办法种新的品种，这样能卖个高价（新品种有竞争力）
		N20-给别人打印虽然忙点，也能多赚一部分钱，总的来说比不干这个要好（收入增加）
	社会效益	N27-通过发展农户养鸡，一方面可以解决原材料短缺的问题，另一方面可以带动其他人一起发家致富（带动他人致富）
		N14-大棚经营得好，有人来你这里参观学习，觉得在人前人后也更有面子（有面子）
风险感知	风险感知	N03-创新难呀，弄不好一下子就把钱全都赔进去了，所以大部分人还是老老实实人家（别人）干啥就干啥（害怕风险）
		N15-大部分农民还习惯于按照传统的方式来做，觉得这样比较保险（安全需要）
	风险承受	N16-网上卖东西投入少，也就是自己买一台电脑，失败了也赔不了多少钱（风险承受能力）
		N04-上这套自动喷灌设备花费不少钱，前期一再出去考察，觉得失败的可能性应该不大（风险评估）
培训学习	培训学习	参加乡里的一个农业技术培训，老师讲到薄膜能提高地面温度促进农作物更快生长，我就想可以多增加几层薄膜提高地面温度（参加培训）
		N18-我平时喜欢看一下农业节目，像《致富经》，有一次看到别人把产品送货上门，觉得是个不错的方法（自主学习）
先前经验	直接经验	N15-种植蔬菜很多年了，时间一长就能总结出一些经验，比如这个套种，不是所有作物都适合（经验总结）
		N19-咱们这里一直种的是普通玉米，我想种甜玉米也肯定没问题（经验迁移）
	间接经验	N10-以前在一个农家乐干过，去的人很多，感觉那种做法很不错（务工经历）
		N01-我有一次去城市里大超市看到不同大小的苹果、不同的包装，卖的价格不一样，回来后在销售脐橙时我就按大小果进行了分类，并且定制了比较高级的外包装（考察启发）

续表

副范畴	初始范畴	访谈语句示例（概念）
社会网络	强关系	N06-儿子在外面上学，放假他从学校回来买了一盒水果，里面都是切好的不一样的水果，让我也这么做试一试，能用较少的钱吃到不同的水果，能吸引人购买（子女建议）
		N07-过年跟一个在外地的亲戚聊天，他建议可以学着城里的超市对果子筛选一下，按不同大小分类，在网上打开销路（亲戚建议）
	弱关系	N20-有一回，有个来店里取快递的问我知不知道哪里有打字复印店，他急着要复印身份证户口本，这个事一下启发了我（向客户学习）
		N17-去农资店订购饲料时跟老板聊天，听他说有箱笼养殖（经销商学习）
互联网使用	互联网使用	N07-看到网上有直播带货销路很好，我就想咱的苹果也很好，为啥不能网上卖试试（网上销售）
		N03-国家农业技术网很有用，我就是看到山西那边人家在大棚里种樱桃，效益很好，想到咱这里地理纬度跟那边差不多，应该也可以试试（农业技术网站）
政府支持	技术支持	N05-政府开办了网上销售培训班，学会了在网上卖东西（技术培训）
		N03-乡镇聘请专家可以在网上进行咨询，帮助我解决了很多问题（专家指导）
	金融政策支持	N04-现在贷款比较方便，如果没有顺利贷到那些钱，也没办法引进自动化浇灌（贷款便利）
		N19-政府大力支持承包土地进行大规模种植，现在承包土地，规模化种植方便了很多（政策支持）
亲友支持	情感智力支持	N20-刚开始做快递时，店里非常忙，小孩也照顾不上，多亏家人的理解（情感支持）
		N18-刚开始使用微信销售产品，自己不熟悉，幸亏一个亲戚手把手地教我怎样操作（智力支持）
	人力资金支持	N11-网上卖东西确实扩大了销量，但是很费人手（需要较多人力），一家人都忙起来了，要是没有家里人的支持，这事是干不成的（人力支持）
		N10-想法是好，但是农庄前期投入资金较大，幸亏亲戚朋友帮忙（资金支持）

续表

副范畴	初始范畴	访谈语句示例（概念）
创意产生	创意产生	N25－通过对市场的走访，发现一家公司的收购价格远远高于市场平均价，脑子一下子清醒了，决定把精品花单独销售（产生分级销售创意）
		N26－了解到一条5两左右的大黄鱼也能满足一家人的需求，很高兴（创意产生）
创意执行	创意执行	N25－给花分级，把精品花筛选出来，把价格卖到了以前的六倍（实施分级销售）
		N26－看到了小规格大黄鱼的市场空间，开始养殖小规格的大黄鱼，小规格的大黄鱼广受经销商的欢迎，养殖进入了良性发展状态（养殖小规格的大黄鱼）

二 主轴式编码

由于副范畴彼此之间的关联性仍然不够明确，为了进一步明确其意义，形成更为系统和抽象程度更高的主范畴，接下来执行了主轴式编码（axial coding）。主轴式编码的"主轴"是指类属，由于主轴式编码要围绕特定类属进行分析，寻找初级编码之间的相关关系，因此这种类属被称为"轴心"（周媛等，2020）。简而言之，主轴式编码就是在对副范畴之间的关系进行分析比较的基础上，挖掘不同副范畴的内在联系，将其归类，形成更概况的范畴。主轴式编码主要包含以下步骤（Strauss & Corbin，1990）：（1）识别相关维度。识别与核心类别相关的维度。（2）进行条件和策略分析。分析数据中的条件和策略。（3）进行类别和子类别的连接。将类别和子类别进行连接。（4）进行反思和整合。反思和整合数据中的模式和关系，以便更好地理解数据中的模式和关系。

本章的主题是探究农民创新的影响因素，通过轴心编码，发现上述提取出的14个初始范畴之间存在一定的内部关联，比如风险感知、创新获益两者都是与创新动力有关的因素，可以归为创新态度；培训学习和先前经验是体现在农民身上的资本，可以归为人力资本；社会网络和互联网使用代表了两类与他人互动联系的方式，将其归类为信息网络；主动求变、心理韧性和未来导向与个体的主动性倾向密切相关，将其归类为主动性人格；政府支持和亲友支持与来自外部的资源支持有关，归类为创新支持。创意产生指产生的与生产经营有关的有用且新颖的想法；创意执行是将想法转化为行为或结果。最终，主轴式编码对开放式编码中获取的14个副范畴进行了抽象归纳，形成了创新态度、人力资本、信息网络、主动性人格、创新支持、创意产生、创意执行7个主范畴。表5-3呈现了各个范畴的分类，以及各主范畴所代表的意义。

表5-3 主轴式编码结果

主范畴	副范畴	范畴的内涵
创新态度	创新获益	创新动机是促进或抑制农民实施创新活动的驱动力量。创新动机可以源于很多因素，比如为了获取更大的利益、摆脱当前的压力等
	风险感知	
人力资本	培训学习	人力资本主要指农民身上所蕴含的知识、能力和技能，这些主要是通过经验的积累、接受教育、培训等获得
	先前经验	
信息网络	社会网络	信息网络是指农民获取创新相关知识或信息的方式或渠道。农民的信息网络包括两个部分，即传统人际互动中形成的社会网络和互联网
	互联网使用	
主动性人格	主动求变	主动性是一种人格倾向，是指个体不受外部情境的约束阻碍，不断探寻新的做事方法和途径，善于捕捉机遇，主动采取行动以改变外部环境的行为倾向性
	心理韧性	
	未来导向	
创新支持	政府支持	创新支持主要是亲友、政府等外部力量对农民在实施创新过程中的情感、政策或物质（如资金、土地等）方面的支持或帮助
	亲友支持	
创意产生	创意产生	指产生的与生产经营有关的有用且新颖的想法，是创新过程的第一阶段
创意执行	创意执行	创意执行是个体将想法付诸实践，将想法转化为行为或结果，这是创新的最后一个阶段

三 选择式编码

选择式编码（selecting coding）是指对已经确定的概念类属进行系统分析，进一步抽象提取出一个能够统领各类属的"核心类别"。进行核心类别的选择是扎根理论研究中数据分析的一个重要步骤。核心类别是指一个概念或主题，可以解释整个基础理论研究的主要内容。核心类别的选择不仅有助于将研究中的各个类别和子类别整合起来，形成一个完整的理论框架，从而更好地解释研究中的现象和问题；还可以帮助研究者更好地组织和呈现研究结果，使其更易于理解和应用（Corbin & Strauss, 2015）。

经由前文主轴式编码的分析，发现各主范畴之间的关系已比较清晰，符合建立核心范畴的条件。根据研究主题，本书提出使用"农民创新过程的影响因素"作为核心范畴，使用其来统领所有的主范畴和副范畴。围绕这一核心范畴，本章依托创新行为的过程模型构建了故事线，即农民创新是一个从创意产生（创造力）到创意执行（创新行为）的过程；人力资本、信息网络对农民创意有直接影响；主动性人格不仅会影响农民创意的产生，而且还会影响创意向创新行为的转化过程；创新态度和创新支持主要通过影响创意向创新行为转化的过程来影响农民创新（见图5-1）。

四 饱和度检验

由于扎根理论研究是通过对资料进行分析和解释来构建理论，因此需要确保已经收集到足够的资料来支持研究中的理论，即进行理论饱和度检验（theoretical saturation）。如果没有收集到足够的资料，就可能得出不准确或不完整的结论，从而影响研究的可靠性和有效性。理论饱和度检验可以采用以下方法进行（Birks & Mills, 2015）：第一，重复访谈。通过对同一参与者进行多次采访，确保已经收集到足够的文本资料来支持研究中所构建的理论。第二，访谈新参与者。对新的参与者进行访谈，确保已经收集到足够的资料来支持研究中构建的理论。

本章选择了上述第二种方法对理论饱和度进行检验。具体参照吕宁等（2021）的做法将剩余的8份访谈记录按照上述扎根理论的编码过程进行新一轮的编码（包括开放式编码、主轴式编码和选择式编码）。结果新编码所生产的范畴都可以纳入所构建的理论，既没有出现新的概念或范畴，也未发现范畴之间出现新的逻辑关系，故可以认为农民创新影响因素模型在理论上达到了饱和。

第四节　模型阐释

通过扎根理论的编码过程，本章发现人力资本、信息网络、主动性人格、创新态度和创新支持5个主要范畴会影响农民创新过程（见图5-1）。为了更清楚地展示这5个主范畴的内涵及其生成过程，下面对其进行逐一阐释。

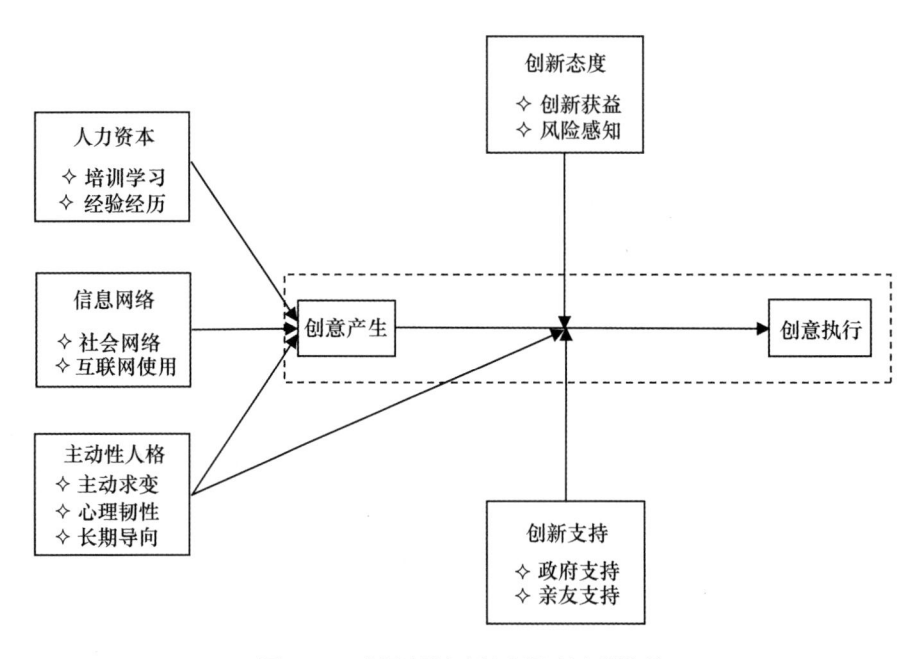

图5-1　农民创新过程及影响因素模型

一　农民创新是一个从创意产生到执行的过程

创意产生（创造力），指产生新颖且有用的想法；创意执行即创新行为，是将创新的想法付诸实施的行为。创意产生是创新的早期阶段，而创意执行则是创新的后期阶段，VandeVen（1986）指出创意只有实施后才能成为创新。本章研究发现，农民的创新过程可以分为创意产生和创意执行两个阶段。

就创意产生阶段而言，农民围绕当下问题可能产生一个或多个新颖且有用的想法。比如在个案 N09 中，该农民经营了一家便利商店，由于农村人口向城里的迁移和网购的普及，为了改善经营状况，其产生了会员储值、建立微信社群、快递代收、邮寄等新的想法。当然，并非所有的创意都能执行，就访谈的一手资料或收集到的二手资料来看，也有很多创意难以落地。比如个案 N23 是一个养殖芦丁鸡的农民，在养殖过程中该农民萌生了从其他养殖户手中收购芦丁鸡进行深加工的创意。当其准备从别的养殖户手中收购芦丁鸡时，发现农户家的鸡已经被其他人高价买走了，结果这一对芦丁鸡进行深加工的创新就没有得到成功执行；但当他了解到别人销售宠物鸡后，又萌生销售宠物鸡并且自带鸡笼的创意，对于这种创意后续得到了执行。

就创意执行阶段而言，访谈对象所谈到的创新大多是其成功实施或执行了的创新行为。比如在案例 N25 中，花农张良把鲜花按照质量分级，将精品花筛选出来单独售卖，把玫瑰花的销售价格卖到了以前的六倍；案例 N26 中，大黄鱼养殖户郑顺利看到了小规格大黄鱼的市场空间后，开始养殖小规格的大黄鱼，小规格大黄鱼广受经销商的欢迎，养殖进入了良性发展状态。这些案例均体现了农民创意执行阶段的内容。

二　创意产生的影响因素

经由三级编码发现，农民创意产生主要受到人力资本、信息网络和主动性人格三方面因素的影响，下面具体对三个因素所包含的内容进行阐释。

（一）人力资本

人力资本是通过投资形成的个体所拥有的知识和技能。人力资本的外延较为丰富，但 Becker（1964）认为教育和经验是人力资本这一概念的核心特征：教育有助于增加个体的知识和技能的积累，经验包括实践性直接经验，也包括观察学习等间接经验。与 Becker 的观点相一致，本章对资料的分析编码也发现，影响农民创意的人力资本主要包括知识学习和个人经验两个方面。知识学习使农民能够在正式的专门培训中学习，在学习中受到老师的启发，产生改变现有生产经营的想法。比如有农民谈到"参加乡里的一个农业技术培训，老师讲到薄膜覆盖能增加地面温度，从而促进农作物更快生长，我就想到了多增加几层薄膜覆盖是不是可以更好地提升地面温度,让瓜苗长得更快,提早成熟(N02)"。此外,借由学习培训的平台,同行之间相互交流和思维碰撞也有助于创业农民产生新的想法,如受访者 A 谈到"培训学院交流时,有人说到休闲农业,我一下子就觉得是个很好的做法,觉得自己的鱼塘也可以通过吸引人来钓鱼增加收入(N10)"。

除教育学习外,个体在特定领域长期生产经营的经历有助于增加他们对于该领域的熟悉和了解,提升其认知水平,增加对所遇到的问题的敏感性和萌生解决问题的新方法,也是影响创新的一个重要前提(Weisberg,1999)。研究发现农民在生产经营中累积的经验同样能够促进创业农民的创新,比如有受访者谈到"种植蔬菜很多年了,时间一长就能总结出一些经验。比如这个套种,萝卜和大蒜不能套种,香菜和芹菜不能套种,在选择套种时,我会考虑哪些作物相匹配进行套种产量会比较高(N15)";还有农民表示"一直种植普通玉米,种植甜玉米应该也是可以的(N19)"。

(二)信息网络

信息网络是指创新农民获取创新相关知识或信息的方式或渠道。编码发现农民的信息网络包括两个部分,即社会网络和互联网使用。社会网络①指社会成员由于彼此之间的互动所形成的关系体系,其关注成员之间的互动和联系,社会网络的关系维度可以分为"强关系"和"弱关系"(Baer,2010)。强关系多表现为亲戚或亲密朋友之间的互动,有助于隐性知识和精细信息(比如如何具体建立和管理微信销售群)的传递流动;弱关系多体现为社会成员之间偶尔或不频繁的联系,这些联系带来的主要是粗粒度知识或信息的流动(王国红等,2018)。访谈中也发现了创业农民通过"强关系"和"弱关系"两种社会网络获取创新相关信息。如有受访者表示,"过年(过春节)时跟一个在外地工作的亲戚聊天,他建议可以学着城里的超市对果子筛选一下,按不同大小分类,不同大小的

---

① 社会网络和社会资本的概念密切相连,边燕杰总结发现当前研究主要从三种角度来定义个体层面的社会资本(张文宏,2011):第一,将社会资本视为社会网络关系,一个人的社会网络关系多少决定了其社会资本存量的大小;第二将社会资本视为社会网络结构,其影响了对个体的约束和个体对信息的获取;第三,将社会资本视为一种社会网络资源,表现为个体借由其在网络中的位置所能调动使用的资源。本书采用的是第一个视角,即将社会资本视为社会网络关系。

果子价格不同。还可以在网上打开销路,并教我怎样注册网上店铺(N07)""儿子在外地上学,放假他从学校回来买了一盒水果,里面都是切好的不一样的水果,让我也这么做试一试,能用较少的钱吃到不同的水果,更好地吸引人购买(N06)"。有更多的农民通过弱关系获取了创意,如"有一回,有个来店里取快递的顾客问我知不知道哪里有打字复印店,他急着要复印身份证户口本,这个事一下启发了我(N20)";还有受访者表示"去农资店订购饲料时跟老板聊天,听他说有箱笼养殖的做法,觉得这种方法很好,可以节省空间,养殖更多的鸡,就想自己可以试一下(N17)";"听说其他农民将芦丁鸡作为宠物鸡销售,想到自己也可以走这条道路(N23)"。

创意的产生离不开个体获取新的信息改变现有认知(Baer,2010)。除社会网络这种传统的获取新知识或信息途径外,随着信息技术的发展,互联网逐渐成为人们获取新信息的重要来源。近年来,随着互联网基础设施建设在农村的完善,农村的互联网普及率得到不断提升,越来越多的农民使用手机或电脑等终端设备获取相关知识和信息,这种互联网的使用也极大地促进了农民创意的产生。本章对于访谈资料的三级编码分析也支持了互联网使用对于农民创意产生的作用。比如在问及"哪些因素影响其创新的想法"时,有受访农民谈到"看到网上有直播带货销路很好,我就想咱的苹果也很好,为啥不能网上卖试试(N07)";还有从事大棚种植的农民谈到"国家农业技术网很有用,我就是看到山西那边有人在大棚里种樱桃,效益很好,想到咱这里地理纬度跟那边差不多,应该也可以试试(N03)"。

(三)主动性人格

主动性人格指的是个体主动改变环境的一种个体倾向。Bateman 和 Crant(1993)根据个体改变环境的倾向性最早将人格特征分为主动性人格和被动性人格:主动性人格者不被环境约束,积极地改善现有环境或创造新环境;具有善于识别机会,并持之以恒不达目的不罢休的特点。而被动性人格者易于被环境所改变,表现出对环境或他人的依赖;往往会选择忍受或被动接受现有条件。基于此,主动求变、坚韧和未来导向被认为是主动性人格的三个主要维度。研究认为高主动性人格者会主动参与交流和知识分享,从而丰富自己的知识积累,提升自己的创造力

(张颖和杨付，2017）。本书对于农民创意产生影响因素的分析也发现，一些具有高创意的农民表现出积极求变、心理韧性和未来导向三个方面。比如有些农民在生产经营状况很好的情况下，仍然会自己主动寻求变革。案例N28中，该养殖户在改进了养殖方式（进行仿野生环境养蜂）后，蜂蜜的质量和销售价格已经远远超过其他养蜂户，但其仍不满足于现状，又萌生了进一步提高蜂蜜波美度（蜂蜜的浓度）的想法。案例N25中的花农，在通过增加土壤有机质、高畦垄种植等新方式大大提升鲜花产量和质量后，还想进一步改进鲜花种植环境，进行无土栽培。

访谈发现与主动性人格三个维度有关的陈述。与积极求变相关的典型表述如"我从小就喜欢折腾，不喜欢跟在别人后面做事（N02）""看到新的农机就走不开，总想去看看，试着用一下，琢磨琢磨（N08）"；与心理韧性有关的典型表述如"做这个事你得往里钻，不能说一开始没赚到钱，马上就不干了，要坚持，一边做、一边试，你就能发现新门道，干啥都不可能一开始就能做好（N14）""做观光旅游要做很多事，安全、停车、吃饭这些都要考虑，干啥都不容易，只要干了我就会干到底（N22）"；与未来导向有关的典型表述如"咱干的活没啥技术含量，只要看到你赚钱，后面其他人肯定都会跟着学，人一多价格就掉下来了，所以你得经常提早去想做点大家都还没有做的（N11）""干养殖有一定风险，行情好一年坏一年，你得提前准备，比如提前找好买家（N16）"。

三 创意产生向创新转化的边界条件

创意产生向创新转化的边界条件是指在何种情况下创意更容易得以执行、在何种情况下创意更难执行。本章对资料的分析发现，农民创新过程中并非所有的创意都能有效地得以执行，促进创意向执行的转化需要一定的条件。这与其他领域的研究结果也是相一致的，比如Somech（2013）对于组织中团队创意产生（team creativity）向创意执行（innovation implementation）的转化条件进行了研究，发现团队创新氛围（主要是指团队的价值观和规范在多大程度上支持创新）能够正向促进团队创意产生向创意执行的转化；张巍等（2015）基于公平和社会网络理论对员工创意向创意执行转化的边界条件进行了探索，发现创意与创新成果之间的关系并不显著，但拥有高公平感知和高齐美尔联结的员工更易于将创意转化为创新成果。研究发现农民创新态度、创新支持和主动性人格是影响创意产生向创意执行转化的重要边界条件。

就创新态度而言。态度指的是个体对行为的有利或不利倾向的评估，可以将产生的结果用行为来解释（Ajzen，1991）。创新态度代表从事生产经营的农民对创新是有利还是不利的倾向的评估，当其认为创新会带来获益时，会有更强的动力去促进创意向创新行为的转化；反之，当认为创新带来的不利方面更为突出时，则会抑制创意向执行的转化。经由三级编码发现，农民对于创新的态度主要受到创新获益、风险感知两个因素的影响。(1) 创新获益。创新获益代表从事生产经营的农民对创新会带来有利结果的评估，当其认为创新会带来获益时，其对创新会有积极的态度，会有更强的动力将创意付诸实施。被访谈农民的一些观点反映了创新获益的重要性，如"只有你干别人还没干的（创新），才能赚到更多钱，我刚开始种辣椒时，市场上很少，我的辣椒销量很好，价格也高。现在大家都种，量大了，价格就下来了，我就改种其他的了（N15）""给别人打印虽然忙点，也能多赚一部分钱，总的来说比不干这个要好（N20）"。(2) 风险感知。风险感知是阻碍创意向执行转化的因素。有农民谈到不愿意实施创新的一个重要原因是担心风险，如"创新难呀，弄不好一下子就把钱全都赔进去了，所以大部分人还是老老实实人家（别人）干啥就干啥（N03）"；"大家还是习惯于按照传统的方式来做，觉得这样比较保险（N15）"。这些表述说明创新风险会抑制农民实施创新行为。

就创新支持而言。创新支持代表了有利于创意向执行转化的一些积极的外部环境。对访谈的编码分析发现，促进创意向执行转化的外部条件主要包括政府支持和亲友支持。(1) 政府支持。政府支持主要表现为技术支持和金融政策支持两个方面。在技术支持方面，比如访谈中有农民谈到"政府开办了网上销售培训班，学会了使用抖音网上卖东西（N05）""乡镇聘请专家可以在网上进行咨询，帮助我解决了大棚中作物套种的很多问题（N03）"。在金融政策支持方面，如"现在贷款比较方便，如果没有顺利贷到的那些钱，也没办法引进自动化浇灌设备（N04）""政府大力支持承包土地进行大规模种植，现在通过承包土地，规模化种植方便了很多（N19）"。(2) 亲友支持是促进农民创新执行的另一个因素，主要包括情感智力方面的支持和人力资金方面的支持。由于农民知识文化水平相对较低，并且创意实施中能否取得成功也存在不确定性，这种情况下来自亲友的情感和智力帮助显得尤为重要。比如有访谈农民讲到"刚开始做快递时，店里非常忙，小孩也照顾不上，多亏家人的理解和帮忙（N20）""刚开始使用微信销售产品，自己不熟悉，幸亏一个亲戚手把手地教我操作（N18）"。农民从事生产经营的规模大多较小，主要以农户为单位，亲友的资金支持也是促进创意向执行转化的一个重要因素。比如有农民谈到"网上卖东西确实扩大了销量，但是很费人手（消耗时间），一家人都忙起来了，要是没有家里人的支持，这事是干不成的（N11）""想法是好，但是农庄前期投入资金较大，幸亏亲戚朋友帮忙（N10）"。

就主动性人格而言。研究发现，主动性人格不仅使得个体不满于现状，主动更新知识，激发创意的产生，而且还有助于创意向执行的转化。主动性人格的一个重要特点是坚韧，即面对困难挫折时不放弃。在执行创意的过程中，农民往往会遇到重重困难或障碍，坚韧能够使得他们投入持续的努力，助力创意向执行的转化。比如案例 N28 中的养蜂农户，为了提高蜂蜜的波美度，尝试了多种方法都没有成功，但仍然没有放弃，刻苦钻研，最终通过改变蜂王的产卵时间，实现了增加蜂蜜波美度的想法。

第五节　本章小结

为了更全面系统地理解农民创新的过程及影响因素，本章依托创新的过程模型，采用扎根理论的方法，对农民创新过程及其影响因素进行了探索。通过对 28 位从事生产经营的农民进行访谈获取文本资料，利用三级编码的方法对文本进行分析，构建了农民创新过程及影响因素的模型。具体如下结论：（1）农民创新过程可以分为创意产生和创意执行两个阶段，农民创新是从创意产生到创意执行的过程；（2）人力资本和信息网络是促进农民创意产生的重要因素；（3）创意产生到执行的过程受到创新态度、创新支持的正向调节；（4）主动性人格是影响农民创新过程的一个重要心理因素，其不仅有助于创意的产生，而且还会促进创意向创新行为的转化。

本章的理论贡献主要体现在以下几个方面：第一，揭示了农民创新是从创意产生到创意执行的过程。现有农民创新的研究主要基于状态的视角，考察创新行为的影响因素及作用后果（如霍生平等，2022；SaintVille et al.，2016；周萍等，2019），而对创新过程关注不足。本章关注于农民创新的过程，发现农民创新包含了创意产生和创意实施两个阶段。回应了Perry-Smith和Mannucci（2017）、朱桂龙和温敏瑢（2020）关于从过程视角加强创新研究的呼吁，深化了对农民创新过程的理解。第二，丰富了对农民创新前因的认识。在农民创新研究中，已有研究主要关注培训或经验等人力资本、社会网络，以及经营环境等的作用（如彭建娟等，2016；Tirfe，2014；Bellotti et al.，2014），而对于其他方面的因素关注不足。本章基于多学科交叉的视角，整合管理学、心理学等学科的研究成果，发现农民的主动性人格是影响创意产生的一个重要的心理因素；此外，随着互联网的普及，农民开始从网络上获取更多的新知识，互联网使用对于农民创意的产生亦有重要促进作用。这些结果的发现进一步丰富了对农民创新影响因素的认识。第三，探索了从创意到执行的边界条件。从创意产生到创意执行的转化是一个复杂的过程，研究发现只有少数创意最终得以执行（朱桂龙等，2021）。本章发现农民对于创新的态度，以及政府和家庭对于创新的支持是影响创意向执行转化的重要边界条件；此外，主动性人格者不受当下环境的约束，主动寻求外界支援、坚忍不放弃的特征也有助于促进创意向执行的转化。边界条件的揭示对于深入理解创新过程具有重要意义（Walsh et al.，2016）。

需要注意的是，扎根理论的方法注重从定性数据中挖掘结构和意义，研究过程也具有灵活性和开放性，这些有助于发现以往忽视或未预料到的答案，完善已有理论或发展新的理论和模型。但扎根理论本身也存在一些局限，比如：编码的过程不可避免地会受到研究者主观意见和想法的干扰，这会影响研究结果的客观性和准确性，降低研究结果的普遍性和可靠性。为此，学者们推荐扎根研究和量化研究相结合，弥补扎根理论的先天不足。因此，接下来的第六到第九章将采用问卷调查的量化研究方法，对本章所建构的农民创新过程及影响因素模型进行检验。为了方便读者更清楚地理解量化研究与本章之间的关系，特别做以下三点说明。

一是由于已有大量研究一致支持人力资本是促进农民创新的重要因素（见第三章综述），因此后续章节只关注所构建模型中当前未被充分考查的因素之间的关系，对于人力资本和农民创意产生之间的关系未进行重复检验。

二是后续量化研究既检验本章所构建的模型，又结合现有文献冲突或理论观点对本章所构建的模型进行深化和拓展。比如虽然本章扎根理论发现社会网络会促进农民创意阐述，但现有文献发现社会网络与农民创意产生之间的关系并不一致，第六章结合个体—情境互动理论，考查社会网络（强关系和弱关系社会网络）与农民创意产生之间的关系，以及个人先前经验的调节作用；第七章不仅检验扎根理论所构建的互联网适用和创意阐述之间的关系，而且还结合社会学习理论，挖掘创新自我效能感在二者之间的中介机制；第八章结合 AMO 模型对创意产生向创意执行的过程进行检验；鉴于本章扎根理论所建构的模型主动性人格不仅会影响创意产生，而且会影响整个创新的过程，第九章直接对主动性人格和创意执行（创新行为）之间的关系进行检验，同时考虑不同类型的创新对于创业绩效的影响。

三是为了更好地整合现有文献，也方便读者了解研究各因素之间关系的理论价值，本书第六至第九章均从五个方面展开，即问题提出、理论分析与研究假设、数据来源、变量说明及模型建构、实证结果分析和章节小结。

第 六 章

社会网络与农民创意产生：
个人经验的调节作用

第五章扎根理论研究发现社会网络是影响农民创意产生的一个重要因素，但现有文献对于社会网络和农民创意产生之间关系的认识不尽一致。一些研究发现社会网络可能会促进创意的产生，但另一些观点认为二者之间关系不大。为了检验第五章扎根理论研究的发现，同时回应现有文献的冲突，本章借鉴现有研究的做法，将社会网络分为强关系和弱关系社会网络，定量考查其与农民创意产生之间的关系。同时，基于个体—情境互动理论，提出个人经验是影响社会网络与农民创意产生之间关系的一个重要调节因素，解释现有研究观点的不一致。

第一节　问题的提出

在驱动农民创意产生的诸多因素中，社会网络的作用很早就受到了学界的关注。国内学者叶敬忠（2004）早在十余年前就对农民创新的因素进行了探索，其采用案例研究的方法，从4个社区（村）选取了20名"先锋农民"（创业或从事生产经营的农民）作为研究对象，通过访谈发现：相对于自然资本、物质资本、金融资本和身体健康状况，社会资本或社会网络是影响创业农民新想法产生的一个更为重要因素；并且还发现强关系社会网络（如亲戚、朋友、邻居等）对农民创意产生的影响要优于弱关系社会网络（如生意伙伴、政府官员）的作用。最近，苏岚岚和孔荣（2020）[①] 采用量化研究的方法进一步考察了强关系社会网络和农民创意产生之间的关系，他们以从事创业的农户为研究对象，在陕西省渭南、铜川和安康三市选择了45个行政村作为调查范围，获得了522名农民的有效数据，结果发现社会网络对农民的创新能力（创意产生）具有显著的正向影响。这一结果支持了叶敬忠的研究，再次说明了社会网络，尤其是强关系网络在促进农民创意产生中的重要作用。

但也有学者认为弱关系网络对个体创意产生的影响要优于较强关系网络的作用。这是因为，新信息的输入是创意产生的一个重要前提，强关系社会网络中关系主体之间冗余信息较多，因此难以获取新的信息；而在弱关系社会网络中关系主体之间彼此知识经验差异较大，更有助于新信息的获取。因此弱关系比强关系社会网络可能更有助于创意的产生。一些实证研究也支持了弱关系网络对创意产生具有更强的作用，比如Baer（2010）实证考察强关系、弱关系对组织中员工创意产生的影响，结果发现弱关系网络而非强关系网络对员工的创意产生有更强的促进作用；Ruef（2002）以美国西部某个MBA项目的在职研究生为研究对象，发现弱关系而非强关系社会网络与这些在职研究生的创意产生存在显著正向关系；王国红等（2018）以创业者为研究对象，发现弱关系而非强关系对于创业者的创造力有更强的影响。

综上所述，随着学界对于社会网络和创意产生研究的逐渐增加，现有研究成果已极大丰富了人们对于社会网络在驱动创意产生中作用的理解。但当前对不同网络类型（弱关系和强关系网络）和创意产生关系强度的认识仍存在不一致，基于此，本章拟采用定量的方法探索强关系和弱关系网络对于农民创意产生的影响是否相同，何种条件会影响强关系或弱关系与农民创意产生之间关系的强度？对于这一问题的探索具有较强的理论和实践意义：从理论上来看，对于上述问题的解答有助于澄清当前研究中所发现的不同类型社会网络与农民创意产

[①] 需要说明的是，苏岚岚和孔荣（2020）的研究中并没有明确区分强关系、弱关系，但从文章对于社会网络的测量内容来看，本书认为研究者主要关注的是强关系社会网络。比如在对社会网络进行量化时，文章测量了农民与家庭网络、村庄网络和商业网络的亲密关系，因此从某种意义上可以说该研究关注的是强关系网络对于创意产生的影响。

生关系强度的不一致，进一步深化强关系、弱关系和农民创意产生之间关系的研究；从实践上来看，厘清在何种情况下弱关系或强关系对于创业农民的创意产生有更强影响，便于设计有针对性的政策，更好地促进农民创意产生。

为了回答上述问题，本章引入个体—情境互动理论（Tett & Burnett, 2003）。这种互动的观点认为个体的态度和行为受到外部情境和个体特征两方面因素的协同影响，任何单一的方面都很难有效地解释个体态度和行为的发生。Kim等（2018）也指出在研究社会网络和个体创意产生之间的关系时，有必要纳入个体特征因素，因为仅考虑社会网络因素难以解释在相同社会网络中不同个体创意产生仍存在差异的现实。基于个体—情境互动理论，本书认为强关系、弱关系社会网络对农民创意产生作用的大小可能受到个体特征的影响，即个体特征调节了强关系、弱关系与创意产生之间的关系。具体而言，本章关注个体先前经验对于强关系、弱关系与农民创意产生之间关系的调节作用。从理论上看，个体对于吸收理解能力会影响其能否有效利用外部信息产生新的想法，而先前经验是影响个体理解和有效应用社会网络所传递信息的一个重要因素（Kim et al., 2018）；从现实来看，与城镇相比，我国农村地区信息较为闭塞，个人经验在创业农民创新中的重要性更为凸显（董静等，2019）。因此先前经验可能是影响强、弱关系与农民创意产生之间关系的一个重要的边界条件。

第二节 理论分析与研究假设

一 强关系、弱关系概念及研究

强关系和弱关系的概念最早来自社会学研究。为了深入探讨人际网络对于个体求职的影响，社会学家Granovetter（1973）开创性地提出了"强关系"和"弱关系"的概念。学者们认为，两个概念的区别主要体现在四个方面，即情感强度、亲密度、时间长度和互惠服务的数量。弱关系主要存在于仅仅相识、互动不频繁、鲜有相似观点和交流极为稀疏的关系中（Perry-Smith & Shalley, 2003）。比如参加农产品交易会的人们之间的正式关系网络。一般来讲，弱关系主要是指焦点个人与亲戚朋友之外的人之间的互动关系。而强关系代表双方之间相互熟悉，定期和频繁见面，具有比较深厚的感情基础，享受或关心彼此（Perry-Smith & Shalley，2003）。强关系的一个典型例子是与亲戚朋友之间的亲密关系。

Granovetter（1995）认为，相对于强关系，弱关系在推动个体求职中会发挥更大的作用。其理由是，影响顺利求职的一个重要因素是求职者能够获取尽可能多样的招聘信息，而在由亲戚朋友组成的强关系网络中，人们彼此了解，个体之间的经验、背景和知识结构具有很大的相似性，因此强关系网络很难给求职者带来更多新的资源和信息，所以对于个体求职影响不大；相反，弱关系网络具有成员广泛性和异质性（比如个人的教育、爱好、社会地位等可以差异很大）的特点，其更易于充当跨越社会界限传递信息和资源的桥梁或纽带（bridge），使得求职者可以跨越较大的社会距离接触更为丰富多样的非冗余求职信息，从而更有利于个体的求职成功。这种弱关系较强关系更能促进求职的理论就是著名的"弱关系力量"假设。然而，这种弱关系假设可能并不适用于所有情景，比如Bian（1997）以天津市职业劳动者为研究对象，发现强关系而非弱关系对职业劳动者的流动有更强的影响。这是因为，"人情"是中国社会交换的核心资源，社会网络中的互惠互利是以人情交换为基础，点头之交的弱关系与中国社会的"人情法则"相去甚远，因而难以促进有效信息的流动；相反，以情感和信任为特征的强关系更多地嵌入了人情的成分，更有助于信息交换（Bian，2008）。根据Bian的观点，强关系比弱关系更有助于信息的流动。

鉴于这种研究结果不一致，学者们开始关注强关系和弱关系在不同情景或个体特征下的作用，即交互视角下强关系、弱关系的研究（Kim等，2018）。比如Lin（2002）对纽约求职者调查的研究发现弱关系并非适用于所有人，其对求职的积极影响在社会高阶层人士身上体现得更为突出；Baer（2010）认为人格特征是影响强关系和弱关系作用后果的一个重要条件，其对组织中的员工进行了调查，结果发现，开放性会正向调节弱关系和创意产生之间的关系，相较于低开放性的员工，高开放性者更易于从弱关系中获取信息并提升自己的创意产生。当前，在农民创新研究领域，尚缺乏不同条件下强、弱关系对农民创新作用强弱的研究，本书将基于这种交互的视角，考察创业农民的先前经验在调节弱关系、强关系和农民创意产生之间关系中的作用。

二 强关系、弱关系对农民创意产生的影响

虽然强关系网络和弱关系网络所蕴含的非冗余信息数量存在差别，但即使是强关系网络，也可能会给个体带来一些新颖的信息，所以本书认为两者在一定程度上都有助于促进农民创意产生。创意产生意味着产生新的且有用的想法（Amabile，1988），Amabile（1996）认为创意是一个从低（对现有想法的微小调整）到高（产生全新的新想法）的连续体。相对而言，农民创意产生的研究较少关注想法的高端性和全新性，更多强调产生有用且不同于以往的新做法的能力，即从他人或自身的生产生活经历中提炼总结出可行的新的生产经营方式或方法（苏岚岚和孔荣，2020）。就弱关系与农民创意产生的关系而言，由于新想法的产生往往需要打破现有的认知局限，或对原有信息进行重新组合，而这些都离不开新信息的输入，因此新信息的获取是影响农民创意产生的一个重要因素（Perry-Smith & Shalley，2003）。对于具有较为丰富弱关系网络的农民而言，弱关系更有可能将其与不同阶层、不同行业的人联系起来，使得其便利地获取更多新的、非冗余的信息，从而有助于激发个体打破现有认知结构，促进新想法的产生。现有研究也支持了弱关系对于创意产生的积极作用，比如王轶和王香媚（2023）以返乡创业的农民工为研究对象，发现创业农民的合作企业数量和外地企业家好友数量等弱关系网络能显著地正向影响创业农民的创新精神（创意产生）。

就强关系和农民创意产生的关系而言。强关系意味着互动双方彼此之间的高度信任和较多的情感联系。虽然在强关系网络中个体所获取的信息冗余度往往较高，但由于个体之间联系紧密和高度信任，强关系网络可以通过增加信息交流的速度和质量，以及隐性知识的传递来促进创意产生（Granovetter，1973）。一方面，强关系网络建立在信任和情感之上，信息内容更为可靠，并且关系主体之间信息传递效率较高。比如王永健等（2016）研究发现，强关系能够促进关系主体之间的高水平和深层次沟通，有助于关系主体获取行业技术变化或市场需求等重要且可靠的信息，从而促进新想法的产生；此外，由于强关系中人与人之间的互动比较频繁，频繁沟通能够增加信息传递的效率，加速信息交换，而信息的加速交换有助于提升个体的创意产生（Dushnitsky & Shapira，2010）。另一方面，强关系所传递的隐性知识对于农民创意产生也具有助推作用。隐性信息具有难以描述的特点，这种信息的获取需要个体在关系网络中深度参与，往往只有通过与强关系网络中的信息提供者频繁沟通才能习得和掌握这些知识，而强关系网络为个体获取这些隐性知识提供了便利。现有研究也在一定程度上支持了强关系对于创意产生的积极影响。如苏岚岚和孔荣（2020）对创业农民创意产生影响因素的研究显示，亲戚、朋友等强关系网络数量对于农民创新能力具有显著的正向影响；王铁和王香媚（2023）对社会网络和创新精神（创意产生）之间的关系进行了研究，发现可紧急贷款亲友数、银行系统中亲友数量等强关系网络能够显著正向影响返乡创业农民工的创新精神。基于以上分析，本章提出如下假设：

假设6-1a：强关系网络对于农民的创意产生有促进作用；

假设6-1b：弱关系网络对于农民的创意产生有促进作用。

三 个体经验的调节作用

根据个体—情景互动模型，虽然社会网络对于个体的表现或后果有重要影响，但社会网络只是影响行为主体的一种因素。事实上，处于同一种社会网络情景中的个体并非都具有同等的创意产生水平，并且具有不同特征的个体在利用网络所赋予的资源时也会存在差异，因此考虑社会网络特征和个体特征的联合作用对于深入理解社会网络和创意产生之间的关系尤为重要（Kim et al.，2018）。本章认为农民的先前经验在强关系、弱关系社会网络与创意产生之间的关系中发挥了重要的调节作用。

具体而言，本章认为与缺乏先前经验相比，当农民具有丰富的先前经验时，弱关系网络对于创意产生的影响可能会增强。这是因为，创造性的想法通常来自个体已有知识或经验和新获得的知识两者的结合（Kim et al.，2018），而要整合新旧知识产生新颖的解决方案，离不开个体对于所获取信息的充分理解（Madjar et al.，2011）。个体只有先理解所获取的信息，才能够将其更好地与现有知识或经验进行整合，从而产生新的想法。对于弱关系和创意产生的关系而言，个体的理解能力尤为重要。因为在弱关系网络中，个体彼此之间双向互动贫乏且缺乏信任的基础，因此弱关系网络虽然能够带来大量的非冗余信息，但这些信息往往具有粗粒度的特点，很多信息不够深入和全面，对于接受者的理解带来了很大的挑战。而先前经验有助于增强个体对这些粗粒度信息的理解，从而促进弱关系网络对创意产生积极作用的发挥。

先前经验被界定为个体在以往的岁月里在某些领域或方面所积累的知识、经验和技能等（韦吉飞，2008；董静等，2019）。比较有代表性的先前经验如以往外出务工的职业经历，前期从事生产经营的创业经验。前期调研发现，那些拥有丰富经验的农民更能及时敏捷地理解新信息的价值和重要性，以及如何利用它来产生新想法，因此这些农民往往更容易整合从弱关系网络中获得的粗略知识。例如，有过新媒体接触经历的农民创业者，其积累的新媒体知识有助于他们更好地理解网络营销、直播带货等方面的信息，从而能够较容易地将这些新信息应用到自己的生产经营中，提出新的生产经营方式或营销模式；有过行政管理经验的农民创业者，在了解到乡村旅游有关的信息时，更容易联想到通过整合不同的资源打造农家乐的生产经营模式；有过玉米种植经历的农民，了解到水果玉米的信息时，可能更易于联想到通过引入新的玉米品种实现产品方面的创新。来自其他领域的研究也从侧面支持了先前经验在促进弱关系网络和创意之间关系中的作用，如 Dimov（2010）以美国创业者为研究对象，获取了美国创业动态跟踪研究数据库（PSED）中的 830 名创业者的数据，统计发现创业者的先前经验越丰富，他们越有可能识别和理解信息，并有助于新想法的产生。

相反，对于先前经验相对不足的农民，他们更缺乏识别和理解与创造性解决问题有关的知识的潜力，难以找到将现有知识和新信息结合起来的有用方法（Von Hippel，1994）。因此，即使弱关系网络能够带来大量有价值的非冗余信息，但由于先前经验不足者难以充分理解这些信息，很难真正认识到信息的价值，并将这些信息与自己已有的知识进行整合产生新的想法。所以丰富的先前经验能够强化弱关系和创意产生之间的关系；农民先前经验的不足会削减弱关系和创意产生之间的关系。基于以上分析，提出如下假设。

假设6-2：先前经验正向调节弱关系和创意产生之间的关系：与先前经验不足相比，当农民拥有更多领域知识时，弱关系与农民创意产生之间的正向关系会更强。

与先前经验对弱关系网络与农民创意产生之间关系的调节作用不同，本章认为先前经验可能对强关系与农民创意产生之间的关系没有调节作用，即农民先前经验的多少并不会影响强关系与创意产生之间关系的强度。原因有二：一是在强关系网络中关系主体之间的知识经验具有很大的相似性，这种相似的经历使得他们易于理解强关系网络中的信息，个人先前经验在辅助理解信息中的作用不再重要；二是在强关系网络中关系主体交流频繁，即使遇到不太熟悉或难以理解的新信息，也无须过度依赖自己的经历，频繁的交流互动也会帮其解决理解中的困难。总之，强关系网络中的农民在理解新信息时对于先前经验的依赖比较弱，即使农民缺乏先前经验，他们依然可以很好地理解强关系网络中获得的信息，并将其整合到个人已有的知识框架中，形成新的生产经营的想法。基于以上分析，强关系与创意产生之间的关系强度可能不会受到创业农民先前经验的影响，由此提出如下假设。

假设6-3：先前经验对强关系社会网络与创意产生之间关系的调节作用不显著，个体拥有领域知识的多少并不会影响强关系社会网络与农民创意产生之间关系的强度。

本章研究的理论模型见图6-1：

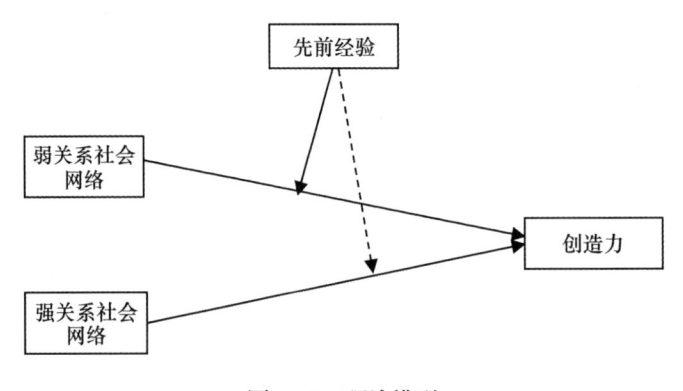

图6-1 理论模型

第三节　数据来源、变量说明及模型建构

一　数据来源

本章以具有农村户籍，且在村镇进行创业（从事个体工商经营、经济作物种植、规模化种植或养殖）的农民为研究对象。受新冠疫情的影响，出行调研受限，为了增强样本的代表性，具体采用两种方式收集数据：一是线下收集数据。借鉴许晟等（2020）的做法，招募了38名农村籍大学生，请他们利用2020年寒、暑假返乡的时间寻找满足条件的研究对象进行入户调研。二是线上收集数据。张思敏等人（2018）的研究发现，在线调研的方法对农民群体同样适用。基于此，为了尽可能扩大样本的收集范围，本章还选择了线上调查的方式作为数据的第二个来源。具体通过家校联系群寻找满足研究对象条件的学生家长，然后将文件链接发给这些研究对象完成线上问卷调查。两种方式共获取问卷661份，剔除作答不全，以及未通过测伪题检验的问卷，最终保留有效问卷615份，问卷有效率为91.6%，有效样本的人口统计学特征详见表6-1。

从表6-1可以发现，调研对象以男性农民为主，占比79.9%；大部分调研对象的年龄在31—50岁之间，占比71%；大多数调研对象已婚，占比72.8%；从调研对象的学历情况来看，绝大部分农民受教育程度在高中及以下，高中或中专占比39.6%，初中及以下占比31.2%；从农民生产经营的规模来看，调查对象的生产经营规模总体偏小，主要以家庭为基本的经营单位，总人数5人及以下的企业占比71.5%。从上述人口统计学特征来看，本章所选择样本与现有研究的一些全国性抽样调查的数据基本一致。如2016年上海财经大学以"中国农村创业现状调查"为主题的全国性的大规模抽样调查显示，农村男性创业者占比77%、文化水平高中及以下者占比62%、年龄40—60岁之间者占比60%（董静等，2019）。这在一定程度上也说明了本章所选择的样本具有一定的代表性。

表 6-1　　　　　　　　　　　　样本基本特征

分类	频数	占比（%）	分类	频数	占比（%）
性别			教育水平		
男	487	79.9	初中及以下	192	31.2
女	128	20.1	高中或中专	244	39.6
年龄			大专	118	19.2
30 岁以下	92	14.9	本科及以上	61	10.0
31—40	183	29.7	创业规模（人数）		
41—50	254	41.3	5 人及以下	440	71.5
51—60	64	10.4	6—10 人	129	20.9
61 岁以上	22	3.7	11 人以上	46	7.6
婚否			行业特征		
已婚	448	72.8	种植	219	35.6
未婚	167	27.2	养殖	263	42.8
			其他工商经营	133	21.6

二　变量说明

（一）被解释变量——创意产生

对于创意产生或创造力的测量借鉴 Subramaniam 和 Youndt（2005）所开发的 3 个条目的测量工具，该问卷具有较好的信度和效度。由于原条目在创意产生的内容范围上有所局限（仅限于产品或服务方式方面的新想法），根据研究对象的特点对问卷条目的表述做了适应性修改。比如原问卷主要测量被调查者关于产品或服务方面的创意，本章将其扩展到生产经营的全过程，具体条目包括：发展了不同于现有产品或服务的新想法""想到了不同于现有生产经营的新方式""想到了推广或销售的新手段"。要求被调查的农民评定他们在过去一年的生产经营中，自己在多大程度上符合上述特征。问卷使用 Likert5 点计分法进行评定，从 1（"完全不符合"）到 5（"非常符合"），数字越大代表符合程度越高。将三个条目的得分取均值作为每个被调查者在该变量上的最终得分。

由于结合创业农民的特点对问卷条目的部分表述进行了修改，为了对问卷的可靠性和有效性进行检验，借鉴以往研究的做法（如朱红根，

2017；蒋剑勇，2014），对问卷进行了结构效度和内部一致性信度分析。首先进行探索性因子分析，在进行探索性因子分析之前，先进行 KMO 和 Bartlett 球形检验。结果显示，KMO 值为 0.73，Bartlett 球形检验值为 810.60，说明创意产生样本数据适合进行因子分析。因子分析结果显示（见表 6-2），正交旋转后，农民创意产生问卷所包含的三个条目析出了一个公因子，三个条目累积方差解释率为 72.9%，且各测量条目在共同因子上的载荷均在 0.85 以上。此外，问卷的内部一致性信度系数 Cronbach's α = 0.84。这些结果表明问卷具有较好的信度和结构效度。

表 6-2　　　　　　　　创意产生的探索性因子分析结果

测量条目	均值	标准差	因子载荷	Cronbach's α
发展了不同于现有产品或服务的新想法	3.06	1.10	0.85	
想到了不同于现有生产经营的新方式	2.74	1.26	0.87	0.84
想到了推广或销售的新手段	2.94	1.04	0.91	

（二）解释变量——强关系、弱关系社会网络

对于强关系、弱关系网络的测量，学者们主要结合自己的研究问题和对象来设置条目，目前学界尚未有统一的标准。比如在对中国城镇家庭的社会资本进行调查时，边燕杰和李煜（2000）使用了个体所联系的亲戚、朋友、其他人的数量来表征社会网络，其中亲戚、朋友的数量代表了强关系社会网络，而其他人的数量代表了弱关系社会网络。而冯璐等（2019）对农民工的社会网络进行测量时，将强关系操作化定义为个体所拥有的亲戚的数量，将弱关系操作性界定为个体所拥有的朋友的数量。基于强、弱关系的概念界定（Granovetter，1973），同时考虑到本书的研究对象为创业农民，选用了李博伟和徐翔（2017）对从事养殖方面创业的农民的社会网络测量方法。该测量从横向网络（同行之间的社会网络）、纵向网络（指与上游供应商和下游客户之间的网络）和斜向网络（指与科研人员或其他专业知识技术培训人员之间的网络）三个维度考察农民的社会网络关系。在测量中，他们通过让被试在三个维度上报告自己所熟悉或不熟悉的联系人的数量来衡量强关系或弱关系。强关系的 3

个测量题目具体包括"我熟悉的创业农户的数量""我熟悉的上游供应商和下游客户的数量""我熟悉的支持主体（如政府、专家）的数量"；弱关系的3个测量题目具体包括"我认识但不熟悉的创业农户的数量""我认识但不熟悉的上游供应商和下游客户的数量""我认识但不熟悉的支持主体（如政府、专家）的数量"。考虑到回答具体的数量会增加被调查者的记忆负担，可能会对网络问卷的有效性带来不利影响。为了降低回答的难度，本章借鉴丁高洁和郭红东（2013）对于创业农民社会网络的评分方法，使用Likert5点计分法进行评定。小于等于5人赋值为1，6—10人赋值为2，11—20人赋值为3，21—30人赋值为4，31人及以上赋值为5。

（三）调节变量——先前经验

参考郭东红和周惠珺（2013）、张玉利等人（2008）以及董静等（2019）的做法，本章从职业经验和创业经验两个方面对农民的先前经验进行测量：职业经验包括行业经验和管理经验，分别使用"是否有外出务工的经验"和"是否担任过干部或从事过管理工作"两个题项进行测量；创业经验使用"之前是否开展过创业活动"进行测量。三个题项均使用二分法进行计分，被调查者回答"是"，则取值为"1"；回答"否"，取值为"0"。最终对三个题项的取值加总，获得每个被调查者在先前经验上的得分。

（四）控制变量

由于农民创意产生可能会受到个人特质、生产经营特征方面的影响，故借鉴赵策等（2022）对中国农村创业者创新研究中的做法，选取创业农民的性别、年龄、受教育程度作为个体方面的控制变量；选取所创企业的规模、所属行业、企业持续时间作为企业方面的控制变量。由于个体的身体健康状况也会影响其创意产生（Cropley，1990），故身体健康状况亦作为控制变量［借鉴杨子等（2017）的做法，采用单个条目进行测量，由被调查者自我报告"您觉得自己当前健康状况如何？"］。此外，由于我国不同地区经济社会发展不平衡，创新创业环境在地区之间存在较大差异。《2020中国区域创新能力评价报告》对我国31个省份的创新能力进行了评价，结果显示不同区域创新能力差异较大，比如排在第1位的广东省区域创新综合效用得分为62.14分，排名第16位的江西省区域创新综合效用得分则为 25.10 分,而排名第 31 位的西藏区域创新综合效用得分仅为 17.08 分。由于创新创业环境可能会影响农民创意产生(施杨和赵曙明,2020),故将创业农民所在地区也作为控制变量。

各变量的定义和描述性统计见表 6-3,从表中可以发现各变量的均值、标准差、最大值和最小值等基本信息。

表 6-3　　　　　　　　变量定义及描述性统计

变量名称	变量定义	均值	最大值	最小值	标准差
被解释变量					
创意产生	由 3 个条目的得分均值来评定	2.91	5	1	1.03
解释变量					
强关系	由 3 个条目的得分加总来评定	2.73	15	5	2.07
弱关系	由 3 个条目的得分加总来评定	3.76	15	3	3.15
调节变量					
先前经历	有过外出务工经历 =1,无 =0;担任过干部或从事过管理工作 =1,无 =0;之前开展过创业活动 =1,无 =0。三个条目得分加总来评定	1.54	3	0	0.88
控制变量					
性别	创业者的性别:女 =0,男 =1	0.80	1	0	0.40
年龄	1 = 30 岁以下;2 = 31—40 岁;3 = 41—50 岁;4 = 51—60 岁;5 = 61 岁以上	2.57	5	1	0.99
学历	1 = 初中及以下;2 = 高中或中专;3 = 大专;4 = 本科及以上	2.07	4	1	0.94
婚否	1 = 已婚;0 = 未婚	0.73	1	0	0.47
健康状况	1 = 不健康;2 = 一般;3 = 比较健康;4 = 很健康;5 = 非常健康	3.83	5	1	0.98
创业规模	1 = 5 人以下;2 = 6—10 人;3 = 11 人以上	1.34	3	1	0.62

三　计量模型设定

为了考察强关系、弱关系社会网络与农民创意产生之间的关系,同时考察先前经验的调节效应,本章构建了如下待检验模型:

$$Creativity_i = \alpha_0 + \alpha_1 Socinet_i + \alpha_2 Preexper_i + \alpha_3 Socinet_i \times$$
$$Preexper_i + \alpha_3 C_i + \varepsilon_i \qquad (6-1)$$

在式 6-1 中，$Creativity_i$ 是被解释变量，代表农民 i 的创意产生；$Socinet_i$ 是解释变量，代表农民 i 的社会网络，包括弱关系网络和强关系网络两个方面；$Preexper_i$ 是调节变量，代表农民 i 的先前经验；$Socinet_i \times Preexper_i$ 是解释变量和调节变量的乘积项，代表二者的交互效应；C_i 为控制变量，代表前述所有拟纳入控制的变量；ε_i 为残差项。α_1 用来分析强关系社会网络或弱关系社会网络对农民创意产生的影响效应；α_3 用来分析先前经验对强、弱关系社会网络与农民创意产生之间关系的调节效应。

第四节 实证检验与结果分析

一 假设检验

本章被解释变量创意产生采用了 Likert5 点计分法进行赋值，可以视为连续变量，故采用 OLS 回归法进行假设检验。由于考察调节效应时需要将解释变量和调节变量的乘积项纳入回归方程，为了减少共线性，根据 Hofmann 和 Gavin（1998）的建议，先对解释变量和调节变量进行了均值中心化，然后求二者的乘积项。在回归估计时，将中心化后的解释变量、调节变量及二者的乘积项纳入回归方程。

表 6-4 列示了弱关系、强关系社会网络与农民创意产生之间关系的检验结果。表中模型 1 为控制变量预测农民创意产生的模型；模型 2 分析了强关系、弱关系社会网络预测农民创意产生的直接效应；模型 3 为纳入了预测变量、调节变量和控制变量的模型；模型 4 和模型 5 分别分析了先前经验在强关系、弱关系社会网络与农民创意产生之间关系之中的调节作用；模型 6 为全变量模型。

表 6-4 中的模型 2 显示，强关系社会网络与农民创意产生之间均存在显著的正向关系（$\beta = 0.10$，$p < 0.01$），该结果在模型 6 的全模型中依然稳健，说明强关系社会网络会显著促进农民创意产生；同时，模型 2 也表明，弱关系社会网络与农民创意产生之间亦存在显著的正向关系（$\beta = 0.09$，$p < 0.01$），该结果在全模型中依然稳健，说明弱关系社会网络也会显著促进农民创意产生。故假设 6-1a 和 6-1b 均得到支持。

第六章 社会网络与农民创意产生：个人经验的调节作用 / 115

表6-4中模型3和模型5表明，在控制解释变量和调节变量后，将乘积项纳入回归方程，弱关系社会网络和先前经验的乘积项能够显著地正向预测农民创意产生（$\beta = 0.11$，$p < 0.01$）。该结果在模型6的全模型中依然稳健，说明先前经验对弱关系与农民创意产生之间关系的调节效应显著，由此假设6-2也得到了支持（图6-2更为直观地展示了交互效应）。简单斜率分析发现，当先前经验取高分时（M+1SD），弱关系社会网络预测农民创意产生的回归系数显著（$simple\ slope = 0.22$，$t = 13.41$，$p < 0.01$）；先前经验取低分时（M-1SD），弱关系社会网络预测农民创意产生的回归系数不显著（$simple\ slope = 0.02$，$t = 1.39$，$p = ns$）。表6-4中模型3和模型4表明，在控制解释变量和调节变量后，将乘积项纳入回归方程，强关系社会网络和先前经验的乘积项对农民创意产生的预测作用不显著（$\beta = 0.02$，$p = ns$）。该结果在模型6的全模型中依然稳健，说明先前经验对强关系与农民创意产生之间关系的调节效应不显著，由此假设6-3也得到了支持。进一步的简单斜率分析发现，无论先前经验取高分还是低分，强关系社会网络预测农民创意产生的回归系数均显著（先前经验高分时 $simple\ slope = 0.12$，$t = 2.62$，$p < 0.01$；先前经验低分时 $simple\ slope = 0.09$，$t = 2.06$，$p < 0.01$）。

表6-4　社会网络、先前经验与农民创意产生的回归分析结果

变量	模型1	模型2	模型3	模型4	模型5	模型6
解释变量						
强关系		0.10 *** (0.01)	0.09 *** (0.01)	0.09 *** (0.01)	0.09 *** (0.01)	0.09 *** (0.01)
弱关系		0.09 *** (0.02)	0.08 *** (0.02)	0.08 *** (0.02)	0.08 ** (0.02)	0.08 *** (0.02)
调节变量						
先前经验			0.23 *** (0.05)	0.23 *** (0.05)	0.22 *** (0.05)	0.21 *** (0.05)
交互项						
强关系×先前经验				0.02 (0.01)		-0.01 (0.01)

续表

变量	模型1	模型2	模型3	模型4	模型5	模型6
弱关系×先前经验					0.11*** (0.02)	0.11*** (0.02)
控制变量						
性别	0.07 (0.10)	0.09 (0.09)	0.07 (0.09)	0.06 (0.09)	0.09 (0.09)	0.10 (0.09)
年龄	0.01 (0.04)	0.01 (0.04)	0.01 (0.04)	0.02 (0.04)	0.00 (0.04)	0.00 (0.04)
教育水平	0.12*** (0.04)	0.09** (0.04)	0.08** (0.04)	0.08** (0.04)	0.05 (0.04)	0.05 (0.04)
婚否	0.15* (0.08)	0.12 (0.08)	0.05 (0.08)	0.08 (0.08)	0.08 (0.08)	0.08 (0.08)
健康状况	0.14*** (0.04)	0.12*** (0.04)	0.12*** (0.04)	0.12*** (0.04)	0.11*** (0.04)	0.11*** (0.04)
经营规模虚拟1	-0.15 (0.14)	-0.20 (0.13)	-0.22* (0.13)	-0.22* (0.13)	-0.20 (0.13)	-0.20 (0.13)
经营规模虚拟2	0.09 (0.11)	0.02 (0.10)	0.01 (0.09)	0.01 (0.10)	0.01 (0.09)	0.01 (0.09)
区域虚拟变量	控制	控制	控制	控制	控制	控制
行业虚拟变量	控制	控制	控制	控制	控制	控制
常量	2.65*** (0.25)	3.12*** (0.23)	3.16*** (0.23)	3.16*** (0.26)	2.95*** (0.25)	2.95*** (0.25)
R^2	0.05	0.18	0.22	0.23	0.26	0.25
ΔR^2		0.13	0.04	0.01	0.04	0.04
F	3.21**	9.76***	10.99***	10.41***	11.63***	11.01***

注：表中回归系数为非标准化回归系数；强关系、弱关系均进行了均值中心化；括号内为标准误；***、**和*分别表示1%、5%和10%的显著性水平。

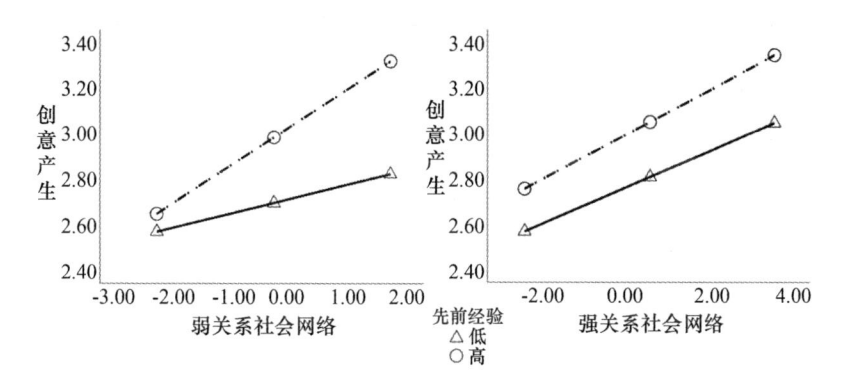

第六章　社会网络与农民创意产生:个人经验的调节作用　／　117

图 6-2　先前经验对弱关系、强关系与创意产生关系之间的调节作用

二　稳健性检验

为了检验上述结果的稳健性,通过替换预测变量的方法进行结果的可靠性分析。具体来讲,借鉴丁高洁和郭红东(2013)的做法,在问卷测量中加入了春节期间联系密切的亲戚、朋友或其他人的数量。春节期间密切联系的亲戚或朋友数量的加总视为强关系社会网络规模的大小,将春节期间联系的其他人数量视为弱关系规模的大小,分别用来替换原测量中的强关系和弱关系社会网络,回归分析结果见表 6-5。表 6-5 模型 7 表明:强关系和弱关系社会网络与农民创意产生之间的关系依然稳健;此外模型 9 和 10 显示先前经验在弱关系与创意产生之间的调节作用显著,在强关系与创意产生之间的调节作用不显著。这一结果进一步说明了变量之间关系的稳健性。

表 6-5　　基于替换变量的回归分析结果

变量	模型 7	模型 8	模型 9	模型 10	模型 11
解释变量					
强关系	0.24***	0.23***	0.23***	0.23***	0.23***
	(0.02)	(0.02)	(0.02)	(0.02)	(0.02)
弱关系	0.19***	0.18***	0.18***	0.19***	0.19***
	(0.05)	(0.05)	(0.05)	(0.05)	(0.05)

续表

变量	模型7	模型8	模型9	模型10	模型11
调节变量					
先前经验		0.21*** (0.05)	0.22*** (0.05)	0.21*** (0.05)	0.21*** (0.05)
交互项					
强关系网络×先前经验			0.03 (0.02)		0.03 (0.02)
弱关系网络×先前经验				0.20*** (0.05)	0.19*** (0.05)
控制变量					
性别	0.10 (0.09)	0.08 (0.09)	0.07 (0.09)	0.10 (0.09)	0.10 (0.09)
年龄	0.01 (0.04)	0.01 (0.04)	0.02 (0.04)	0.00 (0.04)	0.01 (0.04)
教育水平	0.09** (0.04)	0.08** (0.04)	0.09** (0.04)	0.05 (0.04)	0.06 (0.04)
婚否	0.10 (0.08)	0.06 (0.07)	0.07 (0.07)	0.05 (0.07)	0.06 (0.08)
健康状况	0.12*** (0.04)	0.10*** (0.04)	0.10*** (0.04)	0.09*** (0.04)	0.09*** (0.04)
创业规模1	-0.18 (0.13)	-0.19 (0.13)	-0.19 (0.13)	-0.20 (0.13)	-0.19 (0.13)
创业规模2	0.04 (0.10)	0.03 (0.09)	0.02 (0.09)	0.03 (0.10)	0.03 (0.10)
区域固定效应	控制	控制	控制	控制	控制
行业固定效应	控制	控制	控制	控制	控制
常量	2.91*** (0.22)	2.95*** (0.22)	2.95*** (0.22)	2.98*** (0.21)	2.95*** (0.25)

续表

变量	模型7	模型8	模型9	模型10	模型11
R^2	0.20	0.23	0.23	0.26	0.26
ΔR^2		0.03	0.004	0.03	0.001
F	16.87***	17.95***	16.69***	18.63***	16.81***

注：表中回归系数为非标准化回归系数；强关系、弱关系均进行了均值中心化；括号内为标准误；***、**和*分别表示1%、5%和10%的显著性水平。

第五节 本章小结

本章对强关系、弱关系、先前经验与创业农民创意产生之间的关系进行了实证检验。研究结果发现：（1）农民的强关系和弱关系网络均能够显著促进其创意产生。（2）农民的先前经验对于弱关系社会网络和创意产生之间的关系起正向调节作用，对于先前经验缺乏的农民而言，弱关系社会网络并不能显著促进其创意产生；对于先前经验丰富的农民而言，弱关系能够显著促进其创意产生。（3）先前经验对于强关系社会网络与农民创意产生之间关系的调节作用不显著，无论农民先前经验是否丰富，强关系与农民创意产生之间均存在显著的正向关系。

本章的理论贡献主要体现在以下三个方面：第一，通过量化研究实证考察了强关系和弱关系网络对农民创意产生的影响，丰富了社会网络与农民创意产生之间关系的研究。虽然社会资本或社会网络对农民创意产生的影响很早就受到了学者们的重视，但这些研究主要采用案例研究的方法（如叶敬忠，2004；Saint Ville et al., 2016），或者只是侧重于某一种类型的社会网络对农民创意产生的影响。如苏岚岚和孔荣（2020）采用实证的方法对社会网络和农民创造力之间的关系进行了探索，但其研究偏重于考察强关系社会网络与农民创造力之间的关系，对于其他类型的社会网络关注不足。本章同时考察了强关系和弱关系社会网络对农民创意产生的影响，发现不仅创业农民的强关系网络会促进其创意产生，弱关系网络亦有助于促进农民的创意产生。这一结果支持并扩展了社会网络与农民创意产生之间的关系。第二，通过比较强关系、弱关系社会网络对于农民创意产生影响作用的大小，进一步厘清了强关系和弱关系两种社会网络对农民创意产生作用的大小。以往对企业组织中知识性员工或管理者的研究发现，弱关系而非强关系社会网络对于创意产生有更强的促进作用（如 Baer，2010；Ruef，2002；王永健等，2016）。本章发现强关系和弱关系社会网络均能正向影响农民的创意产生，但强关系的作用较弱关系的作用更为突出。本章与现有研究不一致的结果不仅回应了张文宏（2011）提出的"在研究强关系和弱关系的不同作用时，必须考虑不同的文化和制度场景"，而且对于深入理解强关系和弱关系社会网络的作用贡献了新的认识。第三，通过引入先前经验在社会网络与农民创意产生之间关系的调节作用，解释了当前研究中的不一致——有研究发现强关系对于创意产生影响更大，有研究发现弱关系对于创意产生作用更强。这一结果也在一定程度上解释了为何社会网络对农民和知识性员工的影响模式存在差异。与具有丰富经验的知识性员工或高管相比，农民的知识经验比较贫乏。这种知识经验的差异导致与知识性员工相比，农民对于新信息吸收理解的能力更弱。因此，虽然弱关系能够带来丰富的非冗余信息，但由于农民无法很好地理解吸收这些信息，难以利用这些信息产生新的想法；相反，对于具有丰富知识经验的知识性员工或管理者而言，他们能够较好地理解弱关系带来的大量非冗余信息，并利用这些信息提升其创意产生。

第 七 章

互联网使用、创新自我效能感与农民创意产生

第五章扎根理论研究发现，互联网使用可能是影响农民创意产生的一个重要因素，但这一结果的普遍性和有效性仍有待适用其他方法进行检验，本章拟采用量化研究的方法考察互联网使用对农民创意产生的影响。同时为了深入理解二者之间的关系，本章引入了社会认知理论考察互联网使用和农民创意产生之间的关系机制。具体来讲，本章采用问卷调查的方法考察互联网使用和农民创意产生之间的关系，以及创新自我效能感的中介作用。

第一节　问题的提出

近年来，我国农村地区互联网普及率得到了大幅提升。2015 年中国互联网信息中心（CNNIC）发布的第 37 次《中国互联网络发展状况统计报告》数据显示，截至 2015 年 12 月，我国网民中农村网民占比仅为 28.4%，规模为 1.95 亿人[1]；而时隔 6 年之后，第 49 次《中国互联网络发展状况统计报告》显示，截至 2021 年年底，我国农村地区的互联网普及率已达到 57.6%，农村网民规模已达 2.84 亿人[2]。互联网在农村地区的快速普及和应用，势必会给农村地区的经济发展和农民的生产生活带来方方面面的影响（史晋川和王维维，2017）。因此，探索互联网使用能

---

[1] 中国互联网信息中心，https://www.cnnic.net.cn/n4/2022/0401/c88-1103.html。
[2] 中国互联网信息中心，https://www.cnnic.net.cn/n4/2022/0401/c88-1131.html。

否影响，以及如何影响农民的生产生活成为近年来"三农"研究领域一个新兴的热点话题。

当前，学者们已经从互联网使用对农民增收、创业学习、幸福感、农民创业等多个方面考察了农民互联网使用所带来的后果：比如冯履冰和郭东杰（2023）通过对中国家庭动态追踪调查数据的分析发现，农民对于互联网的使用有助于拓展产品的销路、降低农户的交易成本，进而增加农民的收入；姚柱等（2020）以创业农民为研究对象，发现创业农民的互联网使用能够提升其探索式和利用式创业学习，进而提升其生产经营绩效；罗明忠和刘子玉（2022）利用2019年中国社会状况综合调查的大样本数据考察了互联网使用和农村居民生活幸福感之间的关系，发现互联网使用有助于重塑农民的阶层认同，从而提升农民的幸福感；赵羚雅（2019）基于2016年中国家庭追踪调查数据的研究发现，互联网有助于扩展农民的信息渠道、增加心理资本、改变个体的风险偏好，从而能够显著促进农民创业。虽然现有研究从农民的精神生活和经济生活两个方面对互联网使用的作用进行了较为丰富的探讨，但关于互联网使用对农民其他方面的影响仍有待拓展。

有研究者指出，互联网所带来的一个重要影响就是拓展了个体的信息获取渠道（冯履冰和郭东杰，2023），而信息的获取与创意产生密切相关。但当前对于互联网使用是否会影响农民创意产生，以及二者关系的机制如何仍缺乏实证探索。因此本章试图实证考察农民互联网使用和创意产生之间的关系。对于这一问题的回答在实践和理论上均具有重要的意义：从实践上来看，探讨农民创意产生的影响因素，有利于进一步落实创新驱动乡村产业振兴的要求，促进农民创新，助力破解当前多数创业农民在生产经营中过度同质化、同行之间竞争激烈、利润不高的问题（郭承龙，2015；路征等，2015）。从理论上讲，现有关于农民创意产生的研究主要关注传统社会网络（以人与人之间的互动为主要特征）在促进创意产生中的作用（如叶敬忠，2004；苏岚岚和孔荣，2020），而对于单向检索和获取信息的互联网与农民创意产生的关系探索不足。本章从互联网使用的视角考察农民创意产生的影响因素，在理论上丰富了农民创意产生的研究。

如果互联网使用能够影响农民的创意产生，其作用机制怎样？对于变量之间关系机制的考察是建立和发展理论的一个关键部分（Colquitt & Zapata-Phelan，2007）。为了回答二者之间作用机制的问题，引入了社会认知理论（social cognitive theory；Bandura，2001），并认为创新自我效能感（个体相信自己有创造力的信念或自我估计）是互联网使用影响农民创意产生的一个重要机制。社会认知理论强调环境、个体、行为三者的互动，被认为是解释个体创意产生或创新的一个重要理论，因此在本章考察互联网使用与农民创意产生关系时尤为适用。根据社会认知理论和相关研究（Tierney & Farmer，2004），自我效能感是影响个体行为的一个重要因素。就创意产生而言，除非个体相信他们能够产生创造性的结果（如创意），否则他们不会将时间和精力投注到创造性活动中去（如提出创造性的想法）。互联网使用能够让农民认识到其不仅拥有许多潜在可用信息，而且还可以从互联网上直接获取有用的信息，进而提升其创新效能信念（Gist & Mitchell，1992）。创新自我效能感能促进个体将更多时间和精力投入创造性活动之中（比如，吸收整合新的外部信息形成改变当前生产经营的新想法；Bandura，2001），从而提升其创造力。

第二节 理论分析与研究假设

一 社会认知理论

社会认知理论是心理学研究领域的一个重要理论，该理论解释了人们如何通过观察、模仿和社会交互来学习和发展。在管理学研究领域，社会认知理论被用来解释个人、组织和环境之间的相互作用，以及如何通过提高个人的自我效能感和自我调节能力来提高绩效。该理论认为，个人的行为［包括内隐的（如创意）和外显的］不仅受到内在因素的影响，如信念和态度；还受到外在因素的影响，如社会环境和组织文化（Wood & Bandura，1998）。因此，社会认知理论提供了一种框架，可以帮助管理者更好地理解自身行为，并更有效地管理组织中的人际关系和行为。

在社会认知理论中，自我效能感（self efficacy）是决定个体是否能成功塑造自己想要的现实的一个关键因素，它指的是个体对自己能够完成某项任务的信心和能力（Bandura，2001）。自我效能感的高低会影响个体的行为和表现。如果个体对自己的能力有信心，那么他们更有可能采取积极的行动，克服困难，取得成功。相反，如果个体缺乏自我效能感，他们可能会感到无助和无能，从而不愿意尝试或放弃。自我效能感会受到多种因素的影响，其中观察他人的经验是个体自我效能感发展的一个极为重要的因素（Bandura，2012）。

Janssen（2004）指出创造力涉及有意识地创造、引入新的想法。即创意产生涉及个体有意识地改变外部环境，而社会认知理论探讨了驱动个体行为背后的认知信念，因此该理论为研究创意产生这一话题提供了一个极为契合的理论视角。因此本章拟基于社会认知理论考察互联网使用对农民创意产生的影响及二者之间关系的机制。

二 互联网使用与创意产生

创意产生或创造力意味着个体在服务、产品、管理方式或营销手段等方面产生的有助于组织发展的有用且新颖的想法（Amabile，1988）。本章认为互联网使用可以促进农民创造力的提升。创意产生很大程度上是一个信息再加工过程，也就是说个体打破现有的认知局限和束缚，将以往无关的产品、技术或管理方法等信息进行整合，形成新的有价值的想法（吕洁和张钢，2015）。信息的再加工离不开新信息的输入。根据信息决策理论，暴露于新颖的环境，接收多样化信息的输入有利于信息的加工和利用，进而提高决策的质量，促进多角度思考和解决问题（Harvey，2013）。比如，研究发现团队成员组成越多样（如年龄多样性、知识结构的多样性等），个体所获取的信息就会越多，越有利于其充分决策，创意产生水平就越高（张景焕等，2016）。互联网使用拓宽了农民信息获取的渠道和范围。通过互联网，农民可以方便且低成本地了解相关产品或服务的市场需求、价格变化、产品或服务的营销方式，以及其创业者在生产经营中的先进做法等信息。这些新的信息一方面可能会冲击农民固有的认知，让其意识到对现有认知进行改变的必要性；另一方面互联网给农民带来了大量的新知识、新观点，这些知识观点有利于农民将其整合到现有的生产经营模式中，从而产生新的想法。

虽然关于互联网使用和农民创新的研究尚比较缺乏，但新的知识和信息有助于促进创意产生的观点已经得到许多实证研究的支持。比如，来自社会网络的研究发现，社会网络之所以能够提升个体的创意产生，一个重要的原因在于社会网络能够给个体提供新的信息（Baer，2010）；对工作团队的研究发现，团队异质性（如由不同领域专长的人组成）能够带来多样化的知识和看待问题的广阔视角，有助于推动团队成员的创意产生（张景焕等，2016）。循此逻辑，互联网的使用同样能让农民接触到以往不曾知道的一些新颖的信息，从而促进其创意产生。基于以上分析，提出假设 7-1。

假设 7-1：农民的互联网使用对于其创意产生具有正向影响。

三 创新自我效能感的中介作用

根据中介作用的论证逻辑，首先论证互联网使用和创新自我效能感之间的关系，其次论证创新自我效能感和创意产生之间的关系，最后提出中介作用假说。根据社会认知理论和自我效能理论（Bandura，2001），互联网使用有助于个体获取多样化信息，并让其感知到能够获取更多有助于产生创造性想法的潜在资源，从而提高创新自我效能感。具体来讲，个体对自我效能的估计可能受到其对任务和外部环境判断的影响，"通过这种判断，个人评估特定资源的可用性以及在不同层次上执行任务的难易程度"（Gist & Mitchell，1992），如果这种评估是积极的，就可能提升其自我效能感；反之，如果评估是消极的，就会降低自我效能感。以下从三个方面阐述互联网使用对农民创新自我效能感的影响。

首先，互联网汇集了海量的知识和信息，互联网使用可以获取有利于农民创新效能估计的环境线索。具体来说，互联网上有大量关于产品、管理、营销等方面的信息，且获取成本较低，这为处在信息洼地的创业农民在生产经营中及时把握市场行情和行业前沿信息提供了便利（芮正云和方聪龙，2018），为他们发现和利用"生产新东西的替代方案，开发新的想法组合"（Amabile，1996）带来了机会，使得他们更加相信自己拥有想出新方法解决问题的潜在资源。由此，互联网创造了一种环境，使农民相信其有潜在的资源可以在需要时产生创造性的解决方案（Gist & Mitchell，1992）。因此互联网使用可以提示农民对潜在资源可用性的估计或感知，从而增强对创新自我效能的估计。反之，不使用互联网，农民获取各类信息的难度会较大，农民对产生创造性解决方案的潜在资源可用性的估计就会降低，不利于其对创新自我效能的积极评价。

其次，互联网使用将农民暴露于不同的环境，并让其意识到多种知识和观点存在，从而提高其创新效能。通过互联网，农民可以了解到其他人的生产经营方式方法，让其认识到不同的思维和行为方式是可能的，从而拓宽了创业农民的视野（史晋川和王维维，2017）。例如，接触新的知识可以使个体意识到一个领域实践或想法可以在另一个领域创造价值（Burt，2004）。此外，通过接触新的信息，个体还会认识到相同的技术或方法可能会在不同的生产经营领域创造不同的价值，从而解冻现有的认知结构，减少功能固着（Leung & Chiu，2010）。这种意识促使农民相信创新是可能的，从而提高他们的创新自我效能感。一些研究也支持了这一观点，例如 Karubanga 等（2017）对乌干达稻农的研究表明，仅仅通过展示其他人关于改进水稻种植方式方法的一些视频，就可以增强稻农对不同做事方式的认识，促使他们产生新的创意。推而广之，本章认为，通过使用互联网接触到来自不同功能领域的新知识，会让农民意识到新方式的可能性，从而增强创新自我效能感。

最后，互联网使用可以通过增加实际生产经营资源（如从互联网中获得的知识和信息）来提高创新自我效能感。虽然根植于个体经验的知识可能难以获得，但其他类型的知识可以较容易地学习、转移和吸收（Perry-Smith & Shalley，2003）。Bandura（1997）提出的替代性学习也表明个体从外部环境获取信息和知识的重要性，这些信息和知识是个体感知自我效能的基础。就创新而言，个体通过对外部信息的观察和模仿学习（Bandura，1997），丰富他们的知识，继而提升了他们的创新自我效能感。

创新自我效能感可能会增强农民的创意产生。创造性活动往往具有一定的风险性，且伴随各种困难和挑战，往往需要个人进行不断地试错和持续学习（Tierney & Farmer，2011），这使得强大的心理动机对于创造性想法的产出显得尤为重要。创新自我效能感反映了创造性动机的"能做"方面，为创意产生提供了内在驱动力（Liu et al.，2016）。Liu 等人基于社会认知理论指出，人们只有相信通过自己的行动能够产生预期的积极结果、防止有害的结果时，他们才会在活动中投入足够的时间和资源。创新自我效能感高的农民相信自己能够产生创造性的结果，这种信念能够通过期望过程激励农民提出创造性的想法——当农民相信自己有能力实现一个创造性的结果时,就可以看到努力和创造性结果之间的积极联系,因此愿意付出努力和坚持。由此,农民更有可能改变现状,而不是从创造性的努力中退出(Bandura,2001)。来自其他领域的研究也从侧面支持了这一观点,如 Grosser 等(2017)对组织中员工的创意产生的影响因素进行了探索,发现具有高创新自我效能感的个体也会有更大的动力利用新的信息和知识来产生新颖的想法。相比之下,一个不相信自己有能力产生创造性结果的农民很可能会因循守旧、安于现状,很难想象他们会投注努力去探索新知识或创造性的解决方案。

综上所述,互联网使用可能会提高农民对可用资源的预期,并且有助于其获得多样化信息,从而增强农民的创新自我效能感;而创新自我效能感的提高会激励农民将更多精力投入创意产生之中,从而提升其创造力水平。基于此,提出假设 7-2。

假设 7-2:农民的创新自我效能感在互联网使用和创意产生之间起中介作用。

本章研究的理论模型见图 7-1:

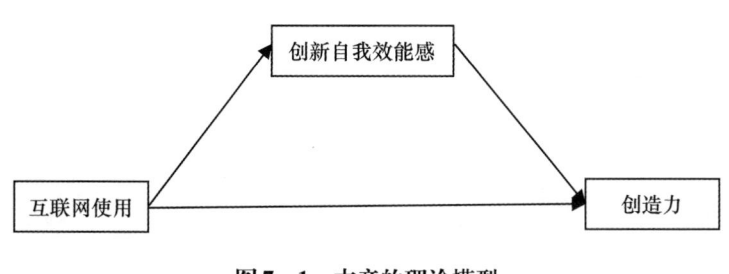

图 7-1 本章的理论模型

第三节 数据来源、变量说明及模型建构

一 数据来源

本章以具有农村户籍,且在村镇进行创业(从事个体工商经营、经济作物种植、规模化种养或养殖)的农民为研究对象。受新冠疫情的影响,出行调研受限,为了增强样本的代表性,本章采用了两种方式采

集数据：一是采用线下方式收集数据。借鉴许晟等（2020）的做法，招募了38名农村籍大学生，利用他们2020年寒暑假期返乡的时间寻找满足条件的研究对象进行入户调研。二是采用线上和线下两种方式收集数据。张思敏等（2018）的研究发现，采用在线调研的方法对农民同样适用。基于此，为了尽可能扩大样本的范围，还选择了线上调查的方式收集数据。具体通过家校联系群寻找满足研究对象条件的学生家长，然后将文件链接发给这些研究对象完成线上问卷调查。两种方式共获取问卷661份，剔除作答不全，以及未通过测伪题检验的问卷，最终保留有效问卷615份，问卷有效率为91.6%，有效样本的人口统计学特征详见表7–1。

表7–1　　　　　　　　　样本基本特征

分类	频数	占比（%）	分类	频数	占比（%）
性别			教育水平		
男	487	79.9	初中及以下	192	31.2
女	128	20.1	高中或中专	244	39.6
年龄			大专	118	19.2
30岁以下	92	14.9	本科及以上	61	10.0
31—40	183	29.7	创业规模（人数）		
41—50	254	41.3	5人及以下	440	71.5
51—60	64	10.4	6—10人	129	20.9
61岁以上	22	3.7	11人以上	46	7.6
婚否			行业特征		
已婚	448	72.8	种植	219	35.6
未婚	167	27.2	养殖	263	43.8
			其他工商经营	133	21.6

从表7–1可以发现，调研对象以男性农民为主，占比79.9%；多数调研对象的年龄在31—50岁之间，占比71%；绝大多数调研对象已婚，占比72.8%；从调研对象的学历情况来看，大部分农民受教育程度在高

中及以下，高中或中专占比39.6%，初中及以下占比31.2%；从农民生产经营的规模来看，农民生产经营规模总体偏小，主要以家庭为基本的经营单位，总人数5人及以下的企业占比71.5%。从这些人口统计学特征来看，所选择的样本与现有研究的一些全国性抽样调查的数据基本一致，如2016年上海财经大学以"中国农村创业现状调查"为主题的全国性的大规模抽样调查显示，农村男性创业者占比77%、文化水平高中及以下者占比62%、年龄40—60岁之间者占比60%（董静和赵策，2019）。这在一定程度上也说明了所选择的样本具有一定的代表性。

二 变量说明

（一）被解释变量——创意产生

对于创意产生或创造力的测量借鉴Subramaniam和Youndt（2005）所开发的3个条目的测量问卷。由于原问卷旨在测量组织中员工的创意产生，其条目在创意的范围上有所局限（仅限于产品或服务方式方面的创新），本书根据研究对象的特点对于条目的表述做了适应性修改。比如修改后的问卷不局限于产品或服务方面的创意，将创意扩展到了农民生产经营的全过程，具体条目包括："发展了不同于现有产品或服务的新想法""想到了不同于现有生产经营的新方式""想到了推广或销售的新手段"。测量中要求被调查的农民评定在过去一年的生产经营中，他们自身在多大程度上符合上述特征。问卷使用Likert5点量表进行评定，从1（"完全不符合"）到5（"非常符合"），数字越大代表符合程度逐级增加。将三个条目的得分取均值作为每个被调查者在该变量上的最终得分。

为了检验问卷是否满足心理测量学要求，对问卷进行了结构效度和内部一致性信度分析。先进行KMO和Bartlett球形检验。结果显示，KMO值为0.73，Bartlett球形检验值为810.60，说明创意产生样本数据适合进行探索性因子分析。因子分析结果显示（见表7-2），正交旋转后，农民创意产生问卷三个条目析出一个公因子，三个条目累积方差解释率为72.9%，且各测量条目在共同因子上的载荷均在0.85以上。此外，问卷的内部一致性信度系数Cronbach's $\alpha = 0.84$。这些结果表明问卷具有较好的信度和结构效度。

表7-2　　　　　　　创意产生的探索性因子分析结果

测量条目	均值	标准差	因子载荷	Cronbach's α
1. 发展了不同于现有产品或服务的新想法	3.06	1.10	0.85	0.84
2. 想到了不同于现有生产经营的新方式	2.74	1.26	0.87	
3. 想到了推广或销售的新手段	2.94	1.04	0.91	

（二）解释变量——互联网使用

在对互联网进行测量时，现有研究主要采用了两种方式：一是基于二分法的测量。比如雷显凯等（2021）在考察农民互联网使用对农民生产经营效益的影响时，姜维军等（2021）在考察互联网使用对农民秸秆还田技术采用时均采用了二分法测量农民的互联网使用。二是基于频率的测量方法。比如罗明忠和刘子玉（2022）在对互联网使用和农民幸福感关系进行研究时，使用了这种基于频率的测量方法对农民的互联网使用情况进行测量。鉴于第二种测量方式较第一种测量方式所蕴含的信息更为丰富，故选择了第二种方式进行测量。在测量时要求被调查者报告"使用互联网浏览生产经营相关信息的频率"，赋值方法为：每天至少1次＝5；每周至少1次＝4；每月至少1次＝3；每年至少1次＝2；从不使用＝1。

（三）中介变量——创新自我效能感

创新自我效能感的测量借鉴Tierney和Farmer（2002）所开发的3个条目的测量问卷，问卷内容根据本书的研究对象稍有调整。具体测量条目包括"我觉得自己擅长想出新的点子和想法""我相信自己能够想出新方法解决生产经营中的问题""我觉得自身能够在别人的点子中发展出新的想法"三个题项。问卷采用Likert5点计分量表进行计分，从1（"完全不符合"）到5（"非常符合"），代表符合程度逐级增加。

为了检验问卷是否满足心理测量学要求，同样对问卷进行了结构效度和内部一致性信度分析。先进行KMO和Bartlett球形检验。结果显示，KMO值为0.72，Bartlett球形检验值为722.21，说明创新自我效能感样本数据适合进行探索性因子分析。因子分析结果显示（见表7-3），正交旋转后，农民创新自我效能感问卷三个条目析出一个公因子，该公因子累积方差解释率为76.3%，且各测量条目在共同因子上的载荷均在0.88以上。此外，问卷的内部一致性信度系数Cronbach's α = 0.87。这些结果表明问卷具有较好的信度和结构效度。

表7-3　　　　　　　　　创新自我效能的因子分析结果

测量条目	均值	标准差	因子载荷	Cronbach's α
1. 我觉得自己擅长想出新的点子和想法	2.55	1.12	0.90	0.87
2. 我相信自己能够想出新方法解决生产经营中的问题	3.29	1.12	0.91	
3. 我觉得自身能够在别人的点子中发展出新的想法	3.10	1.14	0.88	

（四）控制变量

由于农民的创意产生可能会受到个人特征、企业特征等方面的影响，借鉴赵策等（2022）在对中国农村创业者的创新进行研究时的做法，选取创业农民的性别、年龄、受教育程度作为个体方面的控制变量；选取所创企业的规模、所属行业、企业持续时间作为企业方面的控制变量。个体的身体健康状况可能也会影响其创意产生（Cropley，1990），故身体健康状况亦作为控制变量（采用单个条目进行测量，由被调查者自我报告"您觉得自己当前健康状况如何"）。此外，我国不同地区经济社会发展不平衡，创新创业环境在地区之间存在较大差异。《2020中国区域创新能力评价报告》对我国31个省份的创新能力进行了评价，结果显示不同区域创新能力差异较大，比如排在第1位的广东省区域创新综合效用得分为62.14分，排名第16位的江西省区域创新综合效用得分减少到25.10分，而排名第31位的西藏区域创新综合效用得分仅为17.08分。由于创新创业环境可能会影响农民创意产生（施杨和赵曙明，2020），故将创业农民所在地区也作为控制变量。

各变量的定义和描述性统计见表7-4，从表中可以发现各变量的均值、标准差、最大值和最小值等基本信息。

表 7-4　　　　　　　　变量定义及描述性统计

变量名称	变量定义	均值	最大值	最小值	标准差
被解释变量					
创意产生	由 3 个条目的得分均值来评定	2.91	5	1	1.03
解释变量					
互联网使用	使用互联网浏览生产经营相关信息的频率。每天至少 1 次 = 5；每周至少 1 次 = 4；每月至少 1 次 = 3；每年至少 1 次 = 2；从不使用 = 1	3.21	5	1	1.90
中介变量					
创新自我效能感	由 3 个条目的得分均值来评定	2.98	5	1	0.98
控制变量					
性别	创业者的性别：女 = 0，男 = 1	0.80	1	0	0.40
年龄	1 = 30 岁以下；2 = 31—40 岁；3 = 41—50 岁；4 = 51—60 岁；5 = 61 岁以上	2.57	5	1	0.99
学历	1 = 初中及以下；2 = 高中或中专；3 = 大专；4 = 本科及以上	2.07	4	1	0.94
婚否	1 = 已婚；0 = 未婚	0.73	1	0	0.47
健康状况	1 = 不健康；2 = 一般；3 = 比较健康；4 = 很健康；5 = 非常健康	3.83	5	1	0.98
创业规模	1 = 5 人以下；2 = 6—10 人；3 = 11 人以上	1.34	3	1	0.62

三　计量模型设定

(一) 基准模型

鉴于农民创意产生可以视为连续性变量，借鉴罗明忠和刘子玉 (2022) 的做法，使用最小二乘 (OLS) 模型对研究假设进行检验，基准模型如下：

$$Creativity_i = \beta_0 + \beta_1 Intnet_i + \beta_2 C_i + \varepsilon_i \quad (7-1)$$

在 (7-1) 式中：$Creativity_i$ 为被解释变量，表示农民 i 的创意产生；$Intnet_i$ 为解释变量，表示农民 i 的互联网使用情况；C_i 为控制变量，表示前文所述的一系列可能影响农民创意产生的控制变量,包括个体特征、行业特征、区域特征等方面的变量;ε_i为残差项,表示随机扰动项;β_0为常数项,β_1和β_2为待估计参数。

(二)中介效应模型

在基准模型的基础上,为检验互联网使用对农民创意产生的影响机制,根据温忠麟和叶宝娟(2014)的建议,使用中介效应的分步式检验法对创新自我效能感的中介效应进行检验。具体中介机制模型如下:

$$Efficacy_i = \alpha_0 + \alpha_1 Intnet_i + \alpha_2 C_i + \mu_i \quad (7-2)$$

$$Creativity_i = \gamma_0 + \gamma_1 Intnet_i + \gamma_2 Efficacy_i + \gamma_3 C_i + \tau_i \quad (7-3)$$

在(7-2)式、(7-3)式中:$Creativity_i$、$Efficacy_i$、$Intnet_i$分别表示农民i创意产生、创新自我效能感和互联网使用情况;C_i为控制变量,表示前面所述的一系列可能影响农民创意产生的控制变量,包括个体特征、行业特征、区域特征等方面的变量;α_0和γ_0为常数项,α_1、α_2、γ_1、γ_2和γ_3为需要估计的参数,μ_i和τ_i为误差项。

第四节 实证检验与结果分析

一 基准回归分析

为了对假设1进行检验,执行了基准回归。表7-5呈现了农民互联网使用对其创意产生影响的OLS回归估计结果。表中回归模型1中仅考察了互联网使用和农民创意产生之间的单变量关系;回归模型2控制了其他可能影响农民创意产生的个体变量;回归模型3对于行业特征、生产经营规模和区域特征等变量作了进一步控制。从三个回归模型可以发现,互联网使用对农民创意产生影响的回归系数均为正,且在对其他变量进行尽可能多的控制后(如表7-5中的回归模型3),农民的互联网使用每增加1个单位,其创意产生会增加0.20个单位,这一结果在0.01水平上仍达到了统计显著水平。由此,研究假设1得到了数据支持。

表7-5　　互联网使用对农民创意产生的基准回归分析结果

变量	模型1	模型2	模型3
自变量			
互联网使用	0.28*** (0.04)	0.22*** (0.04)	0.20*** (0.04)
控制变量			
性别		0.09 (0.09)	0.08 (0.10)
年龄		0.02 (0.04)	0.01 (0.04)
教育水平		0.12*** (0.04)	0.11 (0.04)
婚姻状况		0.14* (0.08)	0.17** (0.08)
健康状况		0.15*** (0.04)	0.15*** (0.04)
经营规模虚拟变量	未控制	未控制	控制
行业类型虚拟变量	未控制	未控制	控制
区域特征虚拟变量	未控制	未控制	控制
常数项	1.90 (0.15)	1.58*** (0.25)	1.51*** (0.23)
R^2	0.07	0.12	0.14
ΔR^2	0.12	0.17	0.02
F	47.76***	13.27***	6.64***

注：经营规模以"5人及以下"为参照，"6—10人""11人以上"为虚拟变量；行业特征以"种植业"为参照，养殖、其他工商经营为虚拟变量；区域特征以"江西省"为参照，河南、河北、江苏、湖北和山东省等为控制变量；由于行业特征和区域特征各虚拟变量在方程中回归系数不显著，为节约篇幅，行业特征和区域特征虚拟变量的回归系数未列出；括号内为标准误；***、**和*分别表示1%、5%和10%的显著性水平。

二　作用机制分析

首先，基于回归方程（7-2）分析互联网使用是否能够显著影响农民的创新自我效能感。从表7-6的模型4和模型5可以发现，互联网使用对于农民的创新自我效能感具有显著的正向影响，这一结果在将控制变量纳入回归方程后依然稳健（$\beta = 0.31$，$p < 0.01$）。表明使用互联网查阅生产经营信息的农民更会相信自己能够产生创造性想法。其次，利用回归方程（7-3）分析在纳入中介变量后，互联网使用对农民创意产生的影响情况。从表7-6的模型6和模型7可以发现，中介变量（创新自

我效能感)对农民创意产生具有显著的正向影响,在把控制变量纳入回归方程后回归系数仍达到统计显著水平($\beta=0.31$,$p<0.01$)。此外,在纳入创新自我效能感后,创意产生对互联网使用的回归系数虽然依然显著($\beta=0.10$,$p<0.05$),但与表7-5中模型3的回归系数相比,明显降低。根据Baron和Kenny(1986)的逐步回归法,在(7-1)式被预测变量对预测变量回归和(7-2)式中介变量对预测变量回归的回归系数均达到统计显著水平的情况下,如果(7-3)式中被预测变量对预测变量回归系数明显降低,即可认为中介效应显著。故假设2也得到了数据支持。

表7-6 互联网使用对农民创意产生影响的机制分析

变量	创新自我效能感		创意产生	
	模型4	模型5	模型6	模型7
自变量				
互联网使用	0.40*** (0.04)	0.31*** (0.04)	0.11*** (0.04)	0.10** (0.04)
中介变量				
创新自我效能感			0.42*** (0.04)	0.39*** (0.05)
控制变量				
性别		0.04 (0.08)		0.09 (0.09)
年龄		0.03 (0.03)		0.02 (0.04)
教育水平		0.07 (0.04)		0.12*** (0.04)
婚姻状况		0.15** (0.07)		0.11 (0.08)
健康状况		0.25*** (0.04)		0.06 (0.04)
经营规模虚拟变量	未控制	控制	未控制	控制
行业类型虚拟变量	未控制	控制	未控制	控制

续表

变量	创新自我效能感		创意产生	
	模型4	模型5	模型6	模型7
区域特征虚拟变量	未控制	控制	未控制	控制
常数项	2.08*** (0.27)	1.51*** (0.22)	1.01*** (0.17)	0.98*** (0.25)
R^2	0.17	0.27	0.20	0.24
ΔR^2		0.10		0.04
F	132.29*	15.22***	79.14***	11.95***

注：创业规模以"5人及以下"为参照，"6—10人""11人以上"为虚拟变量；行业特征以"种植业"为参照，养殖、其他工商经营为虚拟变量；区域特征以"江西省"为参照，河南、河北、江苏、湖北和山东省等为控制变量；由于行业特征和区域特征各虚拟变量在方程中回归系数不显著，为简化表达，行业特征和区域特征虚拟变量的回归系数未列出；括号内为标准误；***、**和*分别表示1%、5%和10%的显著性水平。

由于Baron和Kenny（1986）所提出的中介效应检验逐步回归法比较主观，无法直接检验中介效应的显著性。根据Hayes（2022）的建议，采用基于bootstrapping的非对称置信区间法对中介效应的显著性进行再次检验：当中介效应95%的置信区间不包含0时，中介效应显著；反之，当包含0时，则中介效应不显著。基于bootstrapping法进行了5000次抽样，获得了中介效应95%的置信区间（见表7-7）。从表7-7可以发现，创新自我效能感的中介效应为0.12，其95%的偏差矫正的置信区间为[0.08，0.17]，不包含0。这一结果再次支持了创新自我效能感在互联网使用和农民创意产生之间的中介作用。

表7-7　　　　　　　　基于bootstrapping的机制分析

效应类型	效应值	标准误	偏差修正的95%的置信区间	
			低2.5%	高2.5%
直接效应	0.10	0.04	0.01	0.18
中介效应	0.12	0.02	0.08	0.17
总效应	0.22	0.04	0.13	0.30

三 稳健性检验

为了检验分析结果的稳健性，本章借鉴赵佳佳等（2020）的做法，通过改变变量的计算方法再次进行回归分析。具体而言，以因子分析中各条目的方差贡献率为权重重新计算农民创新自我效能感和创意产生的得分，使用新获得的中介变量和被预测变量重复上述分析。回归分析结果见表7-8，从表7-8的模型9可以发现，互联网使用与农民创意产生之间存在显著的正向关系（$\beta = 0.20$，$p < 0.01$）；从模型11可以发现互联网使用与农民创新自我效能感存在显著的正向影响（$\beta = 0.28$，$p < 0.01$）；从模型12和模型13中可以发现，在创新自我效能感纳入回归方程后，互联网使用与农民创意产生之间的回归系数较模型9明显降低。这些发现再次支持了研究假设7-1和7-2，并且在一定程度上也表明了研究结果的稳健性。

表7-8　　　　　　　更换变量后回归分析结果

变量	创意产生		创新自我效能感		创意产生	
	模型8	模型9	模型10	模型11	模型12	模型13
自变量						
互联网使用	0.26*** (0.04)	0.20*** (0.04)	0.37*** (0.04)	0.28*** (0.04)	0.14*** (0.04)	0.12 (0.04)
中介变量						
创新自我效能感					0.31*** (0.04)	0.27 (0.04)
控制变量						
性别		0.06 (0.10)		0.03 (0.09)		0.06 (0.09)
年龄		0.01 (0.04)		0.03 (0.04)		0.01 (0.04)
教育水平		0.10** (0.04)		0.04 (0.04)		0.07* (0.04)
婚姻状况		0.23*** (0.08)		0.18** (0.08)		0.17** (0.08)

续表

变量	创意产生		创新自我效能感		创意产生	
	模型8	模型9	模型10	模型11	模型12	模型13
健康状况		0.15 *** (0.04)		0.22 *** (0.04)		0.09 ** (0.04)
经营规模虚拟变量	未控制	控制	未控制	控制	未控制	控制
行业类型虚拟变量	未控制	控制	未控制	控制	未控制	控制
区域特征虚拟变量	未控制	控制	未控制	控制	未控制	控制
常数项	1.94 *** (0.16)	1.72 *** (0.26)	2.15 *** (0.14)	1.61 *** (0.24)	1.24 *** (0.18)	1.27 (0.26)
R^2	0.06	0.13	0.13	0.23	0.15	0.19
ΔR^2		0.07		0.10		0.04
F	40.71 ***	6.04 ***	99.26 ***	12.17 ***	52.06 ***	8.56 ***

注：创业规模以"5人及以下"为参照，"6—10人""11人以上"为虚拟变量；行业特征以"种植业"为参照，养殖、其他个体工商经营为虚拟变量；区域特征以"江西省"为参照，河南、河北、江苏、湖北和山东省等为控制变量；由于行业特征和区域特征各虚拟变量在方程中回归系数不显著，为节约篇幅，行业特征和区域特征虚拟变量的回归系数未列出；括号内为标准误；***、**和*分别表示1%、5%和10%的显著性水平。

表7-9　　　　　　　　　　反向因果机制分析

效应类型	效应值	标准误	偏差修正的95%的置信区间	
			低2.5%	高2.5%
直接效应	0.20	0.04	0.17	0.31
中介效应	0.03	0.02	0.00	0.07

此外，虽然本章基于社会认知理论构建了变量之间的关系模型，但所采集的数据均为横截面数据。这种截面数据难以完全规避变量之间反向因果的可能性，比如高创意产生的农民可能也会有更高的创新自我效能感。为了对这种反向中介存在的可能性进行检验，借鉴Gong等（2020）的做法，将中介变量和被解释变量的位置进行置换，即把创意产生作为中介变量，将创新自我效能感作为被解释变量。采用基于bootstrapping法（5000次抽样）对创意产生作为中变量时的中介效应和直接

效应进行了分析（结果见表 7-9）。从表 7-9 可以发现，转换创意产生和创新自我效能感的位置后，中介效应的值与表 7-7 相比明显降低。这表明创新自我效能感作为中介变量更契合数据。

第五节 本章小结

本章使用所获取的 615 份创业农民的调查数据，分析了互联网使用对农民创意产生的影响。研究结果表明：（1）农民的互联网使用有助于提升其创意产生。互联网使用每增加 1 个单位，农民创意产生水平会增加 0.20 个单位。（2）农民互联网使用通过提高其创新自我效能感，进而促进农民创意产生。（3）创新自我效能感在互联网使用和创意产生之间起部分中介作用，其中介效应占总效应的比重为 54.5%。在上述研究结果的基础上，以下对本章的理论贡献、实践启示、研究不足与展望进行总结分析。

本章的理论贡献主要体现在三个方面：第一，通过考察农民创意产生的影响因素，丰富了对于农民创意产生影响因素的认识。当前，在农民创意产生影响因素的研究中，学者们主要关注农民的个体特征（如男性比女性有更多创新；彭建娟等，2016；Hinrichs et al.，2004）、社会网络（如亲人网络、朋友网络、客户或供应商网络等；周萍等，2019；Saint Ville et al.，2016）在驱动农民创意产生中的作用。在互联网普及率不断提升，并向农民生产生活不断渗透的背景下，本章发现农民的互联网使用有助于促进其创意产生，这一发现拓展了对农民创意产生前因的认识，丰富了农民创意产生研究的内容。第二，通过考察互联网使用的作用后果，发现互联网使用对农民创意产生有正向影响，说明农民互联网使用的效果能够延伸至创意产生领域，对以往的研究进行了有益拓展。现有农民互联网使用的研究主要关注互联网使用对于农民幸福感、农民健康（张京京和刘同山，2020；杨克文和赵敏娟，2022）、农户家庭收入增长（罗千峰和赵奇锋，2022）、农民生产经营决策（蔡文聪等，2022；李思琦等，2021）等的作用。本章研究发现互联网使用能够给农民带来更多新颖的知识和信息，促进农民的创意产生，此结果一定程度上拓宽了学界对于农民互联网使用作用后果的认识。第三，通过对互联网使用和农民创意产生之间关系的内部机理进行挖掘，打开了互联网使用和农民创意产生之间的黑箱。Colquitt 和 Zapata-Phelan（2007）认为，对于变量之间作用机制的探讨尤为重要，因为这是建立和测试研究理论的一个重要内容。本章实证结果表明，创新自我效能感起到了部分中介的作用，深化了对互联网使用和农民创意产生之间中介机制的认识。

第八章

从创意产生到执行：创新态度和外部支持的作用

第五章扎根理论研究发现，创意产生后并不必然向执行转化，其转化过程会受到创新态度和支持促进或抑制。为了进一步检验农民的创新想法在多大程度上能够得到执行，以及如何促进创意产生向创意执行的转化，本章整合了"能力—动机—机会"（Ability-Motivation-Opportunity，以下简称 AMO）框架，构建了以创意执行为被解释变量、创意为解释变量、创新态度和创新支持（包括亲友支持和政府支持）为调节变量的创意向执行转化的过程模型，并采用两阶段问卷调查的方法搜集了 615 份配对数据，对模型中变量之间的关系进行检验。

第一节　问题的提出

创新的过程观认为创新不只是一种行为或结果，而是一个从创造性想法产生到创造性想法实施的过程（朱桂龙和温敏瑢，2020）。这一观点对于深入理解和更好地推动创新实践具有重要启迪意义，因此逐渐受到了学界关注。但对于这一过程具体包含哪些阶段，不同学者基于自己研究对象的特点对此有不同的认识，比如 Amabile（1988）认为创新包括创意和实施两个阶段；Janssen（2000）提出了创新过程包括创意生成、创意扩散和创意实施三个阶段；Perry-Smith 和 Mannucci（2017）认为创新过程包括创意生成、创新细化、创意倡导和创意实施四个阶段。虽然学界对于创新过程所包含的阶段尚未统一，但创意的产生和创意执行几乎是所有创新过程模型所涵盖的内容。创意产生代表了创新过程的起始阶段，创意执行代表了创新过程的结果阶段，因此任何创新的落地都离不开这两个阶段的参与。

创新的过程观认为创新是一个从创意产生到创意执行的过程，但事实上，从创意产生到执行并非是一个自然而然的过程。比如有调查显示仅有1/300的创意能够最终商业化（Stevens & Burley，1997）。虽然Stevens及其合作者的调查关注于创意的最终成功商业化，这一结果较创意执行的比例可能更低（有些执行了的创意可能没有成功商业化），但这一数据在某种程度上足以说明创意向执行的转化是一个复杂的过程。鉴于此，创意如何向执行转化成为一个亟待解决的新兴话题（Perry-Smith & Mannucci，2017）。近年来，学者们开始致力于对促进或抑制创意向执行转化的边界条件的探索。比如Somech和Drach-Zahavy（2013）以以色列健康护理公司的护理团队为研究对象，发现创意和执行之间仅存在中等偏弱程度的相关（r=0.35），创新氛围会正向调节创意和创意执行之间的关系，创新氛围越强，创意越易于向创新行为转化；张巍等人（2015）以某高新技术开发区的一家企业员工为研究对象，发现创意新颖度与创意实施之间关系并不显著（r=-0.11），但员工的公平感和齐美尔联结能够正向调节创意新颖度和创意实施之间的关系，与低公平感知和较少齐美尔联结的个体相比，高公平感知或较多齐美尔联结的员工更可能实现创意向创新行为的转化。虽然这些研究为学界理解如何促进创意向执行的转化提供了有益的启示，但现有关于创意向执行转化的研究主要以组织内部知识型员工为研究对象，对于创业农民生产经营中的创意能否落地，以及如何促进农民创意产生向执行的转化仍缺乏研究。

农民的创新过程与企业组织内部员工的创新过程可能存在较大不同，比如对于企业员工的创新过程而言，员工产生或提出创意后，往往需要通过部门守门人、内部专业技术守门人甚至公司高层的层层审核，才能走向执行（Perry-Smith & Mannucci，2017），因此组织内部环境对于员工创意向执行转化会有较大影响。此外，创新行为的开展往往会遭遇一系列困难和障碍，甚至失败。在企业组织中，组织往往会协助员工应对困难，甚至承担失败的风险，因此在组织中员工对于创新的动机较强（Farmer et al.，2003）。而对于创业农民来说，农民的生产经营规模较小，往往以家庭为单位，农民自身作为生产经营的主体，其对于创意的落地有很大甚至绝对决策权，所创企业外部（如亲友是否支持）可能对创意向执行的转化影响较大。此外，农民往往要独自面对创新的困难与挑战，甚至失败的风险，因此农民生产经营往往比较保守，与企业员工相比，创新的动机较弱。因此，现有对企业组织内部员工创意产生向执行转化的研究成果很难直接迁移到农民创新过程研究领域，有必要对农民创新过程进行专题研究。

就目前检索到的资料来看，农民创新研究领域仅有两项研究涉及了农民的创新过程。一是叶敬忠（2004）对农民发展创新原动力的研究。该文献采用"以角色为导向"的发展社会学研究方法，选取了20位先锋农民作为案例进行分析，提出农民发展创新包括三个阶段：阶段一，想法产生阶段。该阶段主要是解决"能做点什么"的问题，对于农民而言，产生创新性、战略性的想法尤为重要，因为很多人往往不知道"想做什么"。阶段二，形成行动计划。叶敬忠发现产生新想法后，农民可能会与家庭成员、亲戚等商讨，强化想法并生成行动方案。阶段三，实施阶段。这一阶段是新想法的正式执行，也可以称为创新行为表达阶段。该文献还认为，三个阶段并不一定会自动连续发生，不同阶段的转化需要很多因素的协同作用。二是彭建娟等人（2016）对吉林省农民创新实践的调查研究。该文基于过程的视角定义农民创新，把农民创新视为一个农民基于自身的能力和资源，对其生产经营进行自发变革，寻找机会、产生创新想法，并努力实践想法的过程。但在具体调查时，该文"抛开创新与创造力的差异"，将创意产生（创造力）和执行糅合在了一起，对于农民创新过程内部不同阶段的转化并没有探讨。这些为数不多的研究无疑为农民创新过程的探索提供了非常有价值的参考和启迪，但对于不同阶段转化的过程仍有待深入探索。比如创意是否或在多大程度上会转化为创新行为，哪些因素促进或抑制了农民创意的落地？这些问题的回答不仅有助于深入理解农民创新过程的相关理论，而且也有助于制定更具针对性的措施推动农民创新。

为了回答上述问题，本章引入了AMO框架。该框架指出个体的行为受到能力、动机和机会三个因素的协同影响，其中能力指与行为有关的知识和技能，动机指执行特定行为的动力或意愿，机会指影响行为发生的外部环境和条件（Marin-Garcia & Thomas，2016）。基于该框架，本章考察农民创意（想到的有用且与现有做法不同的新想法）、创新态度（农民对执行创新的积极或消极评价）和创新支持（影响农民创新的外部环境或条件）对农民创意实施的协同影响。

第二节　理论分析与研究假设

本章以 AMO 框架为理论基础，实证考察农民创意产生（能力）与创意执行（创新行为）之间的关系，以及创新态度（动机）和创新支持（机会）在创意产生向创意执行转化中的调节作用，以下对 AMO 框架进行阐述，并从理论上提出本章的主要研究假设。

一　AMO 框架

AMO 是"Ability-Motivation-Opportunity"三个英文单词的首字母缩写，其中 A 代表"能力"，即开展特定行为所需的知识或技能；M 代表"动机"，即个体开展特定行为的意愿；O 代表"机会"，即影响行为实施的外部条件或环境（Marin-Garcia & Thomas，2016）。该框架起源于 Vroom（1964）的能力和动机交互模型，即个人的表现（P）＝能力（A）×动机（M），个体的绩效或行为表现是能力和动机协同作用的结果。该模型只关注了个体因素对于行为表现的影响，没有体现出环境在影响个体行为中的作用。事实上，很多时候人的行为也会受制于环境，比如一个热爱学习且成绩良好的学生可能会因为无法支付学费而辍学。因此后续 Blumberg 和 Pringle（1982）为了增强模型的解释力，对 Vroom 的能力和动机交互作用模型进行了扩展，提出应该将代表外部支持的变量，即"机会"纳入模型之中。由此，个人表现被认为是能力因素、动机因素和机会因素三者共同作用的结果。

Appelbaum 等（2000）将 AMO 框架引入人力资源管理领域，提出了高绩效人力资源管理系统，发现 AMO 框架对于组织中员工的诸多行为（如工作保留、组织公民行为、工作绩效等）都有非常好的解释力。鉴于 AMO 框架在组织领域的良好解释力，很快便成为超越组织人力资源管理这一特定主题或领域的元框架，被拓展到教育、农业等多个研究领域。

比如王兆峰和向秋霜（2017）基于 AMO 框架对武陵山区社区居民参与旅游扶贫行为的影响因素进行了研究，发现居民的参与机会、参与能力会通过参与动机的中介正向显著影响社会居民参与旅游扶贫行为；吴雪莲等（2016）基于 AMO 框架对水稻种植户的秸秆还田技术采纳意愿的影响因素进行了研究，发现采纳动机的影响不显著，但采纳机会和能力（抗风险能力和操作能力）对于农户秸秆还田技术采纳意愿具有显著的正向影响；Li 等人（2019）基于 AMO 框架考察了美国民众节能行为的影响因素，发现民众的节能能力、动机和机会三个因素对美国民众的节能行为均有显著的直接影响。

虽然被广为接受，但对于 AMO 框架的三个因素如何作用于行为或后果的问题学界仍未达成共识。当前关于三个因素的作用机制模型大体可以分为三类，分别是加法模型、乘法模型和单主变量模型（Marin-Garcia & Thomas, 2016）：（1）加法模型，即结果 O = f（A + M + O），该模型认为能力、动机和机会三者相互独立，且每一个因素都直接作用于后果。在加法模型中，三个因素中的任何一个因素的较低层次都可以由其他因素的较高层次来补偿。（2）乘法模型，即结果 O = f（A × M × O），该模型认为能力、动机和机会三个因素以一种交互的方式影响结果。要使得结果发生，三个因素都必须呈现，任何一个因素的缺失或水平过低都会极大地影响结果的呈现。（3）单主变量模型，将某一个因素作为影响行为的主变量，其他两个因素作为影响主变量和行为之间关系的调节变量。在研究中具体应该接受哪一个模型呢？事实上三个模型均得到了不同实证研究的支持（Bos-Nehles 等，2013）。Marin-Garcia 和 Thomas（2016）认为，AMO 并不是严格意义上的理论或模型，因为其并没有对三个因素的作用方式进行明确而具体的阐释，因而更像是一个"框架"。该框架提出了影响个体行为的三个重要因素，但三个因素具体以何种方式发挥作用要视具体的研究情景而定。本章基于 AMO 模型这一框架的指导来考察农民创意产生向创意执行的转化过程。

二 创意与创意执行

创意或创造力是指有用且新颖的想法（张巍等，2015）。本章认为创意会正向影响创意的执行。创意的执行或创新行为意味着打破原有的行为模式，重新开始执行一个新的行为模式。社会认知理论认为，人不是外部刺激的被动接受者，个体关于世界的认知是其行为的最重要的影响因素（Bandura，2001）。因此，要执行一个新的行为模型，个体首先要突破原来的认知结构，形成新的想法。产生创意的能力越强，个体越易于打破现有的认知局限和束缚，形成新的有价值的想法，实现对现有的产品、技术、商业模式或生产服务工艺流程等的改进或变革（吕洁和张钢，2015）。叶敬忠（2004）对农民发展创新的研究也表明，只有当农民知道了"能做点什么"或"想做什么"之后，才可能实施发展性创新活动（实施创新行为）；张强强等（2022）的实证研究也发现，农民能否发现或识别创新的机会（创意产生）往往是制约其创新行为的重要因素。此外，来自其他领域的研究也间接支持了创意产生与创意执行之间的正向关系，比如 Frese 等（1999）以荷兰一家大型钢铁公司员工为研究对象，考察了创意向执行的转化过程，其结果发现，创意产生与受奖励的创意（创意实施）存在显著的正向关系，二者相关系数达到了 0.33；Clegg 等（2002）以两家大型航空航天公司的设计工程师为研究对象，考察了创意和执行之间的关系，发现这些工程师产生创意的能力与创意最终实现的程度之间存在 0.57 的正向关系。基于以上分析，提出如下假设。

假设 8-1：农民的创意产生对创意执行具有显著的正向影响。

三 创新态度的调节作用

态度是指个体对特定行为所抱持的正面或负面的感觉，当个体对某行为的后果持有积极的感知时，其往往会有更强的动力去执行该行为；反之，当感知到某行为会带来消极后果时，个体执行该行为的动力会更弱（Ajzen，1991）。因此，态度在很大程度上可以被视为个体行为的动机。就创新而言，创新态度代表了农民对于执行创意是否会带来收益的看法，其对于农民创新具有促进或抑制的动力特征。Phan（2002）将态度分为内生态度和外生态度。内生态度是指源于个体自身的对于特定行为的积极或消极评价，如有些农民喜欢不断"折腾"挑战自己，认为创新本身就是一件很有趣的事情；有些农民乐于跟随，对于延续既有的模式有更高的评价。外生态度是指个体之外的因素影响了个体对特定行为的评价，如有人认为实施创新有利于打破同行之间的同质性竞争，是提升生产经营效益的重要手段；有人则认为创新可能带来风险，实施创新的成功率很低。

本章认为农民对于创新的态度会调节创意向创意执行的转化。一方面，当农民对于创新具有积极的态度时，他们有更强的动机对产生的创意进行及时论证和跟进。创新的实施经常伴随着风险（Janssen，2004），在创意实施前，个体往往对创意进行仔细思考和论证，尽可能避免创新失败的风险。叶敬忠（2004）认为，农民知道了做什么之后，可能会召集家人成员、亲戚或朋友进行谈论商讨，对创意进行巩固并形成执行计划，之后再实施创新行为。因此，能否及时对创意进行论证并形成执行计划会影响创意向创意执行的转化。对行为的积极态度是减少个体行为拖延，促进个体更及时行动的重要因素（林琳和白新文，2014）。当农民对于创新有积极态度的时候，他们就会更及时地对创意进行论证并形成执行计划，从而促进创意向执行的转化；反之，当农民对于创新的态度越消极，他们就越可能表现出更多拖延行为，推迟形成执行计划或实施的时间，从而减少创意的转化。

另一方面，在创意向执行的转化过程中，农民往往会遇到一些难以提前预估的困难和挑战。比如有农民想到了对大豆进行深加工，生产腐竹的创意，但在生产的过程中发现产品的色泽不知如何控制；有农民萌生了在大棚中套种冬枣的创意，但在实施的过程中发现大棚温度控制存在困难等。克服创新过程中的这些困难和挑战无疑会促进创意向执行的转化，而解决创新过程中的各类意想不到的困难离不开个体对创新的承诺和全身心的投入。积极的态度会激发个体对行为的承诺和投入（王富祥，2017），从而有助于个体潜心投入创新活动中，积极主动解决创意执行中可能遇到的重重挑战，促进创意向执行的转化；反之，当农民对于创新有消极的态度时，他们对于创新会有更低的承诺，面对创业执行中的困难，他们可能会退缩甚至放弃，从而不利于创意的实施。基于以上分析，提出如下假设。

假设8-2：创新态度正向调节了创意和创意执行之间的关系，当创业农民有积极的创新态度时，创意和执行之间的关系更强；反之，当农民对于创新的态度消极时，创意和执行之间的关系更弱。

四 创新支持的调节作用

据 AMO 理论，机会代表了外部环境因素对行为的影响，是另一个影响个体行为的重要因素（Marin-Garcia & Thomas，2016）。创新支持主要包括亲友支持和政府支持两个方面，前者是指家庭成员或亲戚朋友对于农民开展创新活动的情感或物质支持；后者是指政府在技术、资金等方面对于农民实施创新活动的支持。因此，二者分别代表了家庭小环境和政府大环境两个方面的外部因素，可以视为机会因素。本章认为，无论是亲友还是政府支持均可能正向调节创意向执行的转化，具体分析如下。

亲友的调节作用。亲友支持主要是家庭成员、亲戚朋友对创新主体在情感和经济方面的支持。在农民的生产经营中，家庭成员或亲戚朋友扮演了重要角色：一方面，农民的生产经营多以农户为单位，有学者更是将农民生产经营中开展的创新称为农户创新（如李学术和向其凤，2010；韩琳和姜志德，2012），由此表明家庭是农民生产经营中重要的参与者。另一方面，亲戚朋友对于农民的生产经营也存在重要影响。在西方社会（如美国），乡村大多是一户人家自成一个单位，由此形成了独来独往的精神；而中国乡村具有"聚村而居"的特点，这使得亲戚朋友之间的互依性更为突出（费孝通，2018）。研究也发现亲戚朋友的态度是影响农民生产经营活动的一个重要因素（叶睿和周冬，2023）。受文化水平相对不高和资源相对贫乏的双重局限，农民创新的不确定性高、风险较大，并且经常会伴有创新疲劳和挫败感等消极情绪情感；此外，农民创新过程中还可能经常遇到资源匮乏的挑战，如资金不足（何婧和李庆海，2019）。这种消极的心态和资源的匮乏会严重阻碍从创意到执行的转化（Mielniczuk & Laguna，2020）。在亲友支持程度高的情况下，家庭的情感支持有助于丰富创新农民的心理资本，而心理资本有助于农民克服创新过程中遇到的疲劳、挫败等消极情绪（李永周等，2022），使得其能够以更积极平和的心态应对创新中的障碍和挑战。此外，家庭的情感支持还可以减少创新农民在家庭角色中的投入，使其有大量时间和精力投入创新活动之中（董静和赵策，2019）。亲友的经济支持则有助于缓解农民创新过程中可能遭遇的资源不足，从而促进创意向执行的转化。相反，如果亲友支持程度较低，创新农民不仅得不到心理资本的补充和经济的支持，而且还要花费大量的时间精力用于处理家庭事务，这种情况下创意很难向执行转化。

政府支持的调节作用。何晓斌和柳建坤（2021）认为政府支持在我国农村地区主要表现为物质性支持和非物质性支持两大类。前者主要体现为经济支持，如现金补贴、贴息贷款、税收优惠等；后者关注为农民提供非经济的帮助或服务，如技术指导、搭建销售网络和平台、简化审批手续等。有调查显示，缺乏资金、缺乏技术经验，贷款、扩张、办事难是返乡创业农民遇到的普遍问题和障碍（杨玉龙，2018）[1]。因此，农民在产品或服务内容、技术、商业模式、生产服务流程、营销方式等方面新想法的落地，离不开上述障碍的解决。政府在金融、技术等方面的支持在一定程度上有助于解决农民在创新过程中遇到的这些问题，进而促进创意向执行的转化。虽然仍缺乏实证研究，但现有个别案例研究的结果也支持了政府支持在促进农民新想法落地中的积极作用。比如Bellotti 和 Rochecouste（2014）对澳大利亚免耕农业的发展历程进行了案例研究，发现政府出面组建的农民交流互助组织为农民的创新尝试提供了知识支持，这种知识技术方面的支持推动农民不断实践新的想法，促进了农民创新。基于上述分析，提出如下假设。

假设8-3a：亲友支持正向调节创意和执行之间的关系，当创业农民经历高的亲友支持时，创意和执行之间的正向关系更强；反之，当亲友支持度低时，创意和执行之间的正向关系更弱。

假设8-3b：政府支持正向调节创意和执行之间的关系，当创业农民经历高的政府支持时，创意和执行之间的正向关系更强；反之，当政府支持程度低时，创意和执行之间的正向关系更弱。

综上所述，假设8-2指出创新态度调节了创意和执行之间的关系，假设8-3指出创新支持调节了创意和执行之间的关系，整合两个假设，提出创新态度和创新支持两种因素可能分别从内部和外部两个方面协同促进了创意向执行的转化，即创意、创新态度和创新支持三者对于执行

---

[1] 杨玉龙：《为农民工返乡创业打好服务牌》，南方网，网址：http://views.ce.cn/view/ent/201812/21/t20181221_31086314.shtml。

的三维交互作用，由此提出以下假设。

假设8-4a：创新态度和亲友支持共同调节创意产生和实施二者之间的关系，相对于消极创新态度和低亲友支持的农民，创意和创意执行之间的正向关系在同时拥有积极创新态度和高亲友支持的农民身上表现得最强；

假设8-4b：创新态度和政府支持共同调节创意产生和实施二者之间的关系，相对于消极创新态度和低政府支持的农民，创意和创意执行之间的正向关系在同时拥有积极创新态度和高政府支持的农民身上表现得最强。

本章的研究模型如图8-1所示：

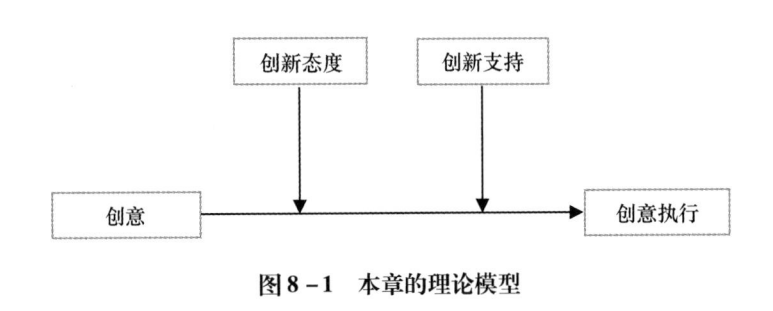

图8-1 本章的理论模型

第三节 数据来源、变量说明及模型建构

一 数据来源

本章以具有农村户籍，且在乡村创业（从事个体工商经营、经济作物种植、规模化种养或养殖）的农民为研究对象。由于新冠疫情防控的需要，外出调研受到了一些影响。为了增强样本的代表性，本章具体采用两种方式收集数据：一是线下方式收集数据。借鉴许晟等（2020）的做法，招募了38名农村籍大学生，利用他们寒暑假期返乡的时间寻找满足条件的研究对象进行入户调研。二是线上方式收集数据。张思敏等（2018）研究发现，采用在线调研的方法对农民同样适用。基于此，为了尽可能扩大样本的范围，还选择了线上调查的方式作为数据收集的第二个来源。具体通过家校联系群寻找符合研究对象条件的学生家长，然后

请他们通过问卷链接完成线上问卷调查。两种方式共获取问卷661份,剔除作答不全,以及未通过测伪题检验的问卷,最终保留有效问卷615份,问卷有效率为91.6%,有效样本的人口统计学特征详见表8-1。

从表8-1中可以发现,调研对象以男性农民为主,占比79.9%;多数调研对象的年龄在31—50岁,占比71%;绝大多数调研对象已婚,占比72.8%;从调研对象的学历情况来看,绝大部分农民受教育程度在高中及以下,高中或中专占比39.6%,初中及以下占比31.2%;从农民生产经营的规模来看,这些农民创业的总体规模偏小,主要以家庭为基本的经营单位,总人数5人及以下的企业占比71.5%。从这些人口统计学特征来看,所选择的样本与现有研究的一些全国性抽样调查的数据基本一致。如2016年上海财经大学以"中国农村创业现状调查"为主题的全国性的大规模抽样调查显示,农村男性创业者占比77%、文化水平高中及以下者占比62%、年龄40—60岁者占比60%。因此,这也说明所选择的样本具有一定的代表性。

表8-1　　　　　　　　　　样本基本特征

分类	频数	占比(%)	分类	频数	占比(%)
性别			教育水平		
男	487	79.9	初中及以下	192	31.2
女	128	20.1	高中或中专	244	39.6
年龄			大专	118	19.2
30岁以下	92	14.9	本科及以上	61	10.0
31—40	183	29.7	创业规模(人数)		
41—50	254	41.3	5人及以下	440	71.5
51—60	64	10.4	6—10人	129	20.9
61岁以上	22	3.7	11人以上	46	7.6
婚否			行业特征		
已婚	448	72.8	种植	219	35.6
未婚	167	27.2	养殖	263	43.8
			其他工商经营	133	21.6

二 变量说明

(一) 被解释变量——创意执行

对于创意执行当前有两个比较常用的测量工具,一个是 Clegg 等 (2002) 使用的由 10 个条目所组成的创意实施测量问卷 (长版问卷, 样例条目如 "你对新工作目标的建议在多大程度上得到了落实?");另一个是 Baer (2012) 所使用的由 3 个条目所组成的创意实施问卷 (短版问卷)。国内学者张巍等 (2015) 在中国组织情境中也发现 Baer (2012) 的 3 个条目的问卷具有较好的信度和效度。考虑到长版问卷会花费较多时间,可能引起作答疲劳,且短版问卷也具有较为稳定的跨文化信度和效度,故借鉴了 Baer (2012) 所用的 3 个条目的测量问卷。由于本章的对象为农民,根据具体语境的特点对条目内容进行了适应性修改。作答时要求被调查者评价其在过去一年中的那些创新性想法得以执行的程度。具体题项包括 "得到进一步开发推进的程度" "已转化为可用的产品、过程或程序的程度" "已成功推向市场或已在成功实施的程度"。问卷使用 Likert5 点量表进行评定,从 1 ("从不") 到 5 ("总是"),代表符合程度逐级增加。将三个条目的得分取均值作为每个被调查者在该变量上的最终得分。

表 8-2　　　　　创意执行的探索性因子分析结果

测量条目	均值	标准差	因子载荷	Cronbach's α
1. 得到进一步开发推进的程度	3.14	1.25	0.93	
2. 已转化为可用的产品、过程或程序的程度	3.24	1.27	0.90	0.89
3. 已成功推向市场或已在成功实施的程度	3.08	1.22	0.89	

为了检验问卷是否满足心理测量学要求,对问卷进行了结构效度和内部一致性信度分析。先进行 KMO 和 Bartlett 球形检验。结果显示,KMO 值为 0.73,Bartlett 球形检验值为 1158.38,说明创意执行样本数据适合进行探索性因子分析。因子分析结果显示 (见表 8-2),正交旋转后,农民创意执行问卷三个条目析出一个公因子,三个条目累积方差解

释率为 82.72%，且各测量条目在共同因子上的载荷均在 0.89 以上。此外，问卷的内部一致性信度系数 Cronbach's α = 0.89。这些结果表明问卷具有较好的信度和结构效度。

（二）解释变量——创意产生

对于创意产生或创造力的测量借鉴 Subramaniam 和 Youndt（2005）所开发的 3 个条目的测量问卷。由于原问卷旨在测量组织内部员工的创意产生，其条目在创意的内容范围上有所局限（仅限于产品或服务方式方面的创新），本书根据研究对象的特点对于条目的表述做了适应性修改。比如修改后的问卷不局限于关于产品或服务方面的创意，将创意扩展到了创业农民生产、经营和销售的全过程。具体条目包括："发展了不同于现有产品或服务的新想法""想到了不同于现有生产经营的新方式""想到了推广或销售的新手段"。测量中要求被调查的农民评定在过去一年的生产经营中，他们自身的生产经营在多大程度上符合上述特征。文件使用 Likert5 点量表进行评定，从 1（"完全不符合"）到 5（"非常符合"），符合程度逐级增加。将三个条目的得分取均值作为每个被调查者在该变量上的最终得分。

为了检验问卷是否满足心理测量学要求，对问卷进行了结构效度和内部一致性信度分析。先进行 KMO 和 Bartlett 球形检验。结果显示，KMO 值为 0.73，Bartlett 球形检验值为 810.60，说明创意产生样本数据适合进行探索性因子分析。因子分析结果显示（见表 8-3），正交旋转后，农民创意产生问卷三个条目析出了一个公因子，三个条目累积方差解释率为 72.9%，且各测量条目在共同因子上的载荷均在 0.85 以上。此外，问卷的内部一致性信度系数 Cronbach's α = 0.84。这些结果表明问卷具有较好的信度和结构效度。

表 8-3　　　　　创意产生的探索性因子分析结果

测量条目	均值	标准差	因子载荷	Cronbach's α
1. 发展了不同于现有产品或服务的新想法	3.06	1.10	0.85	0.84
2. 想到了不同于现有生产经营的新方式	2.74	1.26	0.87	
3. 想到了推广或销售的新手段	2.94	1.04	0.91	

（三）调节变量

1. 创新态度

当前对于创新态度尚缺乏一个比较公认的测量工具，多数研究的做法是基于态度的概念，结合自己的研究情境自行开发创新态度的测量工具（如 Kassa & Mirete，2022）。本书主要关注内生态度和外生态度两个方面，与赵斌等（2013）提出的科技人员创新态度的测量结构较为类似，因此参照赵斌等人对于内生态度和外生态度的结构内容来设计测量题目。同时考虑到第六章扎根理论研究的发现，最终保留了兴趣取向、经济需求和精神认可三个方面的测量内容，具体测量条目包括"创新活动本身是一件愉快的事""创新能改善生产经营效益""创新能获得更好的社会声誉"。使用 Likert5 点量表评分法对创新态度进行评分，从 1（"非常不同意"）到 5（"非常同意"），认同程度逐级增加。

为了检验问卷是否满足心理测量学要求，对问卷进行了结构效度和内部一致性信度分析。先进行 KMO 和 Bartlett 球形检验。结果显示，KMO 值为 0.71，Bartlett 球形检验值为 909.83，说明创新态度样本数据适合进行探索性因子分析。因子分析结果显示（见表 8-4），正交旋转后，农民创新态度问卷三个条目析出一个公因子，三个条目累积方差解释率为 79.1%，且各测量条目在共同因子上的载荷均在 0.86 以上。此外，问卷的内部一致性信度系数 Cronbach's α = 0.87。这些结果表明问卷具有较好的信度和结构效度。

表 8-4　　　　　　　创新态度的探索性因子分析结果

测量条目	均值	标准差	因子载荷	Cronbach's α
1. 创新活动本身是一件愉快的事	3.33	1.13	0.89	
2. 创新能改善生产经营效益	3.53	1.18	0.90	0.87
3. 创新能获得更好的社会声誉	3.55	1.12	0.86	

2. 创新支持

创新支持包括亲友支持和政府支持两个方面：对于亲友支持的测量选用蒋剑勇和郭东红（2012）的网络支持测量工具，该工具包括 3 个维度，分别是"家人支持""亲戚支持"和"朋友支持"，具体测量条目包括"我的家人支持我在生产经营中的创新活动""我的亲戚支持我在生产经营中的创新活动""我的朋友支持我在生产经营中的创新活动"。问卷使用 Likert5 点量表对创新动机进行评分,从 1("非常不符合")到 5("非常符合"),数字越大代表对相应陈述的认同程度越高。

为了检验问卷是否满足心理测量学要求,对问卷进行了结构效度和内部一致性信度分析。先进行 KMO 和 Bartlett 球形检验,结果显示,KMO 值为 0.75,Bartlett 球形检验值为 1093.40,说明亲友支持样本数据适合进行探索性因子分析。因子分析结果显示(见表 8-5),正交旋转后,亲友支持问卷三个条目析出一个公因子,三个条目累积方差解释率为 83.2%,且各测量条目在共同因子上的载荷均在 0.90 以上。此外,问卷的内部一致性信度系数 Cronbach's α = 0.89。这些结果表明问卷具有较好的信度和结构效度。

表 8-5　　　　　　　　亲友支持的探索性因子分析结果

测量条目	均值	标准差	因子载荷	Cronbach's α
1. 我的家人支持我在生产经营中的创新活动	2.95	1.14	0.91	0.89
2. 我的亲戚支持我在生产经营中的创新活动	2.91	1.11	0.90	
3. 我的朋友支持我在生产经营中的创新活动	2.94	1.02	0.90	

对于政府支持的测量借鉴 Franke 和 Luethje(2004)的政府支持问卷,该问卷主要从金融支持、服务指导、流程办理和政策支持四个方面测量政府在个人创业方面的支持。叶睿和周冬(2023)在对我国脱贫地区农民电商创业者进行研究时亦使用了该问卷,并发现问卷亦有较好的跨文化信度和效度。但由于该问卷关注的是政府对个体创业行为的支持,在创业活动中,创业者往往需要履行一系列的政府审批手续,所以在问卷中有流程办理相关的测量。但本章关注创业农民在生产经营过程中的创新行为(如改变产品类型或销售方式),这些创新活动很少需要履行政府审批手续,因此删除了"创业的办理程序清晰"这一条目,保留了剩

余的三个项目。在结合研究语境对条目的表述进行适应性调整后,具体测量条目包括"农民创新能够获得政府的金融支持""政府会为农民创新提供顾问及服务支援""相关政策有利于农民创新"。问卷使用 Likert5 点量表评分法对创新动机进行评分,从 1 ("非常不符合")到 5 ("非常符合"),数字越大代表对相应陈述的认同程度越高。

为了检验问卷是否满足心理测量学要求,对问卷进行了结构效度和内部一致性信度分析。先进行 KMO 和 Bartlett 球形检验。结果显示,KMO 值为 0.70,Bartlett 球形检验值为 818.59,说明政府支持样本数据适合进行探索性因子分析。因子分析结果显示(见表 8-6),正交旋转后,政府支持问卷三个条目析出一个公因子,三个条目累积方差解释率为 76.2%,且各测量条目在共同因子上的载荷均在 0.82 以上。此外,问卷的内部一致性信度系数 Cronbach's α = 0.84。这些结果表明问卷具有较好的信度和结构效度。

表 8-6　　政府支持的探索性因子分析结果

测量条目	均值	标准差	因子载荷	Cronbach's α
1. 农民创新能够获得政府的金融支持	2.90	1.10	0.90	
2. 政府会为农民创新提供顾问及服务支援	2.98	1.12	0.89	0.84
3. 相关政策有利于农民创新	2.99	1.04	0.82	

(四)控制变量

由于农民创意向执行转化的研究仍比较鲜见,在控制变量选择方面可参考的文献相对较少。但为了研究结果更为严谨,参考有农民创新研究中常用的一些控制变量。年轻人、男性相对更有冒险精神,可能更容易创新,因此将年龄和性别作为控制变量;与文化水平较低者相比,文化水平较高者理解学习能力更强,更易于克服创新过程中的困难,执行创新,因此对农民的受教育水平也进行了控制;经营年限越长意味着对特定领域越熟悉,所积累的经验越丰富,可能会更易于发现新问题,找出新突破,鉴于此,对个体从事当前生产经营的年限亦进行了控制(如霍生平等,2022)。此外,芮正云和方聪龙(2018)在农民节俭式创新的研究中对经营规模也进行了控制,仿效其做法,本章将农民的经营规模也作为控制变量。

各变量的定义和描述性统计见表 8-7,从表中可以发现各变量的均值、标准差、最大值和最小值等基本信息。

表 8-7　　　　　　　　变量定义及描述性统计

变量名称	变量定义	均值	最大值	最小值	标准差
被解释变量					
创意执行	由 3 个条目的得分均值来评定	3.15	5	1	1.13
解释变量					
创意	由 3 个条目的得分均值来评定	2.91	5	1	1.03
调节变量					
创新态度	由 3 个条目的得分均值来评定	3.47	5	1	1.02
亲友支持	由 3 个条目的得分均值来评定	2.93	5	1	0.98
政府支持	由 3 个条目的得分均值来评定	2.95	5	1	0.95
控制变量					
性别	创业者的性别:女=0,男=1	0.80	1	0	0.40
年龄	1=30 岁以下;2=31—40 岁;3=41—50 岁;4=51—60 岁;5=61 岁以上	2.57	5	1	0.99
教育水平	1=初中及以下;2=高中或中专;3=大专;4=本科及以上	2.07	4	1	0.94
经营年限	1=1 年以内;2=1—2 年;3=2—3 年;4=3—4 年;5=4—5 年;6=5 年以上	3.49	5	1	0.81
创业规模	1=5 人以下;2=6—10 人;3=11 人以上	1.34	3	1	0.62

三　计量模型设定

由于因变量创意执行的测量包含多个题项,并且每个题项使用 Likert5 点积分法进行评定,因此,因变量创意执行可以视为连续变量,故使用 OLS 回归对研究假设进行检验。回归模型如下:

$$y_i = \beta_0 + \beta_1 Creat_i + \beta_2 Attitu_i + \beta_3 Supp_i + \beta_4 Creat_i \times Attitu_i + \beta_5 Creat_i \times Supp_i + \beta_6 C_i + \varepsilon_i$$

上式中的 y_i 为被解释变量,表示农民 i 的创意执行;$Creat_i$ 为解释变量，表示农民 i 的创意；$Attitu_i$ 为调节变量，表述农民 i 的创新态度；$Supp_i$ 为调节变量，包括农民 i 亲友支持和政府支持两个方面的支持；$Creat_i \times Attitu_i$ 为交互项，表示创意和创新态度的乘积；$Creat_i \times Supp_i$ 为交互项，表示创意和创新之间的乘积；C_i 为控制变量，表示性别、年龄、教育水平、经营年限、经营规模等控制变量；ε_i 为残差项。β_1 用来分析创意对创意执行的影响效应；β_4 用于分析创新态度对创意和创意执行之间关系的调节效应；β_5 用于分析亲友支持或政府支持对创意和创意执行之间关系的调节效应。

第四节 实证检验与结果分析

为了对研究假设进行检验，本章分别进行了主效应分析和调节效应分析，具体结果如下。

一 主效应分析

为了对假设 8-1 进行检验，进行主效应回归。表 8-8 呈现了创意对创意执行影响的 OLS 回归估计结果。表中回归模型 1 仅考察了创意和创意执行之间的单变量关系；回归模型 2 控制了年龄、性别、教育水平、经营年限、经营规模等可能影响创意执行的个体变量。从两个回归模型的结果可以发现，创意对创意执行影响的回归系数均为正，且在对其他可能影响因素进行控制后（如表 8-8 中的回归模型 2），创意每增加一个单位，创意执行会增加 0.20 个单位，这一结果在 0.01 水平显著。由此，假设 8-1 得到了数据支持。

表 8-8 创意对创意执行的影响分析

变量	模型 1	模型 2
解释变量		
创意	0.38 *** （0.04）	0.34 *** （0.04）
控制变量		
性别	无控制	0.03 （0.11）
年龄	无控制	-0.10 ** （0.04）
教育水平	无控制	0.04 （0.05）

续表

变量	模型1	模型2
经营年限	无控制	0.12** (0.06)
经营规模虚拟1	无控制	0.06 (0.15)
经营规模虚拟2	无控制	0.11 (0.11)
常数项	2.04 (0.13)	2.05 (0.27)
R^2	0.11	0.13
ΔR^2		0.10
F	81.56***	13.28***

注：n = 615；** $p < 0.05$，*** $p < 0.01$；表中回归系数均为非标准化回归系数。

二 调节效应分析

假设8-2、8-3和8-4涉及对调节效应的检验。在对调节效应进行检验时，由于乘积项的引入可能会造成变量间的多重共现问题。为了尽可能减少乘积项可能带来的多重共线，学者们建议将自变量和调节变量进行中心化后再生成乘积项，并将中心化后的解释变量纳入回归方程（Hofmann & Gavin，1998；方杰等，2015）。对创意、创新态度、亲友支持和政府支持四个变量进行均值中心化处理后再纳入回归方程。回归分析结果见表8-9。表中回归模型3和模型4是创新态度和创意交互项以及控制变量预测创意执行的回归方程，回归模型5和模型6是亲友支持和创意交互项以及控制变量预测创意执行的回归方程，回归模型7和模型8是政府支持和创意交互项以及控制变量预测创意执行的回归方程，回归模型9是包含了创意、创新态度、亲友支持及所有二次和三次交互项的回归方程，回归模型10是包含了创意、创新态度、政府支持及所有二次和三次交互项的回归方程，回归模型11是纳入所有控制变量、自变量、调节变量的二重交互项以及各自变量三重交互项的全模型。

从表8-9中的模型3可以发现，创意、创新态度和二者乘积项纳入回归方程后，乘积项能够显著正向预测农民的创意执行（$\beta = 0.18$，$p < 0.01$）。模型4中将控制变量纳入回归方程，对比模型3和模型4可以发现，控制变量纳入方程后，创意和创新态度的乘积项对创意执行的预测作用依然显著（$\beta = 0.18$，$p < 0.01$）。此外，模型9和模型10显示，在控制了其他调节变量以及三个二重交互变量和一个三重交互变量后，创

表 8-9　创新态度、创新支持对创意与创意执行之间关系的调节作用分析

变量	模型 3	模型 4	模型 5	模型 6	模型 7	模型 8	模型 9	模型 10	模型 11
预测变量									
创意	0.34*** (0.04)	0.32*** (0.04)	0.38*** (0.04)	0.36*** (0.04)	0.37** (0.04)	0.35*** (0.04)	0.32*** (0.04)	0.32*** (0.04)	0.31*** (0.04)
调节变量									
创新态度	0.15*** (0.04)	0.14*** (0.04)					0.14*** (0.04)	0.14*** (0.04)	0.15*** (0.04)
亲友支持			0.17*** (0.04)	0.16*** (0.04)			0.15*** (0.04)		0.22* (0.13)
政府支持					0.15*** (0.04)	0.14*** (0.04)		0.13*** (0.04)	0.09 (0.04)
交互项									
创意 × 创新态度	0.18*** (0.04)	0.18*** (0.04)					0.16*** (0.04)	0.16** (0.05)	0.15** (0.04)
创意 × 亲友支持			0.08** (0.04)	0.08** (0.04)			0.07* (0.04)		0.03 (0.04)
创意 × 政府支持					0.11*** (0.04)	0.11** (0.04)		0.10** (0.04)	0.08* (0.04)

续表

变量	模型 3	模型 4	模型 5	模型 6	模型 7	模型 8	模型 9	模型 10	模型 11
创新态度 × 亲友支持							-0.03 (0.05)		0.07 (0.05)
创新态度 × 政府支持								-0.05 (0.05)	-0.03 (0.05)
创意 × 创新态度 × 亲友支持							0.03 (0.04)		0.02 (0.04)
创意 × 创新态度 × 政府支持								0.04 (0.05)	0.03 (0.05)
控制变量									
性别	无控制	0.01 (0.10)	无控制	0.01 (0.11)	无控制	0.01 (0.11)	0.01 (0.10)	0.00 (0.10)	0.00 (0.10)
年龄	无控制	-0.08** (0.04)	无控制	-0.08** (0.04)	无控制	-0.10** (0.04)	-0.08* (0.04)	-0.09** (0.04)	-0.08** (0.04)
教育水平	无控制	0.04 (0.05)	无控制	0.03 (0.05)	无控制	0.04 (0.05)	0.03 (0.05)	0.04 (0.04)	0.04 (0.04)
经营年限	无控制	0.11** (0.05)	无控制	0.10** (0.05)	无控制	0.11** (0.05)	0.09* (0.05)	0.10* (0.05)	0.19* (0.05)

续表

变量	模型 3	模型 4	模型 5	模型 6	模型 7	模型 8	模型 9	模型 10	模型 11
经营规模虚拟 1	无控制	0.05 (0.15)	无控制	0.02 (0.15)	无控制	0.03 (0.15)	0.02 (0.15)	0.03 (0.15)	0.06 (0.15)
经营规模虚拟 2	无控制	0.13 (0.11)	无控制	0.11 (0.11)	无控制	0.12 (0.11)	0.13 (0.11)	0.13 (0.11)	0.14 (0.10)
常数项	3.12*** (0.04)	3.01*** (0.25)	3.15*** (0.04)	3.13*** (0.26)	3.15** (0.04)	3.14*** (0.25)	3.08*** (0.25)	3.10*** (0.25)	3.14*** (0.25)
R^2	0.16	0.18	0.14	0.16	0.15	0.16	0.20	0.19	0.21
ΔR^2		0.02		0.02		0.01			
F	39.57***	14.31***	35.20***	12.84***	34.73***	12.80***	11.52***	11.63***	9.42***

注：表中预测变量和调节变量为均值中心化后的值；交互项为变量中心化后的乘积；回归系数均为非标准化回归系数，括号内为标准误；***、** 和 * 分别表示 1%、5% 和 10% 的统计显著性水平。

新态度对创意和创意执行之间的正向调节作用仍然显著（$\beta = 0.16$，$p < 0.01$）。故假设 8-2 得到了数据支持。进一步的简单斜率（simple slope analysis）分析发现，当农民的创新态度较为积极时，创新更有可能向执行转化［创新态度高分时（M+1SD），$simple\ slope = 0.50$，$t = 7.88$，$p < 0.01$］；当农民的创新态度不积极时，创意虽然也能显著影响创意执行，但简单斜率明显降低（$simple\ slope = 0.13$，$t = 2.13$，$p < 0.05$）。为了更直观地呈现创新态度对于创意和创意执行之间关系的调节作用，绘制了创新态度的调节效应图，见图 8-2。

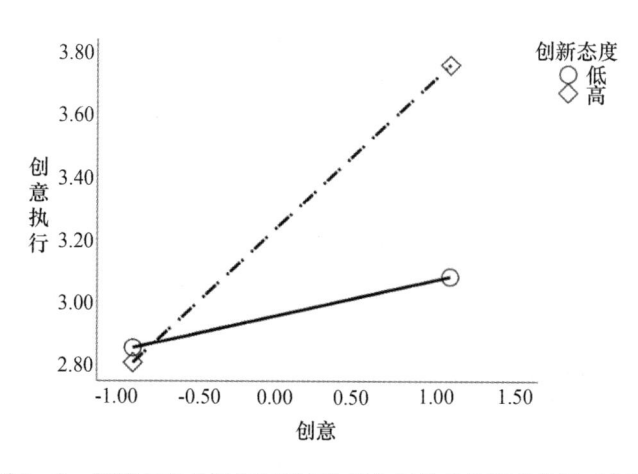

图 8-2　创新态度对创意和创意执行之间关系的调节作用示意图

为对假设 8-3a 进行检验，将创意、亲友支持和二者乘积项纳入回归方程后，乘积项能够显著正向预测创意执行（$\beta = 0.08$，$p < 0.05$）。模型 6 中将控制变量纳入回归方程，对比模型 5 和模型 6 可以发现，控制变量纳入方程后，创意和亲友支持的乘积项对创意执行的预测作用依然显著（$\beta = 0.08$，$p < 0.05$）。此外，模型 9 显示，在控制了其他调节变量以及三个二重交互变量和一个三重交互变量后，亲友支持对创意和创意执行之间关系的正向调节作用仍然显著（$\beta = 0.07$，$p < 0.10$）。故假设 8-3a 得到了数据支持。通过进一步的简单斜率（simple slope analysis）分析发现，当亲友对于农民创新有较高的支持时，创新更有可能向执行转化［亲友支持高分时（M+1SD），$simple\ slope = 0.43$，$t = 7.10$，$p < 0.01$］；当亲友对于农民创新有较低的支持时，创意虽然也能显著影响创意执行，

但简单斜率明显降低（simple slope = 0.28，t = 4.38，p < 0.01）。为了更直观地呈现亲友支持对于创意和创意执行之间关系的调节作用，绘制了调节效应图，见图8-3。

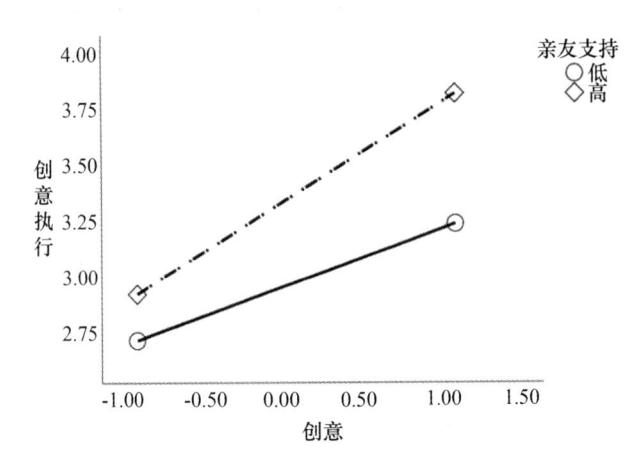

图8-3 亲友支持对创意和创意执行之间关系的调节作用示意图

为对假设8-3b进行检验，创意、政府支持和二者乘积项纳入回归方程后，从模型7可以发现乘积项能够显著正向预测创意执行（β = 0.11，p < 0.01）。模型8中将控制变量纳入回归方程，对比模型7和模型8可以发现，控制变量纳入方程后，创意和政府支持的乘积项对创意执行的预测作用依然显著（β = 0.11，p < 0.01）。此外，模型10显示，在控制了其他调节变量以及三个二重交互变量和一个三重交互变量后，政府支持对创意和创意执行之间的正向调节作用仍然显著（β = 0.10，p < 0.05）。故假设8-3b得到了数据支持。进一步的简单斜率（simple slope analysis）分析发现，当政府对于农民创新有较高的支持时，创新更有可能向执行转化［政府支持高分时（M + 1SD），simple slope = 0.45，t = 7.38，p < 0.01］；当政府对于农民创新有较低的支持时，创意虽然也能显著影响创意执行，但简单斜率明显降低（simple slope = 0.24，t = 4.01，p < 0.01）。为了更直观地呈现政府支持对于创意和创意执行之间关系的调节作用，绘制了调节效应图，见图8-4。

为了对假设8-4a和假设8-4b进行检验，本章将创意、创新态度、

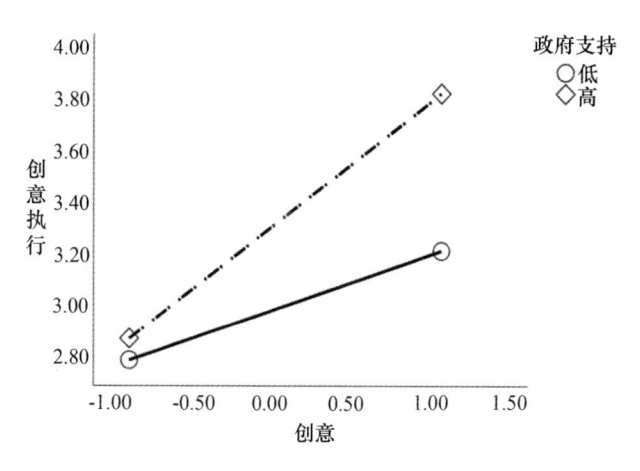

图 8-4 政府支持对创意和创意执行之间关系的调节作用示意图

亲友支持的三重交互项纳入回归方程（见表 8-9 中模型 9），从中可以发现三重交互项对创意执行的预测作用未达到统计显著水平（$\beta=0.03$，$p>0.10$），故假设 8-4a 未得到支持；同理，为了对创意、创新态度、政府支持三者的三重交互作用进行检验，本章将三者的乘积项纳入了回归方程（见表 8-9 中模型 10），从中可以发现三重交互项对创意执行的预测作用未达到统计显著水平（$\beta=0.04$，$p>0.10$），故假设 8-4b 也未得到支持。这一结果一方面说明创新支持和创新态度对于创意向创新执行的转化可能是独立发挥作用，即创新态度对创意和创意执行关系的调节效应并不受创新支持强弱的影响；另一方面，创新支持对创意和创意执行关系的调节效应也不受创新态度的影响。

三 稳健性检验

为了考察研究结果是否稳健。本章借鉴以往研究的做法，通过更换被解释变量（创意执行）和解释变量（创意）的测量方式来进行稳健性检验（如赵佳佳等，2020）。具体而言，本章以因子分析中各条目的方差贡献率为权重重新计算被解释变量和解释变量的得分，然后使用新获得的解释变量和被预测变量重复上述主效应和调节效应分析过程（回归分析结果见表 8-10）。从表 8-10 的模型 12 至模型 20 均可以发现，创意能够正向影响创意实施。因此，假设 8-1 再次得到了支持。

表 8-10　各变量之间关系的稳健性检验

变量	模型 12	模型 13	模型 14	模型 15	模型 16	模型 17	模型 18	模型 19	模型 20
预测变量									
创意	0.33*** (0.04)	0.32*** (0.04)	0.37*** (0.04)	0.36*** (0.04)	0.37*** (0.04)	0.35*** (0.04)	0.32*** (0.04)	0.32*** (0.04)	0.31*** (0.04)
调节变量									
创新态度	0.15*** (0.04)	0.14*** (0.04)					0.14*** (0.04)	0.14*** (0.04)	0.15*** (0.04)
亲友支持			0.17*** (0.04)	0.16*** (0.04)			0.15*** (0.04)		0.22* (0.13)
政府支持					0.15*** (0.04)	0.14*** (0.04)		0.14*** (0.04)	0.09 (0.04)
交互项									
创意 × 创新态度	0.17*** (0.04)	0.17*** (0.04)					0.16*** (0.04)	0.16** (0.05)	0.15** (0.04)
创意 × 亲友支持			0.08** (0.04)	0.08** (0.04)			0.07* (0.04)		0.03 (0.04)
创意 × 政府支持					0.11*** (0.04)	0.10*** (0.04)		0.10** (0.04)	0.08* (0.04)

第八章 从创意产生到执行:创新态度和外部支持的作用 / 167

续表

变量	模型 12	模型 13	模型 14	模型 15	模型 16	模型 17	模型 18	模型 19	模型 20
创新态度 × 亲友支持							−0.03 (0.05)		0.07 (0.05)
创新态度 × 政府支持								−0.05 (0.05)	−0.03 (0.05)
创意 × 创新态度 × 亲友支持							0.03 (0.04)		0.02 (0.04)
创意 × 创新态度 × 政府支持								0.04 (0.05)	0.03 (0.05)
控制变量									
性别	无控制	0.01 (0.10)	无控制	0.00 (0.11)	无控制	0.01 (0.11)	0.01 (0.10)	0.01 (0.10)	0.00 (0.10)
年龄	无控制	−0.08* (0.04)	无控制	−0.10** (0.04)	无控制	−0.10** (0.04)	−0.08* (0.04)	−0.09** (0.04)	−0.08** (0.04)
教育水平	无控制	0.04 (0.05)	无控制	0.03 (0.05)	无控制	0.04 (0.05)	0.03 (0.05)	0.04 (0.04)	0.04 (0.04)
经营年限	无控制	0.12** (0.05)	无控制	0.11** (0.05)	无控制	0.11** (0.06)	0.10* (0.05)	0.10* (0.05)	0.19* (0.05)

续表

变量	模型 12	模型 13	模型 14	模型 15	模型 16	模型 17	模型 18	模型 19	模型 20
经营规模虚拟 1	无控制	0.05 (0.15)	无控制	0.02 (0.15)	无控制	0.03 (0.15)	0.03 (0.15)	0.04 (0.15)	0.06 (0.15)
经营规模虚拟 2	无控制	0.12 (0.11)	无控制	0.11 (0.11)	无控制	0.12 (0.11)	0.12 (0.11)	0.13 (0.11)	0.14 (0.10)
常数项	3.11*** (0.04)	3.05*** (0.25)	3.15*** (0.04)	3.12*** (0.25)	3.15** (0.04)	3.13*** (0.25)	3.12*** (0.25)	3.10*** (0.25)	3.14*** (0.25)
R^2	0.16	0.17	0.15	0.16	0.14	0.16	0.20	0.20	0.21
ΔR^2		0.01		0.01		0.01			
F	39.12***	14.15***	34.79***	12.70***	34.26***	12.63***	11.42***	11.52***	9.42***

注：表中预测变量和调节变量为均值中心化后的值；交互项为变量中心化的乘积；回归系数均为非标准化回归系数，括号内为标准误；***、** 和 * 分别表示 1%、5% 和 10% 的统计显著性水平。

模型 12 和 13 是对创新态度在创意和创意执行之间调节作用的稳健性检验，从中可以发现创意和创新态度乘积项在预测创意执行时达到了统计显著水平（$\beta = 0.17$，$p < 0.01$），说明在替换被解释变量和解释变量后，创新态度的调节作用依然稳健；模型 14 和 15 是对亲友支持在创意和创意执行之间调节作用的稳健性检验，从中可以发现创意和亲友支持乘积项在预测创意执行时达到统计显著水平（$\beta = 0.08$，$p < 0.05$），说明在替换被解释变量和解释变量后，亲友支持的调节作用依然稳健；模型 16 和 17 是对政府支持在创意和创意执行之间调节作用的稳健性检验，从中可以发现创意和政府支持乘积项在预测创意执行时达到统计显著水平（$\beta = 0.10$，$p < 0.01$），说明在替换被解释变量和解释变量后，政府支持的调节作用依然稳健；模型 18 和模型 19 表明假设 8-4a 和 8-4b 依然未得到支持。全模型（模型 20）也再次支持了上述结果。

第五节　本章小结

农民创新的现有文献直接或间接地指出创意产生是农民实施创新的重要前提和基础，但当前在农民创新研究领域对于创意向创意执行的转化过程一直缺乏实证的考察。本章基于 AMO 框架，构建了创意、创新态度和创新支持（包括亲友支持和政府支持）影响农民创意执行的模型。使用 615 名在乡村从事生产经营的农民的数据对模型进行了检验，结果显示：（1）创意对农民创新执行有显著的正向影响；（2）农民的创新态度显著正向调节了创意和创意执行之间的关系；（3）创新支持，无论是亲友支持还是政府支持均能够显著正向调节创意和创意执行之间的关系。

本章的理论贡献主要体现在以下三个方面：第一，实证考察农民创意产生和创意执行之间的关系，深化了对农民创新过程的认识，一定程度上弥补了该领域实证研究的不足。尽管在农民创新研究领域，一些学者提出农民创新是一个从创意产生到创意执行的多阶段过程（叶敬忠，2004；彭建娟等，2016），但这些研究对于农民创新过程不同阶段之间的转化关系并没有进行实证检验。本章实证揭示了农民创意产生和创意执行之间的关系，深化了对农民创新过程观的理解。第二，本章通过揭示创新态度这一内部因素在创意向创意执行转化过程中的正向调节作用，丰富了对创意与创意执行之间关系的内部边界条件的认识。在企业组织创新过程的研究中，部分学者也谈及了态度在创意向执行转化中的作用（如 Baer，2012；张巍等，2015），但这些研究均未对创新态度的调节作用进行直接检验，本章实证发现农民创新态度有助于促进创意产生向执行的转化，这一结果有助于深入理解创新态度这一内部因素在促进创意转化中的作用。第三，通过发现亲友支持和政府支持两个外部因素在创意向创意执行转化过程中的正向调节作用，丰富了对创意与创意执行之间关系的外部边界条件的认识。叶敬忠（2004）在案例分析的基础上提出，创新想法产生后并不一定自动进入实施阶段，创意向执行的转化需要很多因素的推动——比如亲戚朋友的商量讨论等。本章的发现不仅支持了叶敬忠的观点，还发现政府支持对创意向执行的转化亦有显著的促进作用，同时也回应了朱桂龙和温敏瑢（2020）关于深入探讨创意产生和创意实施之间关系的呼吁。

第九章

主动性人格、创新与农民创业绩效

第五章扎根理论研究发现主动性人格是影响农民创新过程的一个重要因素,其不仅会影响创意的产生,而且会影响创意向执行的转化。因此,本章没有分别考察主动性人格对创意产生向创意执行(创新行为)转化过程的影响,而是直接考察主动性人格对创新行为的影响。此外,回答本书的第三个研究问题(农民创新是否能够提升生产经营绩效),本章还考察了创新和农民创业绩效之间的关系。总体而言,本章主要采用实证研究的范式考察主动性人格、农民创新和农民创业绩效之间的关系。特别说明的是,为了更精细地考察农民创新行为的作用,本章借鉴主流研究的做法,将创新分为利用式创新和探索式创新,分别考察两类创新与主动性人格和创业绩效之间的关系。

第一节 问题的提出

农民创业是指具有农村户籍的劳动者依托乡村的资源环境特点,所从事的个体工商经营、企业创建,以及以市场销售为目的的种植、养殖等活动(罗明忠和陈明,2015)。农民创业的成功不仅有助于实现创业者自身收入的增长,而且对于带动当地农民就业、优化农村经济结构亦具有重要的社会意义(平卫英和宗潇泳,2021)。近年来,随着乡村振兴战略的持续推进,农民创业的热情得到了空前激发,创业的空间不断拓展、人数不断攀升(赵佳佳等,2020)。但与之形成鲜明对比的是,取得高创业绩效的农民相对较少,农民创业效益不高、成功率较低。比如有数据显示,在返乡创业的农民中,由于创业失败而退出的比例高达90%(刘志阳等,2022)。因此，如何提升农民的创业绩效成为亟待破解的现实之问。

回应社会的需求，探讨农民创业绩效的影响因素是当前"三农"领域研究的热点话题，相关研究不断累积。概而述之，现有研究主要从两个方面探索了农民创业绩效的影响因素：第一，资本方面的因素。比如探索家庭资本禀赋、信贷约束等对提升农民创业绩效的作用（朱红根和康兰媛，2016；尹鸿飞等，2021）。第二，创业者的知识、技能、经验等方面的因素。如分析农民创业者的务工经历、培训经历等对创业绩效的影响（谢勇和杨倩，2020；郭铖和何安华，2019）。这些研究对于提升农民创业绩效带来了诸多有益启发，但对于创业农民的心理特征与创业绩效之间的关系关注不足。来自心理学的文献一再表明，心理特征是独立于知识和资本之外的影响个体和组织成功的重要因素（Frese et al.，2014）。作为一个例外，有学者关注了大五人格对农民创业绩效的影响（罗明忠和陈明，2015），但大五人格是与环境适应有关的人格特征，其主要强调通过对现有经验的学习来影响创业绩效，而对个体主动改变环境有关的特征关注不够。在竞争和缓的情境下，环境适应性人格特征有助于提升绩效，而在高度竞争的环境中，主动改变环境的意识和行动是个体或组织持续获得竞争优势的关键所在（Campos et al.，2017）。近年来，在国家的大力倡导下，农民创业运动蓬勃发展，创业者之间的竞争日趋激烈，因此有必要实证分析与主动改变环境有关的心理特征对农民创业绩效的作用。

主动性人格正是这样一种与积极应对环境有关的心理特征变量，其强调人对环境的主动改变，拒绝被动等待，从而让个体能够提前感知并应对环境的变化，提升成功的可能性（Grant，1996）。基于此，本章拟考察主动性人格对农民创业绩效的影响。进一步地，如果主动性人格会影响农民创业绩效，其影响机制是什么？对于变量之间关系机制的探索是深化理论和有效指导实践的关键（江艇，2022）。根据特质激活理论，人格特征会通过激活特定的行为来影响结果（Tett & Burnett，2003）。主动性人格的一个重要特征是改变环境的倾向，而与改变有关的创新行为与主动性人格密切相关（Alikaj et al.，2021），此外创新也是维持企业竞争力和高绩效的重要因素（Raffaelli et al.，2019），故本书认为农民创新可能是主动性人格影响农民创业绩效的一个重要机制，并对其进行实证检验。

第二节 理论分析与研究假设

一 主动性人格

在人格研究领域,大五人格(责任心、开放性、外倾性、宜人性和神经质)一直是学界关注的热点,其一度被认为是囊括了个体所拥有的最重要的人格特征。后续随着人格理论研究的深入,学者们在对人的行为进行考察时发现,处于同一角色的人在面对环境时可能会有两种截然不同的行为方式,有些人会经常提出或执行一些改进性的方法(更主动),而另一些人倾向于维持现状、顺其自然(更被动)。这种行为倾向并不能用已知的大五人格特征的任何一个维度或不同维度的组合来解释,为了具体描述这一行为倾向,学者们提出了主动性人格的概念,并将其界定为"相对不受情境力量约束并能影响环境变化的行为倾向"(Grant,1996)。具有高主动性人格特征者善于发现机会并采取行动,他们具有自我启动、行动导向和坚持不懈的特征;相反,低主动性人格特征者则难以识别并抓住改变事情的机会,多具有被动、短视的特点。Major 等(2006)对主动性人格和大五人格之间的关系进行了实证研究,发现主动性人格独立于大五人格的任何一个维度,并且大五人格仅能解释主动性人格26%的变异,说明主动性人格是独立于大五人格特征的另一个重要人格特征。

概念提出后,受到了学界的广泛关注。从研究对象来看,主动性人格的研究主要聚焦于企业员工和大学生两类人群:(1)对于企业员工主动性人格的研究。主动性人格的概念发轫于组织行为学,因此大量研究考察了主动性人格对员工工作态度和行为的影响,如主动性人格能够提升个体的工作效能感、工作绩效,增加工作重塑行为、工作创造性行为,促进个体职业成功等(Crant & Jiang,2016)。(2)对于大学生主动性人格的研究。Grant(1996)将主动性人格的概念引入大学生群体中,考察了主动性人格对大学生创业的促进作用。后续有学者进一步考察了主动性人格对大学毕业生职业决策自我效能、职业适应等的影响(Hou et al.,2014)。鉴于传统观念认为农民具有被动、保守、短期导向等典型特征,学界对于农民主动性人格的研究比较缺乏(Xie,2021)。近年来乡村振兴战略的推进一再呼吁调动广大农民的积极性和主动性，然而农民的主动性人格是否以及如何影响其创业绩效仍缺乏实证探索。因此有必要加强农民主动性人格及其作用后果的研究。

二 主动性人格与农民生产经营绩效

特质—绩效（trait-performance）模型认为人格特征是独立于智力和外部环境的另一个影响个体工作绩效的重要因素，其作用的方向和大小随人格特征的不同而异（Tett & Burnett, 2003）。就本书而言，主动性人格是一种积极的人格特征，其强调个体在与环境互动中的能动性，高主动性人格的个体善于识别机会并采取行动来改变环境，他们具有积极主动（主动识别机会）、行为导向（采取行动改变环境）和持续行动（直至带来有意义的改变）的特征（Grant, 1996）；相反，低主动性人格者往往具有被动接受的特点，他们难以识别机会，更不愿意采取行动改变环境。就农民创业而言，主动性人格可以从三个方面影响农民创业绩效：（1）高主动性人格农民对机会的警觉性有助于提升创业绩效。高主动性人格农民积极主动的特点赋予他们更强的机会识别能力，使得他们能够有效地预判未来市场和客户的需求，并在第一时间为市场提供产品或服务，从而在竞争对手中脱颖而出，提升创业绩效。（2）高主动性人格农民对环境的主动应对（行为导向）有助于提升创业绩效。农民创业不可避免地会遇到各种困难挑战，与低主动性人格者相比，高主动性人格的农民会主动采取措施来应对环境的挑战而不是被动等待，这种行动导向有助于解决问题，提升创业效益。比如当农产品在本地市场达到饱和而面临降价竞争的困境时，通过率先改良作物品种、开拓新市场、拓展产品销路等进行主动应对的创业者往往能获得更好的效益。（3）高主动性人格者的持续行动也有助于提升创业绩效。研究发现，创业者对创业项目的坚持、面对创业困难时较强的忍耐力对创业绩效有显著的正向影响（周菁华，2013）。而高主动性人格的农民具有持续行动、不达目的不罢休的特征，这些使得他们在创业中更具韧性，从而提升创业绩效。基于以上分析，提出如下假设。

假设9-1：农民创业者的主动性人格对其创业绩效存在显著的正向影响。

三　主动性人格与农民创新

创业农民的创新可分为利用式创新行为和探索式创新行为，前者指整合或利用现有知识和资源，对现有产品或服务进行改善、扩展，或对生产服务流程进行优化以满足现有客户和市场需求的创新形式，比如改良现有产品的包装、提升服务的效率等；后者指利用新的知识和资源，开发出新的产品或服务，开拓新的销售渠道，以满足新兴客户或市场需求的创新形式，如通过网络直播开发新的市场（霍生平等，2022）。

根据特质激活理论，特质引发的后果包括特质表达（trait expressive）行为和有价值的工作结果或绩效，特质表达行为是特质所引发的近端后果，绩效是特质所引发的远端后果（Tett & Burnett，2003）。循此逻辑，主动性人格特征最先引发与之有关的特质表达行为。具体而言，本章认为农民的主动性人格特征可能会影响其创新行为。创新研究的文献一再表明，创新是动机和能力共同作用的产物，主动性人格可能会通过提升农民创业者的创新动机和创新能力促进创新行为：一方面，与低主动性人格的创业农民相比，高主动性人格者具有更强的创新动机。动机是激发行为的内部动力，高主动性人格者不甘于沿袭传统的做事方式，具有自我启动的特点和改变环境的倾向，喜欢挑战现状、乐于寻求新的做事情的方式，因而具有更强的创新动机（Travis & Freeman，2017）。实证研究的结果也支持了主动性人格对动机的影响。比如，研究发现与低主动性人格者相比，具有高主动性人格的员工往往会自发地对现有工作的方法、内容等进行重塑优化（Li et al.，2020）；来自农民创新的调研发现，高主动性的农民会自觉地转变生产模式，比如当禁牧政策颁布后，高主动性的农民会自觉地从放牧转向养殖，或替代性地开展经济作物的种植。

另一方面，与低主动性人格者相比，具有高主动性人格的创业农民更易于构筑多样化的社会网络，提升其创新能力。高主动性人格者倾向于创造自身所需要的人际环境，他们会主动进行人际互动、寻求盟友，并与有技术、有经验、有资源的人建立联系，从而形成多样性的社会网络，从中获取新的知识、信息和必要的资源来优化现有的业务，甚至开发新的产品和服务，拓展市场。比如，有从事冬枣种植的创业农民通过社会网络获取了樱桃的种植信息和技术，进而引入樱桃种植，实现产品上的创新；甜瓜种植户受产品分类信息的启发，根据甜瓜的大小、甜度，将甜瓜产品分类分级，设定不同的价格进行销售；种植户获取直播带货的信息，为产品拓展新的市场。已有研究也发现社会网络（如亲友网络、技术网络等）和对外界信息的获取是提升农民创新能力的重要因素（叶敬忠，2004）。基于以上分析，提出如下假设。

假设9-2a：主动性人格对农民创业者的利用式创新有正向影响；

假设9-2b：主动性人格对农民创业者的开发式创新有正向影响。

四　农民创新的中介作用

特质激活理论认为，人格特征会经由与该特质有关的行为进而影响绩效，即行为在人格特征和绩效后果之间起中介作用（Tett & Burnett，2003）。就本章而言，农民创新可能是主动性人格作用于创业绩效的中介机制。根据中介效应的论证逻辑，中介效应的成立需同时满足两个前提条件：即自变量和中介变量、中介变量和因变量之间均存在理论上的联系（江艇，2022）。假设9-2a和假设9-2b已经论证了主动性人格和农民创新之间的关系，以下从理论上论证利用式创新、开发式创新与创业绩效之间可能存在的关系。

本书认为利用式和开发式创新能够增强农民所创事业的竞争优势，提升其创业绩效。一方面，就利用式创新而言，创业农民可以通过对现有产品或服务的改良升级，提升其产品的性能或服务的质量；扩大产品或服务在当地市场的规模，增强其市场竞争力，提升创业效益。此外，创业农民还可以通过对生产流程或方式的优化，提升其生产或服务效率，降低成本，增强竞争力，增加创业收益。比如在瓜果种植中，有农民通过引入"三膜覆盖"的方法缩短作物成熟的周期，提前上市销售，增加销售收入。另一方面，就探索式创新而言，创业农民可以开发培育出新的产品或开辟新的市场进而提升其行业竞争力。比如，有的创业农民通过嫁接的方法培育新品种，向市场推出新的产品，吸引消费者；有的通过电商平台打破本地市场的局限，为自己的农产品拓展新的市场。现有研究也支持了创新在提升农民收入或创业绩效方面的积极作用，比如李学术和向其凤（2010）研究发现与创新程度低的农户相比，创新程度高的农户的收入更高；霍生平和谭敏（2022）研究发现农户的资源拼凑

（一种创新行为，比如将水果种植、水果采摘和农家乐三种活动结合起来）能有效提升创业农户的财务绩效和成长绩效。基于以上分析，提出如下假设。

假设9-3a：利用式创新在农民主动性人格和创业绩效之间起中介作用；

假设9-3b：开发式创新在农民主动性人格和创业绩效之间起中介作用。

本章的理论分析模型如图9-1所示：

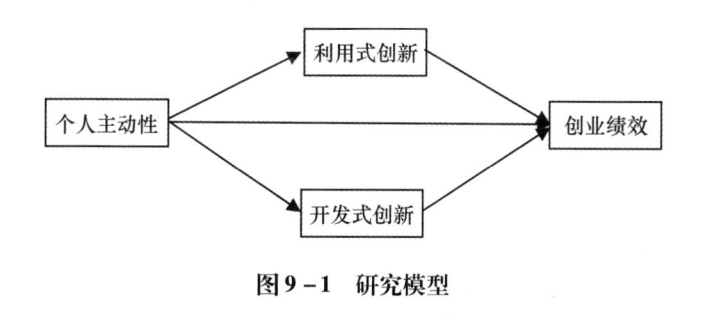

图9-1 研究模型

第三节 数据来源、变量说明及模型构建

一 数据来源

以具有农村户籍，且在村镇进行创业（从事个体工商经营、经济作物种植、规模化种养或养殖）的农民为研究对象。利用假期大学生返乡的时间联系调研对象，使用线下或线上两种问卷填写方式收集数据。采用追踪调查的方法，在2020年和2021年进行了两次数据采集，第一次获取问卷661份，第二次获取问卷573份，剔除作答不全以及两次调查无法匹配的问卷后，剩余有效问卷541份，问卷有效率为81.8%，有效样本的人口统计学特征见表9-1。在统计分析时，农民创新、创业绩效的评定使用2021年的调查数据，主动性人格及其他控制变量均使用2020年的调查数据。

由表9-1可知，创业者以男性为主，占比80%；大部分创业者的年龄在31—50岁之间，占比70%；绝大多数创业者已婚，占比73%；创业者学历情况,高中或中专占比42%,初中及以下占比29%;创业规模总体偏小,总人数5人及以下者占比73%。

表9-1 样本基本特征

分类	频数	占比(%)	分类	频数	占比(%)
性别			学历		
男	432	80	初中及以下	158	29
女	109	20	高中或中专	225	42
年龄			大专	107	20
30岁以下	83	15	本科及以上	51	9
31—40岁	165	31	创业规模(人数)		
41—50岁	213	39	5人及以下	393	73
51—60岁	61	11	6—10人	108	20
61岁以上	19	4	11人以上	40	7
婚否			行业特征		
已婚	389	73	种植	243	45
未婚	152	27	养殖	179	33
			生产或服务	119	22

二 变量说明

(一)创业绩效

当前学界对于创业绩效如何测量的看法不尽一致,有人认为绩效是实现目标的程度,可以表现为利润和销售的增长等客观方面,因此建议使用具体的财务数字来衡量创业或生产经营绩效;有人认为创业绩效不能仅以财务数字来代替,使用对生产经营状况的主观感受来评定更为全面。鉴于农民创业规模较小、行业差异较大,并且农民生产经营中财务数据往往不够健全,故本章借鉴郭红东和丁高洁(2013)的主观测量法。具体使用4个条目对农民的创业绩效进行测量:"目前我所创事业整体运营情况良好""所创事业盈利状况很好""所创事业规模扩大很快""实现了当初创业前的设想目标"。问卷使用Likert5点量表进行评定,要求被调查者评定各陈述与自己生产经营现状的符合程度,从1("完全不符合"）到 5（"非常符合"），数字越大代表符合程度逐渐增加。

为了检验问卷是否满足心理测量学要求，对问卷进行了结构效度和内部一致性信度分析。先进行 KMO 和 Bartlett 球形检验。结果显示，KMO 值为 0.70，Bartlett 球形检验值为 1523.19，说明创业绩效数据适合进行探索性因子分析。因子分析结果显示（见表 9-2），正交旋转后，农民创业绩效问卷 4 个条目析出一个公因子，4 个条目累积方差解释率为 74.45%，且各测量条目在共同因子上的载荷均在 0.80 以上。此外，问卷的内部一致性信度系数 Cronbach's α = 0.82。这些结果表明问卷具有较好的信度和结构效度。

表 9-2　　　　　　　创业绩效的探索性因子分析结果

测量条目	均值	标准差	因子载荷	Cronbach's α
1. 目前我所创事业整体运营情况良好	3.46	0.88	0.85	
2. 所创事业盈利状况很好	3.67	0.85	0.84	0.82
3. 所创事业规模扩大很快	3.28	0.90	0.80	
4. 实现了当初创业前的设想目标	3.49	0.81	0.94	

（二）主动性人格

采用 Teye-Kwadjo 和 De Bruin（2022）修订的 6 个条目的主动性人格测量问卷。问卷条目包括："如果看到不喜欢的事，我会想办法去解决它""不论成功机会有多大，只要我相信一件事，我就会将它变为现实""即使别人反对，我也愿意坚持自己的想法""我善于发现机会""我总是在寻找更好的方法来做事""如果我相信某个想法，那就没有任何困难能够阻止我去实现它"。问卷使用 Likert5 点量表进行评定，要求被调查者评定各陈述与自己的符合程度，从 1（"完全不符合"）到 5（"非常符合"），数字越大代表符合程度逐渐增加。

为了检验问卷是否满足心理测量学要求，对问卷进行了结构效度和内部一致性信度分析。先进行 KMO 和 Bartlett 球形检验。结果显示，KMO 值为 0.88，Bartlett 球形检验值为 1947.36，说明主动性人格数据适合进行探索性因子分析。因子分析结果显示（见表 9-3），正交旋转后，农民主动性人格问卷 6 个条目析出一个公因子，6 个条目累积方差解释率为 67.96%，且各测量条目在共同因子上的载荷均在 0.77 以上。此外，问卷的内部一致性信度系数 Cronbach's α = 0.89。这些结果表明问卷具有较好的信度和结构效度。

表 9 - 3　　　　主动性人格的探索性因子分析结果

测量条目	均值	标准差	因子载荷	Cronbach's α
1. 如果看到不喜欢的事，我会想办法去解决它	3.02	1.11	0.77	0.89
2. 不论成功机会有多大，只要我相信一件事，我就会将它变为现实	3.13	1.10	0.83	
3. 即使别人反对，我也愿意坚持自己的想法	3.15	1.04	0.84	
4. 我善于发现机会	3.21	1.02	0.82	
5. 我总是在寻找更好的方法来做事	3.32	1.06	0.83	
6. 如果我相信某个想法，那就没有任何困难能够阻止我去实现它	3.40	1.04	0.85	

（三）利用式创新和开发式创新行为

借鉴霍生平等（2022）在测量农户创新时的做法，使用 8 个条目的双元创新问卷进行测量。探索性因子分析发现，开发式创新行为问卷中 1 个条目的因子载荷低于 0.3。根据心理测量学的要求，对该条目予以删除，仅保留 7 个条目。利用式创新的测量条目包括："我们经常改进现有的产品或服务""我们为现有客户扩大服务范围""我们增加了现有市场的经济规模""我们提高了提供产品或服务的效率"，该问卷的内部一致性信度 α = 0.81。开发式创新的测量条目包括："我们积极开发新的产品或服务""我们在市场中推出新的产品或服务""我们经常在新市场寻找新的机会"。问卷均使用 Likert5 点量表进行评定，要求被调查者评定各陈述与自己生产经营状况的符合程度，从 1（"完全不符合"）到 5（"非常符合"），数字越大代表符合程度逐渐增加。

为了检验问卷是否满足心理测量学要求，对问卷进行了结构效度和内部一致性信度分析。先进行 KMO 和 Bartlett 球形检验。结果显示，

KMO 值为 0.76，Bartlett 球形检验值为 1242.93，说明农民创新数据适合进行探索性因子分析。因子分析结果显示（见表 9-4），正交旋转后，农民创新问卷析出了两个特征根大于 1 的公因子，分别对应利用式创新和开发式创新两个维度，两个公因子累积方差解释率为 67.23%，且各测量条目在其各自因子上的载荷均在 0.76 以上。问卷的内部一致性信度分析发现，利用式创新行为问卷 Cronbach's α = 0.81，开发式创新行为 Cronbach's α = 0.79。这些结果表明问卷具有较好的信度和结构效度。

表 9-4　　　　　　农民创新的探索性因子分析结果

测量条目	均值	标准差	因子载荷	Cronbach's α
1. 我们经常改进现有的产品或服务	3.25	0.98	0.78	（利用式创新）0.81
2. 我们为现有客户扩大服务范围	3.52	0.95	0.81	
3. 我们增加了现有市场的经济规模	3.26	0.99	0.85	
4. 我们提高了提供产品或服务的效率	3.60	1.02	0.76	
5. 我们积极开发新的产品或服务	2.89	0.91	0.82	（开发式创新）0.79
6. 我们在市场中推出新的产品或服务	2.97	0.90	0.86	
7. 我们经常在新市场寻找新的机会	2.91	0.95	0.83	

（四）控制变量

为了尽可能减少因遗漏变量带来的偏误，本书参照以往研究的做法（赵佳佳等，2020），对创业者的个人特征（性别、年龄、教育水平、管理经验、务工经历、培训经历等）、创业规模、行业特征（种植、养殖、加工和服务）、区域特征（江西、河南、河北、江苏、湖北和山东）进行了控制。此外，根据本章研究的特点，还控制了可能影响创业绩效的一些其他变量，如健康状况、金融支持和市场环境。健康状况采用单个条目进行测量，由被调查者自我报告"您觉得自己当前健康状况如何？"。对于金融支持和市场环境的测量采用赵佳佳等（2020）的方法：市场环境包括产品和技术更新、对手竞争和顾客对产品偏好 3 个条目；金融支持包括贷款优惠、贷款手续是否简便和贷款难易度 3 个条目。两个问卷均采用 Likert5 点计分，内部一致性信度 Cronbach's α 分别为 0.85 和 0.88。

表9-5　　　　　　　　　变量定义及描述性统计

变量名称	变量定义	均值	最大值	最小值	标准差
被解释变量					
创业绩效	由4个条目的得分均值来评定	3.47	5	1	0.74
中介变量					
利用式创新	由4个条目的得分均值来评定	3.41	5	1	0.79
探索式创新	由3个条目的得分均值来评定	2.93	5	1	0.77
解释变量					
主动性人格	由6个条目的得分均值来评定	3.21	5	1	0.88
控制变量					
性别	创业者的性别：女=0，男=1	0.79	1	0	0.40
年龄	1=30岁以下；2=31—40岁；3=41—50岁；4=51—60岁；5=61岁以上	2.57	5	1	0.99
学历	1=初中及以下；2=高中或中专；3=大专；4=本科及以上	2.09	4	1	0.93
婚否	1=已婚；0=未婚	0.71	1	0	0.45
健康状况	1=不健康；2=一般；3=比较健康；4=很健康；5=非常健康	3.85	5	1	0.95
管理经历	是否有管理经历，是=1；否=0	0.62	1	0	0.48
培训经历	是否有创业培训经历，是=1；否=0	0.58	1	0	0.49
市场环境	由3个条目的得分均值来评定	3.10	5	1	0.95
金融支持	由3个条目的得分均值来评定	3.34	5	1	1.04
创业规模	1=5人以下；2=6—10人；3=11人以上	1.35	3	1	0.61

三　计量模型设定

创业绩效采用4个条目组成的Likert 5点量表进行评定，可以视为连续变量，故本章使用最小二乘（OLS）回归对研究假设进行检验。基准模型如下：

$$Ep_i = \alpha_0 + \alpha_1 pp_i + \alpha_2 C_i + \varepsilon_i \tag{9-1}$$

其中，Ep_i为被解释变量，代表农民i的创业绩效；pp_i为解释变量，代表农民i的主动性人格；C_i为控制变量，代表农民i的性别、年龄、婚否、学历、健康状况、管理经验、培训经历、政府支持、市场环境、金融支持、创业规模、行业特征和区域特征等因素；ε_i 为残差项。

在基准模型的基础上，根据温忠麟和叶宝娟（2014）的建议，使用中介效应的分步式检验法对创新自我效能感的中介效应进行检验。

$$M_i = \beta_0 + \beta_1 pp_i + \beta_2 C_i + \varepsilon_i \qquad (9-2)$$

$$Ep_i = \gamma_0 + \gamma_1 pp_i + \gamma_2 M_i + \gamma_3 C_i + \varepsilon_i \qquad (9-3)$$

其中，M_i 为中介变量，代表农民 i 的利用式创新或开发式创新行为；ε_i、ε_i 为误差项。

第四节 实证检验与结果分析

一 基准回归分析

主动性人格对农民创业绩效、利用式创新和探索式创新影响的基准回归结果见表 9-6。表 9-6 中模型 1 和模型 2 为主动性人格对农民创业绩效的直接效应检验结果。模型 1 只加入了控制变量，模型 2 是在模型 1 的基础上纳入了解释变量主动性人格，模型 2 显示，主动性人格对农民创业绩效有显著的正向影响（$\beta = 0.36$，$p < 0.01$），说明具有高主动性人格的农民创业者会有更高的创业绩效。此外，加入主动性人格后，模型 2 比模型 1 的 R^2 增加了 0.07，表明农民的主动性人格对其创业绩效具有较强的解释力，故假设 9-1 得到支持。

表 9-6　　　　　　　　模型回归分析结果

变量	创业绩效		利用式创新		开发式创新	
	模型 1	模型 2	模型 3	模型 4	模型 5	模型 6
自变量						
主动性人格	—	0.36** (0.04)	—	0.34** (0.04)	—	0.19** (0.04)
控制变量						
性别	0.05 (0.07)	0.04 (0.06)	0.08 (0.08)	0.06 (0.07)	0.01 (0.07)	0.02 (0.07)

续表

变量	创业绩效 模型1	创业绩效 模型2	利用式创新 模型3	利用式创新 模型4	开发式创新 模型5	开发式创新 模型6
年龄	0.01 (0.03)	0.03 (0.03)	0.03 (0.03)	0.04 (0.03)	0.03 (0.03)	0.04 (0.03)
教育水平	0.04 (0.03)	0.04 (0.03)	0.03 (0.03)	0.03 (0.03)	0.05 (0.03)	0.05 (0.03)
婚姻状况	0.06 (0.05)	0.04 (0.05)	0.10 (0.06)	0.08 (0.05)	0.05 (0.05)	0.05 (0.06)
健康状况	0.10** (0.03)	0.06* (0.03)	0.11* (0.03)	0.04 (0.03)	0.12** (0.03)	0.11** (0.04)
培训经历	0.20** (0.06)	0.20** (0.06)	0.12 (0.07)	0.011 (0.06)	0.08 (0.07)	0.08 (0.07)
管理经验	0.05 (0.06)	0.06 (0.06)	0.07 (0.07)	0.05 (0.06)	0.08 (0.07)	0.08 (0.07)
金融支持	0.14** (0.03)	0.07* (0.03)	0.13** (0.03)	0.04 (0.03)	0.17** (0.03)	0.15** (0.04)
市场环境	0.07* (0.03)	0.02 (0.03)	0.09** (0.03)	0.03 (0.03)	0.01 (0.03)	0.00 (0.03)
创业规模 D1	0.33** (0.10)	0.26** (0.09)	0.04 (0.11)	0.05 (0.10)	0.06 (0.10)	0.08 (0.11)
创业规模 D2	0.35** (0.07)	0.29** (0.07)	0.25** (0.09)	0.07 (0.09)	0.04 (0.08)	0.02 (0.08)
行业类型	控制	控制	控制	控制	控制	控制
区域特征	控制	控制	控制	控制	控制	控制
常数项	0.89** (0.23)	0.78** (0.22)	0.88** (0.26)	0.74** (0.24)	0.54* (0.25)	0.50* (0.25)
R^2	0.30	0.37	0.23	0.32	0.20	0.23
调整 R^2	0.28	0.35	0.20	0.29	0.17	0.20
F	12.49**	15.72**	8.04**	12.12**	7.08**	6.99**

注：创业规模以"5人及以下"为参照，"6—10人""11人以上"为虚拟变量；行业特征以"种植业"为参照，养殖、加工和服务为虚拟变量；区域特征以"江西省"为参照，河南、河北、江苏、湖北和山东省为控制变量；由于行业特征和区域特征各虚拟变量在方程中回归系数不显著，为节约篇幅，行业特征和区域特征虚拟变量的回归系数未列出；括号内为标准误；***、**和*分别表示1%、5%和10%的统计显著性水平。

模型3和模型4是主动性人格对利用式创新的直接效应检验结果，模型4是在模型3的基础上纳入了自变量主动性人格，从模型4可以发现主动性人格对利用式创新行为有显著的正向影响（$\beta=0.34$，$p<0.01$），说明具有高主动性人格的农民创业者会有更高的利用式创新。此外，加入主动性人格后，模型4比模型3的R^2增加了0.09，表明主动性人格对利用式创新具有较强的解释力，故假设9-2a得到支持。

模型5和模型6是主动性人格对开发式创新行为的直接效应检验结果，模型6是在模型5的基础上纳入了自变量主动性人格，从模型6可以发现主动性人格对开发式创新有显著的正向影响（$\beta=0.19$，$p<0.01$），说明具有高主动性人格的农民创业者会有更高的开发式创新。此外，加入主动性人格后，模型6比模型5的R^2增加了0.03，表明主动性人格对开发式创新具有较强的解释力，故假设9-2b亦得到支持。

二 内生性问题

由于反向因果和遗漏变量可能会带来内生性问题。为了尽可能避免内生效应带来的偏误，本书还对反向因果和遗漏变量问题进行了相应的控制和检验。一方面，就反向因果而言，虽然人格具有一定的稳定性，但并非一成不变，有研究发现个人的主动性经过一段时间的干预培训可以改变（Frese et al., 2014）。因此，取得高创业绩效或从事更多创新后，农民也有可能会更具主动性。为了消除可能存在的反向因果问题，本书仿效刘志阳等人（2022）的做法，预测变量主动性人格使用2020年的数据，创业绩效及创新行为使用2021年的数据，对模型重新进行回归。另一方面，对于因遗漏变量可能带来的内生性问题，本书分两步进行处理。首先，效法已有研究的做法，对个体、行业和区域等多方面的变量进行了控制，以减少遗漏变量的可能性；再者，参照王伟同等（2019）的做法，使用可观测变量度量不可观察变量，进而检验其他未控制的遗漏变量带来的内生性估计偏误。具体而言，构造了两个不同控制集的回归，第一个回归控制有限的控制变量，第二个回归控制所有的控制变量。第一个回归估计的预测变量系数记为$\hat{\beta}^R$，第二个回归估计的预测变量系数记为$\hat{\beta}^F$，构造$Ratio_{r,f}$指数（公式9-4），$Ratio_{r,f}$越大意味着不可观察变量对回归结果所带来的偏误越小。

$$Ratio_{r,f} = \left| \frac{\hat{\beta}^F}{\hat{\beta}^R - \hat{\beta}^F} \right| \qquad (9-4)$$

本书选择了 3 种有限集：一是仅控制行业和区域特征；二是控制性别、年龄、婚姻状况、教育水平、健康状况、管理经验、培训经历、行业特征和区域特征；三是控制创业规模、政府支持、市场环境、行业特征和区域特征。全集控制变量为研究中的所有控制变量。在此基础上，被预测变量有 3 个，分别是创业绩效、开发式创新和利用式创新。最终得到 9 个指数，结果见表 9-7。当被预测变量为创业绩效、利用式创新和开发式创新时，$Ratio_{r,f}$ 指数均值分别为 7.25、9.98、1.64。对于创业绩效和利用式创新而言，如果未观测变量会给基准回归结果造成偏误，那么其平均解释能力至少要超过本章所选择的控制变量的 7 倍和 9 倍，因此出现未观测变量造成估计偏差的可能性极小；对于探索式开发而言，虽然平均 $Ratio_{r,f}$ 指数相对不高，但在对个体变量、行业特征、创业规模、政府支持、市场环境等变量尽可能全面控制的情况下，未观测变量解释能力要超过已控制变量的 1.6 倍的可能性亦不大，因此基本可以排除因遗漏变量而带来估计偏差的可能性。

表 9-7　　　　　用可观察变量度量不可观察变量的偏差程度

有限集控制变量	全集控制变量	$Ratio_{r,f}$ 指数		
		创业绩效	利用式创新	开发式创新
仅控制行业和区域特征	所有的控制变量	1.72	2.96	0.52
仅控制性别、年龄、婚姻状况、教育水平、健康状况、管理经验、培训经历、行业特征和区域特征	所有的控制变量	2.50	4.44	0.83
仅控制创业规模、政府支持、市场环境、金融支持、行业特征和区域特征	所有的控制变量	17.53	22.53	3.56
均值		7.25	9.98	1.64

三 稳健性分析

为了检验以上分析结果的稳健性，通过更换预测变量主动性人格和被预测变量农民创业绩效的计算方式进行数据的可靠性分析（赵佳佳等，2020），即以因子分析及方差贡献率为权重重新计算农民创业绩效和主动性人格的综合因子得分，使用新获得的预测变量和被预测变量重复上述分析。回归分析结果见表9-8：从模型8可以发现主动性人格对创业绩效有显著的正向预测作用（$\beta=0.23$，$p<0.01$）；从模型10可以发现主动性人格对利用式创新行为有显著的正向预测作用（$\beta=0.29$，$p<0.01$）；从模型12可以发现主动性人格对探索式创新行为有显著的正向预测作用（$\beta=0.08$，$p<0.10$），这些发现支持了前述结果的稳健性。

表9-8　　　　　　基于更换变量的模型回归分析结果

变量	创业绩效		利用式创新		探索式创新	
	模型7	模型8	模型9	模型10	模型11	模型12
自变量						
主动性人格	—	0.23 ** (0.04)	—	—	—	—
中介变量						
利用式创新	—	—	—	0.29 ** (0.04)	—	—
探索式创新	—	—	—	—	—	0.08 * (0.04)
控制变量	控制	控制	控制	控制	控制	控制
常数项	0.93 ** (0.26)	0.83 ** (0.25)	0.88 ** (0.26)	0.74 ** (0.24)	0.54 * (0.25)	0.50 * (0.25)
R^2	0.32	0.37	0.22	0.32	0.20	0.21
调整 R^2	0.30	0.35	0.20	0.29	0.17	0.18
F	12.92 **	16.23 **	8.01 **	12.13 **	7.08 **	6.98 **

注：方程中的系数为非标准化系数；括号内为标准误；** 和 * 分别表示1%和5%的显著性水平；为了控制表格的篇幅，控制变量未一一列出。

四 机制分析

为了对利用式创新和开发式创新行为的中介效应进行检验,执行了机制分析。中介机制的逐步回归分析结果见表9-9。从模型13可以看出,主动性人格有助于提升创业绩效;模型16和模型17显示主动性人格有助于促进利用式创新和开发式创新;模型14和模型15表明,在中介变量纳入回归方程后,预测变量主动性人格预测农民创业绩效的回归系数较模型13明显降低,支持了利用式创新和开发式创新的中介效应。故主动性人格可以通过提升利用式创新和开发式创新行为进而促进农民创新绩效,假设9-3a和9-3b得到了支持。

表9-9 基于逐步回归的机制分析

变量	创业绩效			利用式创新	开发式创新
	模型13	模型14	模型15	模型16	模型17
自变量					
主动性人格	0.36** (0.04)	0.21** (0.04)	0.24** (0.04)	0.34** (0.04)	0.19** (0.04)
中介变量					
利用式创新	—	0.15** (0.04)	—	—	—
开发式创新	—	—	0.11** (0.04)	—	—
控制变量					
常数项	0.78** (0.22)	0.67** (0.22)	0.72** (0.21)	0.74** (0.24)	0.50* (0.25)
R^2	0.37	0.39	0.39	0.32	0.23
调整R^2	0.35	0.37	0.37	0.29	0.20
F	15.72**	16.03**	15.79**	12.12**	6.99**

注:方程中的系数为非标准化系数;括号内为标准误;** 和 * 分别表示1%和5%的显著性水平。

由于逐步回归法仅能从表面上观察中介效应是否存在，无法对其进行直接统计检验。为了对中介机制的显著性进行直接检验，本书借鉴熊奇英和熊立（2022）的做法，采用基于 bootstrapping 抽样的非对称置信区间法：当中介效应 95% 的置信区间不包含 0 时，中介效应显著；反之，当置信区间包含 0 时，则中介效应不显著。使用 process 4.0 插件，基于 bootstrapping 法进行了 5000 次抽样，获得了中介效应 95% 的置信区间（见表 9-10）。从表 9-10 可以发现利用式创新和开发式创新行为的中介效应 95% 的偏差矫正的置信区间分别为 [0.02, 0.09] 和 [0.00, 0.05]，均未包含 0，故假设 9-3a 和 9-3b 得到了支持。进一步分析发现，利用式创新行为在主动性人格和创业绩效之间的中介效应显著高于开发式创新行为的中介效应（M1 - M2 = 0.03，二者之差 95% 的置信区间为 [0.01, 0.07]）。

表 9-10　　　　　基于 bootstrapping 的机制分析

中介变量	中介效应	标准误	偏差修正的 95% 的置信区间 低 2.5%	高 2.5%
利用式创新（M1）	0.05	0.02	0.02	0.09
开发式创新（M2）	0.02	0.007	0.00	0.05
利用式创新—开发式创新（M1 - M2）	0.03	0.01	0.00	0.07

第五节　本章小结

本章采用两阶段问卷调查的方法，收集了 541 份乡村创业农民的数据，探索了主动性人格和农民创业绩效之间的关系，以及利用式和开发式创新在二者之间所发挥的中介作用，得到了如下结果：（1）主动性人格对农民创业绩效具有显著的正向影响，其作用在控制人口统计学特征、个人健康状况、创业规模、政府支持、市场环境、金融支持等因素的情况下依然稳健；（2）利用式创新、开发式创新在主动性人格与创业绩效的关系之间起部分中介作用，且利用式创新的中介效应要显著强于开发式创新的中介效应；（3）相比较而言，高主动性人格的创业农民多采用利用式创新,而开发式创新行为开展得相对较少。

本章从以下方面推进了农民创业绩效和农民创新的研究:第一,通过考察主动性人格对农民创业绩效的影响,拓展了对农民创业绩效影响因素的认识。如前所述当前研究主要从资金支持、知识技能等方面考察对农民创业绩效的影响,虽然个别研究也关注到大五人格等心理特征(罗明忠和陈明,2015),但本章发现以主动改变环境为导向的主动性人格对于创业绩效有显著的预测作用。由此,本章拓展了对农民创业绩效前因的认识。第二,通过将利用式创新和开发式创新作为主动性人格和农民创业绩效之间的中介变量,揭示了农民主动性人格与创业绩效之间机制的黑箱。对于变量之间关系机制的解释被认为是构建理论的一个重要环节(Colquitt & Zapata-Phelan, 2007)。研究发现利用式创新和开发式创新是主动性人格影响创业绩效的重要机制,一定程度上揭示了主动性人格和农民创业绩效之间关系的黑箱,为推动农民创新创业理论做出了一定的贡献。第三,通过发现主动性人格对开发式创新和利用式创新的预测作用,丰富农民创新前因的认识。当前对于农民创新影响因素的研究主要关注教育程度、社会资本、政府支持等因素的作用(Hinrichs et al., 2004;王凯男,2014;Bellotti & Rochecouste, 2014),对农民自身心理特征关注不足,本章实证发现主动性人格在促进农民创新中的作用,丰富了对农民创新前因的认识。

第十章

结论与建议

　　立足乡村振兴的时代背景，在对农民创新的政策演进、学术脉络、实践表现等内容进行分析的基础上，本书对农民创新的过程、影响因素及作用后果进行了较为系统的研究。本章是本书的最后一个部分，主要从三个方面对本书的研究内容进行提炼总结：一是对于本书所开展的一系列研究的主要结论进行归纳汇总；二是在本书所获得的研究结论的基础上，结合当前农民创新的实践，提出促进创业农民创新的政策建议，助力乡村振兴；三是对研究的不足和未来可供研究的方向进行分析和讨论。

第一节　主要研究结论

　　本书以创业农民为研究对象，在充分分析国内外农民创新研究成果的基础上，提出了三个主要研究问题：（1）农民创新是否可以分为从创意产生到创意执行的过程，创意产生和创意的执行之间存在怎样的关系，如何促进创意产生向创意执行的转化？（2）农民创新过程的影响因素有哪些，尤其是农民的心理特征和互联网环境是否会影响农民创新？（3）不同类型的创新对农民经营绩效有怎样的影响？针对这些研究问题，综合运用管理学、心理学和经济学等多学科的知识理论，使用定性和量化研究相结合的方法，构建了农民创新的过程及其影响因素模型；分析了不同类型社会网络对农民创意产生的影响；探讨了互联网使用对农民创意产生的影响及其作用机制；考察了创意向执行转化的边界条件；检验了主动性人格对农民创新和创业绩效的影响。本书的主要研究结论汇总如下。

一 农民创新是一个从创意产生到创意执行的过程

本书研究发现，农民创新是一个从创意到执行的过程，在农民创新过程中，农民对于其生产经营产生新想法的能力有助于推动创意的执行，但新想法的产生并不必然会引发创新行为，一些内部和外部的边界条件有助于促进二者之间的转化。（1）从内部因素来看，本书发现创新态度会正向促进创意向执行的转化。当农民相信创新会带来更多积极结果，对创新有积极的态度时，这种积极态度就具有动机的作用，能够促进农民将创新性想法转化为创新行为。（2）从外部因素来看，本书发现亲友支持和政府支持有助于推动创意向执行的转化。亲友支持不仅能够缓解农民在实施创新过程中可能遇到的挫败、压力过大等消极情绪，而且还能为创新农民提供一些必要的物质资源，使其能全身心投入创新活动之中，从而促进创意向执行的转化；此外，农民在创新过程中经常会遇到资金短缺、缺乏技术经验的困境，政府支持有助于解决农民在实施创新活动中可能遇到的资金和技术困境，从而能够有效地推动农民创新想法的落地。

二 社会关系网络有助于促进农民创意产生

本书发现强关系和弱关系社会网络均有助于促进农民的创意产生。农民的强关系社会网络虽然带来的信息会有一定的冗余，但其能够增加信息交流的速度和质量、促进隐性知识的传递，有助于知识相对贫乏的农民更好地理解和利用信息，因此有助于农民创意的产生；弱关系社会网络能够提供大量的非冗余的、新颖的知识，有助于农民打破现有的认知模式，从而也有助于促进农民创意的产生。本书研究还发现农民的先前经验对于弱关系社会网络与创意产生之间的关系有显著的正向调节作用。与经验不足者相比，有丰富先前经验的农民能够更好地理解和应用从弱关系网络中获取的新颖但粗粒度的信息，从而增强弱关系社会网络和创意产生之间的关系。本书发现先前经验对于强关系社会网络和创意产生之间关系的调节作用不显著。在强关系社会网络中，关系主体的频繁交流和所提供的高质量信息能够有效地促进农民对信息的理解，一定程度上替代了先前经验的作用，使得先前经验的调节作用不显著。

三 互联网的使用有助于提升农民创意产生

互联网使用拓宽了农民获取信息的渠道和范围，降低了信息获取的成本，提高了信息获取的效率。通过互联网，农民可以方便且快捷地了解产品或服务的市场需求、价格变化、产品或服务的营销方式，以及其他人在生产经营中的先进经验和做法等信息。互联网带来的这些新信息不仅能够冲击农民在生产经营中的一些固有观念，而且还带来了新的观点和思考方向，因而有助于提升农民的创意产生。此外，本书还发现农民的创新自我效能感在互联网使用和农民创意产生之间起部分中介作用。互联网使用使得农民更容易意识到不同知识和观点的存在，让其更相信当前的生产经营现状可以改变，并且自己能够获取产生新想法的资源，从而提升其创新自我效能感。创新自我效能感反映了创造性动机"能做"的方面，因而高水平的创新自我效能感有助于提升农民创意产生。

四 主动性人格对农民创新行为有显著的正向影响

主动性人格是一种与主动改造环境有关的个体行为倾向。高主动性人格者不甘于沿袭传统的做事方式，具有自我启动的特点，能够主动适应并积极改变环境，喜欢挑战现状、乐于寻求新的做事情的方式，因而具有更强的创新动机。本书发现与低主动性人格的农民相比，具有高主动性人格的农民有更高水平的利用式创新行为和探索式创新行为。进一步分析发现，主动性人格对农民利用式创新行为的影响要强于对探索式创新行为的影响。这可能与农民总体受教育程度相对不高、创新资源相对不足、更关注于短期收益有关。利用式创新主要是利用现有的知识、资源对产品或服务进行局部优化，难度相对较小，更易于操作，且容易获得立竿见影的效益；而探索式创新涉及对现有产品或做法较大的改变，需要学习新的知识，且消耗的资源较多，农民执行起来较为困难，见效周期较长。因此有主动性倾向的农民在生产经营中更倾向于利用式创新。

五 创新对农民生产经营绩效有显著的正向影响

本书实证研究发现，利用式创新行为和探索式创新行为对于农民的生产经营绩效均有显著的正向影响。相比较而言，利用式创新行为对农民生产经营绩效的作用效果要强于开发式创新行为对农民生产绩效的正向影响。本书所关注的主要是农民生产经营的短期绩效，而非长期绩效。开发式创新以开发新知识和新技术为特点，是一种变革幅度较大的激进型的创新活动，具有投入多、见效周期长的特点，有利于长期经营绩效的提升；而利用式创新强调对现有知识的利用，致力于对现有产品或服务的渐进式完善，对短期效益影响较大。

第二节　农民创新促进建议

鉴于创新对农民生产经营绩效具有显著的促进作用，为了进一步激发农民创新，提升创业农民的生产经营效益，促进乡村产业振兴，根据本书研究结论，提出以下促进农民创新的政策建议：

一　拓展农民的社会关系网络

鉴于农民的强关系和弱关系社会网络均有助于创意的产生，因此为了促进农民创新产生，有必要进一步扩展农民的强关系和弱关系社会网络。一方面，相关政府部门可以通过搭建平台或扮演纽带角色，密切创业农民之间或创业农民与外部支撑主体的情感联系、增进信任，扩大农民的强关系网络。比如因地制宜地开办一些乡村农民学校，方便农民在聚会交流中促进彼此的信任和情感联系，提升关系强度；由政府出面，建立农民与相关科研院所研究人员或其他管理、政府人员的长效联系机制，增进创业农民与支撑主体的沟通交流和关系强度。另一方面，相关部门可以搭建与外部联结的关系桥梁，扩大农民的弱关系网络。比如，每个村落基本都有离乡发展的成功人士，相关部门尤其是乡镇或村两委干部可以加强与乡贤、乡村走出去的社会精英的联络和关系维护，让他们返乡传递新的知识经验；还可以推动搭建创业农民、龙头企业、专业科研机构等各方共同参与的乡村产业链，让农民有更多机会接触先进技术和管理方法。此外，考虑到农民先前经验会正向调节弱关系社会网络和创意产生之间的关系。农民先前经验的不同会影响弱关系社会网络对创意产生的作用效果。建议基于农民先前经验的多寡建立农民个人信息数据库，有针对性地给农民提供社会网络资源。比如，给经验丰富的农民更多短期外出观摩学习的机会，拓展他们的创新思路；给予经验不足的农民更多精细化的指导，以便更好地促进创意产生。

二 促进农民互联网技术的采用

由于本书研究发现使用互联网查阅生产经营相关的信息有助于农民创意的产生，为促进农民互联网技术的使用，提出如下建议：一是继续推进农村互联网基础设施建设，提升农民互联网使用率。中国互联网络信息中心（CNNIC）统计显示，截至2022年上半年，我国互联网普及率达74.4%，而农村地区互联网普及率为58.8%[1]。因此仍需进一步加快农村地区的数字基础设施建设，推动宽带网络逐步向生产作业区、交通要道沿线、农村人口聚居区等重点区域延伸。二是继续加强农民互联网使用相关知识技能的培训，进一步提升农民使用互联网获取信息的能力。除政府组织培训外，还可以引导和调动高校、科研院所及其他社会教育资源参与到农民互联网知识技能培训之中，开发适合农民的互联网培训课程，提升农民使用互联网的技能。三是继续丰富与农民生产经营有关的互联网内容供给，为农民使用互联网及时获取有价值的信息提供便利。农民需要获取大量的生产经营信息才能更好地促进创意产生。相关政府部门可以通过开放数据、建立信息平台等方式来为农民提供真实可靠的信息资源，方便他们获得所需的知识和资讯。

三 加大农民创新的金融和技术支持

本书研究发现，农民创新是一个从创意产生到创意实施的过程，推动农民创新，既离不开促进农民的创意产生，也离不开促进创意向执行的转化，而政府在金融和技术等方面的支持是促进创意向执行转化的重要因素，因此建议进一步加大对农民创新的金融和技术支持：（1）在金融支持方面，可以针对农民创新设立专项扶持资金，用于农民生产经营创新项目补贴、创新贷款和担保风险的补偿等；完善农民生产经营信用评价机制，拓宽融资渠道，鼓励商业银行开展农村金融产品研发，推动商业银行对农民创新

---

[1] 中国互联网信息中心，https://www.cnnic.cn/n4/2022/0916/c38-10594.html。

的资金支持；利用信息化技术简化农民贷款办理手续，降低借贷交易成本，提高农民获得贷款的便捷性。（2）在技术支持方面，将有创新想法的农民纳入支持帮扶范围，根据农民创新内容的不同有针对性地定制支持方法。比如，对于试图使用新媒体营销的农民进行新媒体使用技术和技巧方面的培训，对于引入特色种植新品种的农民提供种植技术的指导和培训等。进一步拓展对农民进行技术支持的途径和方式，比如通过电话、微信或网上论坛等方式提供对农民的技术、产品、营销方法等指导。在乡村打造农民学习交流平台，比如开设农民田间学校，方便农民的学习交流，充分利用集体智慧解决创新中遇到的问题。

四 提升农民的心理资本

主动性人格和创新自我效能感代表了两种积极的心理资本，本书研究发现农民的个人主动性倾向会促进其利用式和探索式创新行为，农民的创新自我效能感会正向影响农民创意产生。因此，可以通过增强农民的个体主动性倾向和创新自我效能感促进农民创新。一是通过宣传、教育等途径转变对于农民的一些刻板印象［如传统、保守（陈莉，2014）］，树立农民能改变、具有巨大创新潜能的信念。由于刻板印象的形成深受童年社会化过程的影响，因此还可以在农村中小学教育中有意识地培养学生"人人皆可创新"的观念。二是丰富农民培训的内容，将心理资本培训作为农民培训中的一项重要内容。当前农民培训项目多以"扶智"性培训为主，主要向农民传授创业方法、生产经营管理知识和技术等，而关注农民积极个性等心理特征塑造的"扶志"性培训较少。因此，有必要将个人主动性和创新自我效能感等心理资本方面的培训作为一项重要内容纳入现有农民培育体系中，提升农民创新的内生动力。三是基于循证的逻辑和农民的特点科学设计农民主动性和创新效能感提升的培训方式。在农民主动性培训中可以借鉴Frese等（2014）的"知识学习—情景模拟—实践指导"的三阶段主动性人格培训方法，通过专题培训提升农民的个人主动性；在创新自我效能感的培训中，可以依据社会学习理论所指出的改变个体效能感的三原则——直接经验、替代经验和口头说服——来设计开发培训课程。

五 营造良好的农民创新生态环境

本书研究发现，农民对于创新的积极态度和亲友对于农民创新的支持有助于促进创意向创新行为的转化。因此建议加强乡村创新文化氛围建设，营造喜闻乐见的农民创新生态环境，塑造农民对于创新的积极态度，提升乡村对于农民创新的认同和支持度。一是相关政府部门可以组织、引导或调动社会团体举办农民生产经营创新大赛或创新论坛等活动，培育创新文化，增强农民在生产经营中的创新意识。二是要加大创新宣传，建议新闻媒体采用多种形式，深入而广泛地宣传农民创新知识、创新典型人物、创新活动等内容。三是要探索设立农民创新国家及地方奖励，对于在生产经营中创新突出的农民给予一定的奖励和表彰。四是营造创新光荣的社会氛围，激发农民的创新热情，开创农民个个想创新、多数勇创新、部分会创新的新局面。

第三节 不足与未来研究方向

虽然本书在理论上丰富了农民创新的研究，拓展了基层创新理论的广度和深度，也为推动在乡村创业的农民开展生产经营创新提出了一些对策建议，但由于资源、能力等主客观条件的限制，本书仍存在一些不足，有待后续进一步推进和完善。

一 没有对农民创新过程中可能存在的其他中间阶段进行探索

本书仅考察了创意产生和创意执行之间的关系，以及从创意产生到执行的边界条件，但对于创意向创意执行转化的中间机制未作进一步的深入探讨。有文献指出，创意和创意实施之间可能还包含了不同层级的审查等多阶段（Asbari et al.，2021）。就农民创新而言，叶敬忠（2004）指出农民创新过程可能包含三个阶段：农民在形成创新性想法后，可能还要经历创意论证和实施计划形成这一中间阶段后，才进入执行阶段。因此，后续的研究有必要对创意产生和创意实施之间可能存在的其他阶段和路径进行实证探讨，比如考察实施计划制订等因素的中介作用，以便更深入精细地理解农民创新的过程。

二 没有对农民创新的风险管理问题进行系统研究

虽然在对创新态度的论述中涉及了创新风险的相关内容，比如本书发现过度关注创新风险会导致个体对创新产生消极态度，但本书未就创新风险管理进行系统研究。承担和管理风险是农民创新的重要特征之一。农民的生产经营以种植、养殖为主，多受制于自然因素，且所处的市场环境相对不够成熟，因此所面临的自然和市场风险较大。同时，由于农民的人力资本较为贫乏，财富积累不足，风险承受能力较差。创新过程中的高风险和低承受力之间的矛盾在农民身上尤为突出。后续可以在农民创新风险识别、控制和应对等方面进行系统探索。

三 对于一些因素之间发生关系的机制或边界条件有待深入考察

比如，本书虽然实证考察了强关系和弱关系网络对农民创意产生的影响，但对于其作用机制没有进行深入考察；虽然考察了互联网使用对农民创意产生的影响，但对于二者发生作用的边界条件没有做进一步的研究；虽然发现主动性人格会影响探索式和利用式创新，但何种条件能够促进或抑制主动性人格和两类创新之间的关系仍有待进一步研究。这些机制或边界条件的考察不仅对于丰富农民创新理论有重要理论价值，而且对于基于循证的逻辑制定政策、促进相关政策的实施和落地也具有一定的启发作用。

四 没有对所提出的一些策略进行现场干预实验

本书基于研究发现提出通过提升农民的主动性促进农民的创新行为等建议，但并没有对这些建议进行操作。未来可以考虑采用有对照组的准实验研究设计来检验这些建议对农民创新的影响。比如就提升农民的个人主动性而言，可以采用现场实验的方法，选择一些从事生产经营的农民作为被试，将其随机分为实验组和控制组。对实验组进行个人主动性方面的培训，控制组进行生产经营知识、技能等方面的常规培训，在培训后对其生产经营方式的改变情况和生产经营绩效情况进行追踪调查，以便对策略的有效性进行检验，为政策的落地提供具体的实施方案。

附录一

农民创新影响因素访谈提纲

一、农民背景信息

1. 农民的个人信息（如年龄、教育背景等）。
2. 农民的以往经验和家族生产经营传承情况。
3. 农民所在地区的创新创业发展情况。

二、农民创新相关问题

1. 请具体谈一谈您在生产经营过程中主动做出了哪些创新或改变？
2. 您在创新过程中所面临的困难和挑战是什么？
3. 您认为哪些个体特征对您的新想法或创新行为有影响，有何种影响？
4. 您所处的社会网络和关系对新想法或创新行为影响如何？
5. 市场环境和政府等外部因素对您的新想法或创新行为影响如何？
6. 您认为如何更好地将新想法转化为创新行为？
7. 您认为创新会带来怎样的影响？
8. 您认为政府、组织或其他利益相关者可以如何支持和促进农民创新？

附录二

"农民生产经营创新"调研问卷

尊敬的农民朋友,您好!

感谢您参与我们的问卷调研。本问卷旨在了解农民创新活动情况,为完善相关政策提供有益的参考。所有问题的答案没有对错之分,调研结果仅作研究之用。我们承诺对您的个人信息会严格保密,不会给您个人带来任何不利影响。请根据您自己的理解放心真实作答。真诚感谢您的合作!

一、农民的个人、家庭基本信息

A1. 家庭地址:　省　市(县、区)　乡镇

A2. 您的年龄(　　)

①30 岁以下;②31—40 岁;③41—50 岁;④51—60 岁;⑤61 岁以上

A3. 您的性别(　　)

①男;②女

A4. 您的婚姻状况(　　)

①已婚;②未婚

A5. 您的文化程度(　　)

①初中及以下;②高中或中专;③大专;④本科及以上

A6. 您是否有外出务工的经验(　　)

①是;②否

A7. 您是否担任过干部或从事过管理工作(　　)

①是;②否

A8. 您在经营当前项目之前是否开展过创业活动（　　）

①是；②否

A9. 您是否参加过创业培训活动（　　）

①是；②否

A10. 您觉得自己当前健康状况如何（　　）

①不健康；②一般；③比较健康；④很健康；⑤非常健康

A11. 经营当前项目的年限（　　）

①1年以内；②1—2年；③2—3年；④3—4年；⑤4—5年；⑥5年以上

A12. 您当前的创业规模（　　）

①5人以下；②6—10人；③11人以上

A13. 您当前的经营活动属于哪个行业（　　）

①种植；②养殖；③其他工商业生产或服务

A14. 使用互联网浏览生产经营相关信息的频率（　　）

①每天至少1次；②每周至少1次；③每月至少1次；④每年至少1次；⑤从不使用。

二、社会关系网络

编号	题项	选项
B1	我熟悉的创业农户的数量	1＝5人及以下；2＝6—10人；3＝11—20人；4＝21—30人；5＝31人及以上
B2	我熟悉的上游供应商和下游客户的数量	1＝5人及以下；2＝6—10人；3＝11—20人；4＝21—30人；5＝31人及以上
B3	我熟悉的支持主体（如政府、专家）的数量	1＝5人及以下；2＝6—10人；3＝11—20人；4＝21—30人；5＝31人及以上
B4	我认识但不熟悉的创业农户的数量	1＝5人及以下；2＝6—10人；3＝11—20人；4＝21—30人；5＝31人及以上
B5	我认识但不熟悉的上游供应商和下游客户的数量	1＝5人及以下；2＝6—10人；3＝11—20人；4＝21—30人；5＝31人及以上
B6	我认识但不熟悉的支持主体（如政府、专家）的数量	1＝5人及以下；2＝6—10人；3＝11—20人；4＝21—30人；5＝31人及以上

三、亲友和政府创新支持

编号	题项	选项
C1	我的家人支持我在生产经营中的创新活动	1 = 完全不符合；2 = 不符合；3 = 不确定；4 = 符合；5 = 非常符合
C2	我的亲戚支持我在生产经营中的创新活动	1 = 完全不符合；2 = 不符合；3 = 不确定；4 = 符合；5 = 非常符合
C3	我的朋友支持我在生产经营中的创新活动	1 = 完全不符合；2 = 不符合；3 = 不确定；4 = 符合；5 = 非常符合
C4	农民创新能够获得政府的金融支持	1 = 完全不符合；2 = 不符合；3 = 不确定；4 = 符合；5 = 非常符合
C5	政府会为农民创新提供顾问及服务支援	1 = 完全不符合；2 = 不符合；3 = 不确定；4 = 符合；5 = 非常符合
C6	相关政策有利于农民创新	1 = 完全不符合；2 = 不符合；3 = 不确定；4 = 符合；5 = 非常符合

四、创意产生（创造力）

编号	题项	选项
D1	过去一年中我发展了不同于现有产品或服务的新想法	1 = 完全不符合；2 = 不符合；3 = 不确定；4 = 符合；5 = 非常符合
D2	过去一年中我想到了不同于现有生产经营的新方式	1 = 完全不符合；2 = 不符合；3 = 不确定；4 = 符合；5 = 非常符合
D3	过去一年中我想到了推广或销售的新手段	1 = 完全不符合；2 = 不符合；3 = 不确定；4 = 符合；5 = 非常符合

五、创意执行

请评价在过去一年中您的那些创新性想法得以执行的程度。

编号	题项	选项
E1	得到进一步开发推进的程度	1 = 从不；2 = 偶尔；3 = 有时；4 = 经常；5 = 总是
E2	已转化为可用的产品、过程或程序的程度	1 = 从不；2 = 偶尔；3 = 有时；4 = 经常；5 = 总是
E3	已成功推向市场或已在成功实施的程度	1 = 从不；2 = 偶尔；3 = 有时；4 = 经常；5 = 总是

六、创新态度

编号	题项	选项
F1	创新活动本身是一件愉快的事	1＝完全不同意；2＝不同意；3＝不确定；4＝同意；5＝非常同意
F2	创新能改善生产经营效益	1＝完全不同意；2＝不同意；3＝不确定；4＝同意；5＝非常同意
F3	创新能获得更好的社会声誉	1＝完全不同意；2＝不同意；3＝不确定；4＝同意；5＝非常同意

七、创新自我效能感

编号	题项	选项
G1	我觉得自己擅长想出新的点子和想法	1＝完全不符合；2＝不符合；3＝不确定；4＝符合；5＝非常符合
G2	我相信自己能够想出新方法解决生产经营中的问题	1＝完全不符合；2＝不符合；3＝不确定；4＝符合；5＝非常符合
G3	我觉得自己能够在别人的点子中发展出新的想法	1＝完全不符合；2＝不符合；3＝不确定；4＝符合；5＝非常符合

八、主动性人格

编号	题项	选项
H1	如果看到不喜欢的事，我会想办法去解决它	1＝完全不符合；2＝不符合；3＝不确定；4＝符合；5＝非常符合
H2	不论成功机会有多大，只要我相信一件事，我就会将它变为现实	1＝完全不符合；2＝不符合；3＝不确定；4＝符合；5＝非常符合
H3	即使别人反对，我也愿意坚持自己的想法	1＝完全不符合；2＝不符合；3＝不确定；4＝符合；5＝非常符合
H4	我善于发现机会	1＝完全不符合；2＝不符合；3＝不确定；4＝符合；5＝非常符合
H5	我总是在寻找更好的方法来做事	1＝完全不符合；2＝不符合；3＝不确定；4＝符合；5＝非常符合
H6	如果我相信某个想法，那就没有任何困难能够阻止我去实现它	1＝完全不符合；2＝不符合；3＝不确定；4＝符合；5＝非常符合

九、利用式和探索式创新

编号	题项	选项
I1	我们经常改进现有的产品或服务	1 = 完全不符合；2 = 不符合；3 = 不确定；4 = 符合；5 = 非常符合
I2	我们为现有客户扩大服务范围	1 = 完全不符合；2 = 不符合；3 = 不确定；4 = 符合；5 = 非常符合
I3	我们增加了现有市场的经济规模	1 = 完全不符合；2 = 不符合；3 = 不确定；4 = 符合；5 = 非常符合
I4	我们提高了提供产品或服务的效率	1 = 完全不符合；2 = 不符合；3 = 不确定；4 = 符合；5 = 非常符合
I5	我们积极开发新的产品或服务	1 = 完全不符合；2 = 不符合；3 = 不确定；4 = 符合；5 = 非常符合
I6	我们在市场中推出新的产品或服务	1 = 完全不符合；2 = 不符合；3 = 不确定；4 = 符合；5 = 非常符合
I7	我们经常在新市场寻找新的机会	1 = 完全不符合；2 = 不符合；3 = 不确定；4 = 符合；5 = 非常符合

十、市场环境

编号	题项	选项
J1	本行业中产品和技术更新很快	1 = 完全不符合；2 = 不符合；3 = 不确定；4 = 符合；5 = 非常符合
J2	竞争对手的行为多变、很难预测（反向题）	1 = 完全不符合；2 = 不符合；3 = 不确定；4 = 符合；5 = 非常符合
J3	顾客总是偏好新产品和新服务	1 = 完全不符合；2 = 不符合；3 = 不确定；4 = 符合；5 = 非常符合

十一、创业绩效

编号	题项	选项
K1	目前我所创事业整体运营情况良好	1 = 完全不符合；2 = 不符合；3 = 不确定；4 = 符合；5 = 非常符合
K2	所创事业盈利状况很好	1 = 完全不符合；2 = 不符合；3 = 不确定；4 = 符合；5 = 非常符合
K3	实现了当初创业前的设想目标	1 = 完全不符合；2 = 不符合；3 = 不确定；4 = 符合；5 = 非常符合
K4	所创事业规模扩大很快	1 = 完全不符合；2 = 不符合；3 = 不确定；4 = 符合；5 = 非常符合

参考文献

中文著作

[美] A. 班杜拉：《思想和行动的社会基础——社会认知论》，林颖等译，华东师范大学出版社 2001 年版。

边燕杰、李煜：《中国城市家庭的社会网络资本》，《清华社会学评论（特辑②）》，鹭江出版社 2000 年版。

费孝通：《乡土中国》，商务印书馆 2022 年版。

蒋剑勇：《基于社会嵌入视角的农村地区农民创业机理研究》，浙江大学出版社 2014 年版。

李学术：《西部民族贫困地区农户创新行为研究：基于云南省的案例分析》，经济科学出版社 2011 年版。

仝允桓、邢小强、周江华、徐礼德：《包容性创新》，经济管理出版社 2018 年版。

朱红根：《创业环境对农民创业影响及其优化研究》，经济管理出版社 2017 年版。

中文期刊

埃里克·托普尔：《节俭式创新：医药行业的必由之路》，《科技创业》2012 年第 3 期。

蔡文聪、霍学喜、杨海钰：《互联网使用能否促进农户农地转入？——基于交易成本的考察》，《农村经济》2022 年第 7 期。

柴浩放、左停、张庆文：《创新的农民与农民的创新——对一次农民奋斗创新奖评选结果的浅析》，《农村经济》2009 年第 11 期。

陈劲、王锟、Hang Chang Chieh:《朴素式创新:正在崛起的创新范式》,《技术经济》2014年第33卷第1期。

陈莉:《"农民创新"话语的历史变迁及其现实意义》,《贵州社会科学》2014年第5期。

陈莉、左停、李风阳:《个体农民创新的发生机制——基于宁夏盐池的案例研究》,《北京农学院学报》2014年第29卷第2期。

陈向明:《扎根理论的思路和方法》,《教育研究与实验》1999年第4期。

陈向明:《扎根理论在中国教育研究中的运用探索》,《北京大学教育评论》2015年第13卷第1期。

陈雪峰:《心理服务助推全面脱贫和乡村振兴》,《中国科学院院刊》2020年第35卷第10期。

陈悦、陈超美、刘则渊、胡志刚、王贤文:《CiteSpace知识图谱的方法论功能》,《科学学研究》2015年第33卷第2期。

崔月慧、葛宝山、董保宝:《双元创新与新创企业绩效:基于多层级网络结构的交互效应模型》,《外国经济与管理》2018年第40卷第8期。

戴思慧、肖杰、陈冬林、孙小武:《湖南益阳大通湖区蔬菜生产调研与思考》,《中国瓜菜》2010年第23卷第5期。

丁高洁、郭红东:《社会资本对农民创业绩效的影响研究》,《华南农业大学学报》(社会科学版)2013年第12卷第2期。

董静、赵策、苏小娜:《宗族网络与企业创新——农村创业者先前经验的协同与平衡》,《财经研究》2019年第45卷第11期。

董翀:《产业兴旺:乡村振兴的核心动力》,《华南师范大学学报》(社会科学版)2021年第5期。

杜云素、萧洪恩:《优势视角下农民的社区参与》,《调研世界》2007年第11期。

杜志雄、肖卫东、詹琳:《包容性增长理论的脉络、要义与政策内涵》,《中国农村经济》2010年第11期。

段婧婧:《草根创新内涵、热点应用与驱动因素研究》,《科技创业月刊》2021年第34卷第2期。

方杰、温忠麟、梁东梅、李霓霓:《基于多元回归的调节效应分析》,《心理科学》2015年第38卷第3期。

冯璐、杨仁琨、王瑞民：《社会网络与农民工工资：数量的作用——基于6省12市微观数据的实证研究》，《人口与发展》2019年第25卷第6期。

冯履冰、郭东杰：《互联网使用对农民增收的影响与机制》，《浙江社会科学》2023年第2期。

淦宇杰：《乡村振兴战略背景下的乡村创新创业研究》，《理论探索》2021年第6期。

高传胜：《包容性创新：贫困治理的新思路》，《领导之友》2016年第1期。

高天跃：《贵州少数民族草根创新发展路径研究》，《中南民族大学学报》（人文社会科学版）2016年第36卷第5期。

郭承龙：《农村电子商务模式探析——基于淘宝村的调研》，《经济体制改革》2015年第5期。

郭铖、何安华：《培训对农民涉农创业绩效的影响——考虑创业者人力资本禀赋调节效应的实证研究》，《农业经济与管理》2019年第1期。

郭红东、周惠珺：《先前经验、创业警觉与农民创业机会识别——一个中介效应模型及其启示》，《浙江大学学报》（人文社会科学版）2013年第43卷第4期。

韩琳、姜志德：《农户创新的理论界定》，《广东农业科学》2012年第39卷第3期。

何婧、李庆海：《数字金融使用与农户创业行为》，《中国农村经济》2019年第1期。

何晓斌、柳建坤：《政府支持对返乡创业绩效的影响》，《北京工业大学学报》（社会科学版）2021年第21卷第5期。

何云景、武杰：《构建复杂适应的创业支持系统》，《系统科学学报》2007年第3期。

胡超颖、金中坤：《探索式创新、利用式创新与企业绩效关系的元分析》，《企业经济》2017年第36卷第5期。

黄晓斌、邓宝赛：《我国智库政策文献的计量可视化分析》，《智库理论与实践》2020年第5卷第3期。

霍生平、刘海、谭敏：《"互联网+农业"环境下小农户知识势差、生态位宽度与双元创新——涉农网络关系嵌入的跨层调节》,《管理评论》2022年第34卷第6期。

霍生平、谭敏：《"直播带货+小农户"联合创业团队断裂带、创业拼凑与创业绩效研究》,《湘潭大学学报》（哲学社会科学版）2022年第46卷第1期。

贾旭东、谭新辉：《经典扎根理论及其精神对中国管理研究的现实价值》,《管理学报》2010年第7卷第5期。

江艇：《因果推断经验研究中的中介效应与调节效应》,《中国工业经济》2022年第5期。

姜维军、颜廷武、张俊飚：《互联网使用能否促进农户主动采纳秸秆还田技术——基于内生转换Probit模型的实证分析》,《农业技术经济》2021年第3期。

蒋剑勇、郭红东：《创业氛围、社会网络和农民创业意向》,《中国农村观察》2012年第2期。

雷显凯、罗明忠、刘子玉：《互联网使用、风险偏好与新型职业农民生产经营效益》,《干旱区资源与环境》2021年第35卷第5期。

李博伟、徐翔：《社会网络、信息流动与农民采用新技术——格兰诺维特"弱关系假设"的再检验》,《农业技术经济》2017年第12期。

李思琦、张振、陈子怡、韩家彬：《互联网使用对农户土地经营规模的影响研究》,《世界农业》2021年第12期。

李学术、向其凤：《农户创新与收入增长：基于西部地区省际面板和微观调查数据的分析》,《中国农村经济》2010年第11期。

李永周、张宏浩、朱迎还、李静芝：《创新支持感对来华境外人才创新行为的影响——创新网络嵌入的中介作用》,《科技进步与对策》2022年第39卷第17期。

林琳、白新文：《基于计划行为理论的大学生学业拖延行为研究》,《中国临床心理学杂志》2014年第22卷第5期。

刘宝：《节俭式创新的兴起及其中国意蕴》,《科技进步与对策》2015年第32卷第1期。

刘新智、刘雨松：《外出务工经历对农户创业行为决策的影响——基于518份农户创业调查的实证分析》,《农业技术经济》2015年第6期。

刘志阳、刘小童、刘姿含:《抑郁是否影响创业退出——来自中国农民创业者的微观证据》,《南开管理评论》2022年第25卷第1期。

路征、张益辉、王珅、董冠琦:《我国"农民网商"的微观特征及问题分析——基于对福建省某"淘宝镇"的调查》,《情报杂志》2015年第34卷第12期。

罗明忠、陈明:《人格特质对农民创业绩效影响的实证分析——兼议人力资本的调节作用》,《华中农业大学学报》(社会科学版)2015年第2期。

罗明忠、刘子玉:《互联网使用、阶层认同与农村居民幸福感》,《中国农村经济》2022年第8期。

罗千峰、赵奇锋:《互联网使用对农户家庭收入增长的影响及机制研究》,《经济经纬》2022年第39卷第6期。

吕洁、张钢:《知识异质性对知识型团队创造力的影响机制:基于互动认知的视角》,《心理学报》2015年第47卷第4期。

吕宁、韩霄、赵亚茹:《旅游中小企业经营者创新行为的影响机制——基于计划行为理论的扎根研究》,《旅游学刊》2021年第36卷第3期。

宁靓、孙晓云:《在孵企业要素特征何以影响创业绩效?——以创新行为为中介变量》,《科学学研究》2022年第40卷第5期。

彭建娟、王凯男、王波:《基于吉林省调研的农民创新活动影响因素分析》,《科技管理研究》2016年第36卷第5期。

平卫英、宗潇泳:《民众创业对农村多维贫困的非线性动态影响——基于动态门限回归模型》,《江西财经大学学报》2021年第6期。

秦佳良、张玉臣:《草根创新可持续驱动模式探析——来自农民"创客"的依据》,《科学学研究》2018年第36卷第8期。

芮正云、方聪龙:《互联网嵌入与农村创业者节俭式创新:双元机会开发的协同与平衡》,《中国农村经济》2018年第7期。

沙德春、何新伟:《中国乡村产业政策70年:演变历程与演进特征》,《智库理论与实践》2023年第8卷第3期。

尚增健:《渐进式技术创新:科技型中小企业的成长路径——成长型中小企业成长机理的个案分析》,《管理世界》2002年第6期。

施杨、赵曙明:《人才创造力的理论溯源、影响因素与多维视角》,《南京大学学报》（哲学·人文科学·社会科学）2020年第57卷第5期。

史晋川、王维维：《互联网使用对创业行为的影响——基于微观数据的实证研究》，《浙江大学学报》（人文社会科学版）2017年第47卷第4期。

苏岚岚、孔荣：《社会网络、风险偏好与创业农民创新绩效研究——基于创新能力的中介效应分析》，《农林经济管理学报》2020年第19卷第2期。

田进、张明垚：《棱镜折射：网络舆情的生成逻辑与内容层次——基于"出租车罢运事件"的扎根理论分析》，《情报科学》2019年第37卷第8期。

王春柳、杨永辉、邓霏、赖辉源：《文本相似度计算方法研究综述》，《情报科学》2019年第37卷第3期。

王富祥：《新生代农民工工作投入的影响因素研究——基于工作特征视角并以满意度为中介变量》，《湖南农业大学学报》（社会科学版）2017年第18卷第5期。

王国红、周怡君、邢蕊：《社会网络强弱关系对创新性机会识别的影响》，《科技进步与对策》2018年第35卷第19期。

王洁钢：《农村、乡村概念比较的社会学意义》，《学术论坛》2001年第2期。

王伟同、谢佳松、张玲：《人口迁移的地区代际流动偏好：微观证据与影响机制》，《管理世界》2019年第35卷第7期。

王轶、王香媚：《农民工的社会网络能提升返乡创业企业经营绩效吗？——基于全国返乡创业企业的调查数据》，《华中农业大学学报》（社会科学版）2023年第1期。

王永健、谢卫红、王田绘、成明慧：《强弱关系与突破式创新关系研究——吸收能力的中介作用和环境动态性的调节效应》，《管理评论》2016年第28卷第10期。

王兆峰、向秋霜：《基于MOA模型的武陵山区社区居民参与旅游扶贫研究》，《中央民族大学学报》（哲学社会科学版）2017年第44卷第6期。

韦吉飞、王建华、李录堂：《农民创业行为影响因素研究——基于西北五省区调查的实证分析》,《财贸研究》2008 年第 19 卷第 5 期。

温忠麟、叶宝娟:《中介效应分析:方法和模型发展》,《心理科学进展》2014 年第 22 卷第 5 期。

吴雪莲、张俊飚、何可、张露:《农户水稻秸秆还田技术采纳意愿及其驱动路径分析》,《资源科学》2016 年第 38 卷第 11 期。

向其凤、李学术:《西南民族地区农户创新倾向的影响因素分析——以云南省为例》,《经济研究导刊》2011 年第 30 期。

谢勇、杨倩:《外出务工经历、创业行为与创业绩效》,《经济评论》2020 年第 1 期。

邢小强、葛沪飞:《节俭式创新的动因、特征与策略研究》,《科技进步与对策》2015 年第 32 卷第 12 期。

邢小强、赵鹤:《面向金字塔底层的包容性创新政策研究》,《科学学与科学技术管理》2016 年第 37 卷第 11 期。

邢小强、周江华、仝允桓:《包容性创新:研究综述及政策建议》,《科研管理》2015 年第 36 卷第 9 期。

熊奇英、熊立:《品牌依恋如何提高网络主播带货成绩——基于多路径的作用机制研究》,《江西财经大学学报》2022 年第 2 期。

徐富明、黄龙:《共同富裕新阶段的精准心理扶"贫"》,《首都师范大学学报》(社会科学版) 2023 年第 1 期。

徐富明、张慧、马红宇、邓颖、史燕伟、李欧:《贫困问题:基于心理学的视角》,《心理科学进展》2017 年第 25 卷第 8 期。

许晟、邵云云、徐梅珍、黄以胜:《政府支持、家庭支持对新生代农民创业行为的影响机制研究》,《农林经济管理学报》2020 年第 19 卷第 2 期。

杨克文、赵敏娟:《互联网使用、就业表现与农民健康——基于 2016 年中国劳动力动态调查数据的研究》,《中国经济问题》2022 年第 2 期。

姚柱、罗瑾琏、张显春、张亮亮:《互联网嵌入、双元创业学习与农民创业绩效》,《科学学研究》2020 年第 38 卷第 4 期。

叶敬忠:《创造变化的空间——农民发展创新的原动力研究》,《中国农村观察》2004 年第 4 期。

叶敬忠:《农民发展创新中的社会网络》,《农业经济问题》2004 年第

9 期。

叶睿、周冬：《政府支持、创业培训与包容性创业——来自脱贫地区农民电商样本的分析》，《农村经济》2023 年第 6 期。

尹鸿飞、张兵、郝云平：《信贷约束与农村家庭创业绩效：影响效应及损失估算》，《华中农业大学学报》（社会科学版）2021 年第 6 期。

俞立平、周朦朦、苏光耀：《中国科研诚信政策的演化特征研究——基于 1981—2020 年的政策文本分析》，《情报科学》2022 年第 40 卷第 5 期。

湛泳、刘萍：《草根创新：概念、特征与关键成功因素》，《科技进步与对策》2018 年第 35 卷第 18 期。

张慧玉、戴颖、张丹琦、陈寒松：《中国"三农"创新创业政策的历史演进：基于中央一号文件的语料库研究》，《南方经济》2021 年第 4 期。

张景焕、刘欣、任菲菲、孙祥薇、于顾：《团队多样性与组织支持对团队创造力的影响》，《心理学报》2016 年第 48 卷第 12 期。

张强强、吴溪溪、马红玉：《三维资本如何提升农民创业绩效——创业学习和创业机会识别的链式中介作用》，《农业经济与管理》2022 年第 3 期。

张瑞娟、高鸣：《新技术采纳行为与技术效率差异——基于小农户与种粮大户的比较》，《中国农村经济》2018 年第 5 期。

张思敏、薛永基、冯潇：《创业态度、创业环境影响农民创业行为的机理研究——基于结构方程模型的农民创业调查分析》，《调研世界》2018 年第 7 期。

张巍、任浩、曲怡颖：《从创意到创新：公平感知与齐美尔联结的作用》，《科学学研究》2015 年第 33 卷第 11 期。

张文宏：《中国社会网络与社会资本研究 30 年（上）》，《江海学刊》2011 年第 2 期。

张文宏：《中国社会网络与社会资本研究 30 年（下）》，《江海学刊》2011 年第 3 期。

张颖、杨付：《主动性人格：机制与未来走向》，《心理科学进展》2017 年第 25 卷第 9 期。

张玉利、杨俊、任兵：《社会资本、先前经验与创业机会——一个交互效应模型及其启示》，《管理世界》2008 年第 7 期。

赵斌、陈玮、李新建、魏津瑜、毕小青：《基于计划行为理论的科技人员创新意愿影响因素模型构建》，《预测》2013年第32卷第4期。

赵策、董静、余婕：《主观幸福感、社会责任与企业创新——基于中国农村创业者的经验证据》，《外国经济与管理》2022年第44卷第9期。

赵栋祥：《大数据环境下个人的数字囤积行为研究——基于扎根理论的探索》，《中国图书馆学报》2024年第50卷第1期。

赵富强、鲁倩、陈耘：《多元包容性人力资源实践对个体创造力的影响——双元学习和魅力型领导的作用》，《科研管理》2020年第41卷第4期。

赵佳佳、魏娟、刘军弟、刘天军：《信任有助于提升创业绩效吗？——基于876个农民创业者的理论探讨与实证检验》，《中国农村观察》2020年第4期。

赵羚雅：《乡村振兴背景下互联网使用对农民创业的影响及机制研究》，《南方经济》2019年第8期。

赵武、孙永康、朱明宣、高樱：《包容性创新：演进、机理及路径选择》，《科技进步与对策》2014年第31卷第6期。

赵武、孙永康：《国外包容性创新研究现状述评与未来展望》，《科技管理研究》2015年第35卷第1期。

周菁华：《农民创业绩效的影响因素分析——基于366个创业农民的调查数据》，《江西财经大学学报》2013年第3期。

周菁华、谢洲：《农民创业能力及其与创业绩效的关系研究——基于重庆市366个创业农民的调查数据》，《农业技术经济》2012年第5期。

周萍、赵康生、蔺楠：《性别平等环境与农村女性的创业绩效——基于上海财经大学"千村调查"数据的实证分析》，《产经评论》2019年第10卷第2期。

周媛、梅强、侯兵：《基于扎根理论的旅游志愿服务行为影响因素研究》，《旅游学刊》2020年第35卷第9期。

朱桂龙、温敏瑢：《从创意产生到创意实施：创意研究评述》，《科学学与科学技术管理》2020年第41卷第5期。

朱桂龙、温敏瑢、王萧萧：《从创意产生到创意采纳：员工创意过程分析框架构建》，《外国经济与管理》2021年第43卷第4期。

朱红根、康兰媛：《家庭资本禀赋与农民创业绩效实证分析》，《商业研究》2016年第7期。

邹玉友、高凤洁、马国巍、刘畅：《农民职业化与主观福祉：基于互联网使用的中介效应》，《农业经济与管理》2022年第5期。

苏岚岚、孔荣：《社会网络、风险偏好与创业农民创新绩效研究——基于创新能力的中介效应分析》，《农林经济管理学报》2020年第19卷第2期。

中文论文

陈春霞：《新型职业农民胜任素质模型构建及培育路径研究》，博士学位论文，华东师范大学，2019年。

韩琳：《社会资本与农户创新关系研究——以米脂县农业后续产业发展为例》，硕士学位论文，西北农林科技大学，2012年。

王凯男：《资源获取对农民创新行为的影响研究——资源整合的中介作用》，硕士学位论文，吉林大学，2016年。

英文专著

Appelbaum E., Bailey T., Berg P. and Kalleberg A., "Manufacturing Advantage: Why High Performance Worksystems Pay Off", Ithaca: Cornell University Press, 2000.

Bandura A., "Self-efficacy: The Exercise of Control", New York: Freeman, 1997.

Bian Y., "Urban Occupations Mobility and Imployment Employment Institutions: Hierarchy, Market, and Networks in a Mixed System in Creating Wealth and Poverty in China", Stanford University Press, 2008.

Lin N., "Social Capital: A Theory of Social Structure and Action", Cambridge University Press, 2002.

Strauss A. and Corbin J., "Grounded Theory Methodology: An Overview" // Denzin N. K., Lincoln Y. Vroom V., "Work and Motivation", New York: John Wiley and Sons, 1964.

Wu B., "Sustainable Development in Rural China: Farmer Innovation and

Self-organization in Marginal Areas", London: Routledge Curzon, 2003.

英文期刊

Amabile T. M., *Creativity and Innovation in Organization*, Boston: Harvard Business School, Vol. 5, 1996.

Becker G., *Human Capital*, New York: Columbia University Press, 1964.

Birks M. and Mills J., *Grounded Theory: A Practical Guide*, Sage Publications, 2015.

Corbin J. and Strauss A., *Basics of Qualitative Research: Techniques and Procedures for Developing Grounded Theory*, Sage Publications, 2015.

Granovetter M., *Getting A Job: A Study of Contacts and Careers*, Chicago: University of Chicago Press, 1995.

Hayes., *Introduction to Mediation, Moderation, and Conditional Process Analysis (Third Edition): A Regression-based Approach*, New York: Guilford Publications, 2022.

Strauss A. and Corbin J., *Basics of Qualitative Research: Grounded Theory Procedures and Techniques*, Sage Publications, 1990.

Amabile T. M., "The Social Psychology of Creativity: A Componential Conceptualization", *Journal of Personality and Social Psychology*, Vol. 45, No. 2, 1983.

Amabile T. M., "A Model of Creativity and Innovation in Organizations", *Research in Organizational Behavior*, Vol. 10, No. 1, 1988.

Adams G. S., Converse B. A., Hales A. H. and Klotz L. E., "People Systematically Overlook Subtractive Changes", *Nature*, Vol. 592, 2021.

Agarwal N., Grottke M., Mishra S. and Brem A., "A Systematic Literature Review of Constraint-based Innovations: State of the Art and Future Perspectives", *IEEE Transactions on Engineering Management*, Vol. 64, No. 1, 2016.

Ajzen I., "The Theory of Planned Behavior", *Organizational Behavior and Human Decision Processes*, Vol. 50, No. 2, 1991.

Alikaj A., Ning W. and Wu B. Q., "Proactive Personality and Creative Behavior: Examining the Role of Thriving at Work and High-involvement HR Practices", *Journal of Business and Psychology*, Vol. 36, No. 5, 2021.

Amo B. W. and Kolvereid L. , "Organizational Strategy, Individual Personality and Innovation Behavior", *Journal of Enterprising Culture*, Vol. 13, No. 1, 2005.

Appiah-Twumasi M. , Donkoh S. A. and Ansah I. G. K. , "Farmer Innovations in Financing Smallholder Maize Production in Northern Ghana", *Agricultural Finance Review*, Vol. 80, No. 3, 2020.

Asbari M. , Prasetya A. B. , Santoso P. B. and Purwanto A. , "From Creativity to Innovation: The Role of Female Employees' Psychological Capital", *International Journal of Social and Management Studies*, Vol. 2, No. 2, 2021.

Badstue L. , Lopez D. E. , Umantseva A. , Williams G. , Elias M. , Farnworth C. R. , Rietveld A. , Njuguna-Mungai E. , Luis J. , Najjar D. and Kandiwa V. , "What Drives Capacity to Innovate? Insights from Women and Men Small-scale Farmers in Africa, Asia, and Latin America", *Journal of Gender, Agriculture and Food Security*, Vol. 3, No. 1, 2018.

Baer M. , "The Strength-of-weak-ties Perspective on Creativity: A Comprehensive Examination and Extension", *Journal of Applied Psychology*, Vol. 95, No. 3, 2010.

Baer M. , "Putting Creativity to Work: The Implementation of Creative Ideas in Organizations", *Academy of Management Journal*, Vol. 55, No. 5, 2012.

Baker T. and Nelson R. E. , "Creating Something from Nothing: Resource Construction Through Entrepreneurial Bricolage", *Administrative Science Quarterly*, Vol. 50, No. 3, 2005.

Bandura A. , "Social Cognitive Theory: An Agentic Perspective", *Annual Review of Psychology*, Vol. 52, No. 1, 2001.

Bandura A. , "On the Functional Properties of Perceived Self-efficacy Revisited", *Journal of Management*, Vol. 38, No. 1, 2012.

Baron R. M. and Kenny D. A. , "The Moderator-mediator Variable Distinction in Social Psychological Research: Conceptual, Strategic, and Statistical Considerations", *Journal of Personality and Social Psychology*, Vol. 51, No. 6, 1986.

Barzola Iza C. L. and Dentoni D. , "How Entrepreneurial Orientation Drives Farmers' Innovationdifferential in Ugandan Coffee Multi-stakeholder Platforms", *Journal of Agribusiness in Developing and Emerging Economies*, Vol. 10, No. 5, 2020.

Bateman T. S. and Crant J. M. , "The Proactive Component of Organizational Behavior: A Measure and Correlates", *Journal of Organizational Behavior*, Vol. 14, No. 2, 1993.

Bellotti B. and Rochecouste J. F. , "The Development of Conservation Agriculture in Australia—farmers as Innovators", *International Soil and Water Conservation Research*, Vol. 2, No. 1, 2014.

Bian Y. , "Bringing Strong Ties Back In: Indirect Ties Network Bridges and Job Searches in China", *American Sociological Review*, Vol. 62, No. 3, 1997.

Blumberg M. and Pringle C. , "The Missing Opportunity in Organizational Research: Some Implications for a Theory of Work Performance", *Academy of Management Review*, Vol. 7, No. 4, 1982.

Bos-Nehles A. C. , Vanriemsdijk M. J. and Looise J. K. , "Employee Perceptions of Line Management Performance: Applying the AMO Theory to Explain the Effectiveness of Line Managers' HRM Implementation", *Human Resource Management*, Vol. 52, No. 6, 2013.

Burt R. S. , "Structural Holes and Good Ideas", *American Journal of Sociology*, Vol. 110, No. 2, 2004.

Campos F. , Frese M. , Goldstein M. , Iacovone L. , Johnson H. C. , McKenzie D. and Mensmann M. , "Teaching Personal Initiative Beats Traditional Training in Boosting Small Business in West Africa", *Science*, Vol. 357, No. 6357, 2017.

Colquitt J. A. and Zapata-Phelan C. P. , "Trends in Theory Building and Theory Testing: A Five-decade Study of the Academy of Management Journal", *A-*

cademy of Management Journal, Vol. 50, No. 6, 2007.

Cropley A. J., "Creativity and Mental Health in Everyday Life", *Creativity Research Journal*, Vol. 3, No. 3, 1990.

Clegg C., Unsworth K., Epitropaki O. and Parker G., "Implicating Trust in the Innovation Process", *Journal of Occupational and Organizational Psychology*, Vol. 75, No. 4, 2002.

Dimov D., "Nascent Entrepreneurs and Venture Emergence: Opportunity Confidence, Human Capital, and Early Planning", *Journal of Management Studies*, Vol. 47, No. 6, 2010.

Dushnitsky G. and Shapira Z., "Entrepreneurial Finance Meets Organizational Reality: Comparing Investment Practices and Performance of Corporate and Independent Venture Capitalists", *Strategic management journal*, Vol. 31, No. 9, 2010.

Ensor J. and de Bruin A., "The Role of Learning in Farmer-led Innovation", *Agricultural Systems*, Vol. 197, 2022.

Fassinger R. E., "Paradigms, Praxis, Problems, and Promise: Grounded Theory in Counseling Psychology Research", *Journal of Counseling Psychology*, Vol. 52, No. 2, 2005.

Feist G. J., "A Meta-analysis of Personality in Scientific and Artistic Creativity", *Personality and Social Psychology Review*, Vol. 2, No. 4, 1998.

Ford C. M., "A Theory of Individual Creative Action in Multiple Social Domains", *Academy of Management Review*, Vol. 21, 1996.

Franke N., and Lüthje C., "Entrepreneurial Intentions of Business Students—A Benchmarking Study", *International Journal of Innovation and Technology Management*, Vol. 1, No. 3, 2004.

Frese M., Hass L. and Friedrich C., "Personal Initiative Training for Small Business Owners", *Academy of Management Learning & Education*, Vol. 13, No. 3, 2014.

Frese M., Teng E. and Wijnen C. J. D., "Helping to Improve Suggestion Systems: Predictors of Making Suggestions in Companies", *Journal of Organizational Behavior*, Vol. 20, No. 7, 1999.

Farmer S. M. , Tierney P. and Kung-McIntyre K. , "Employee Creativity in Taiwan: An Application of Role Identity Theory", *Academy of Management Journal*, Vol. 46, No. 5, 2003.

Geels F. W. , "The Multi-level Perspective on Sustainability Transitions: Responses to Seven Criticisms", *Environmental Innovation and Societal Transitions*, Vol. 1, No. 1, 2011.

Gist M. E. and Mitchell T. R. , "Self-efficacy: A Theoretical Analysis of its Determinants and Malleability", *Academy of Management Review*, Vol. 17, No. 2, 1992.

Gong Y. , Kim T. Y. and Liu Z. , "Diversity of Social Ties and Creativity: Creative Self-efficacy as Mediator and Tie Strength as Moderator", *Human Relations*, Vol. 73, No. 12, 2020.

Goulet F. , "Narratives of Experience and Production of Knowledge Within Farmers' Groups", *Journal of Rural Studies*, Vol. 32, 2013.

Granovetter M. , "The Strength of Weak Ties", *The American Journal of Sociology*, Vol. 78, No. 6, 1973.

Grant J. M. , "The Proactive Personality Scale as a Predictor of Entrepreneurial Intentions", *Journal of Small Business Management*, Vol. 34, No. 2, 1996.

Grosser T. J. , Venkataramani V. and Labianca G. J. , "An alter-centric Perspective on Employee Innovation: The Importance of Alters' Creative Self-efficacy and Network Structure", *Journal of Applied Psychology*, Vol. 102, No. 9, 2017.

Harvey S. , "A Different Perspective: The Multiple Effects of Deep Level Diversity on Group Creativity", *Journal of Experimental Social Psychology*, Vol. 49, No. 5, 2013.

Helson R. , Kwan V. S. Y. , John O. P. and Jones C. , "The Growing Evidence for Personality Change in Adulthood: Findings from Research with Personality Inventories", Vol. 36, No. 4, 2002.

Hinrichs C. C. , Gillespie G. W. and Feenstra G. W. , "Social Learning and Innovation at Retail Farmers' Markets", *Rural Sociology*, Vol. 69,

No. 1, 2004.

Hofmann D. A. and Gavin M. B., "Centering Decisions in Hierarchical Linear Models: Implications for Research in Organizations", *Journal of Management*, Vol. 24, No. 5, 1998.

Hossain M., "Grassroots Innovation: A Systematic Review of Two Decades of Research", *Journal of Cleaner Production*, Vol. 137, 2016.

Hossain M., "Mapping the Frugal Innovation Phenomenon", *Technology in Society*, Vol. 51, 2017.

Hossain M., "Frugal Innovation: A Review and Research Agenda", *Journal of Cleaner Production*, Vol. 182, 2018.

Hossain M., Levänenand J. and Wierenga M., "Pursuing Frugal Innovation for Sustainability at the Grassroots Level", *Management and Organization Review*, Vol. 17, No. 2, 2021.

Hossain M., Simula H. and Halme M., "Can Frugal Go Global? Diffusion Patterns of Frugal Innovations", *Technology in Society*, Vol. 46, 2016.

Hou C. N., Wu L. and Liu Z. J., "Effect of Proactive Personality and Decision-making Self-efficacy on Career Adaptability Among Chinese Graduates", *Social Behavior and Personality: An International Journal*, Vol. 42, No. 6, 2014.

Janssen O., "Job Demands, Perceptions of Effort-reward Fairness and Innovative Work Behaviour", *Journal of Occupational and Organizational Psychology*, Vol. 73, No. 3, 2000.

Janssen O., "How Fairness Perceptions Make Innovative Behavior More or Less Stressful", *Journal of Organizational Behavior*, Vol. 25, No. 2, 2004.

Karubanga G., Kibwika P., Okry F. and Sseguya H., "How Farmer Videos Trigger Social Learning to Enhance Innovation Among Smallholder Rice Farmers in Uganda", *Cogent Food and Agriculture*, Vol. 3, No. 1, 2017.

Kassa E. T. and Mirete T. G., "Exploring Factors That Determine the Innovation of Micro and Small Enterprises: The Role of Entrepreneurial Attitude Towards Innovation in Woldia, Ethiopia", *Journal of Innovation and Entrepreneurship*, Vol. 11, No. 1, 2022.

Kim G. and Huh M. G. , "Exploration and Organizational Longevity: The Moderating Role of Strategy and Environment", *Asia Pacific Journal of Management*, Vol. 32, No. 2, 2015.

Kim S. K. , Shin S. J. , Shin J. and Miller D. R. , "Social Networks and Individual Creativity: The Role of Individual Differences", *Journal of Creative Behavior*, Vol. 52, No. 4, 2018.

Leitgeb F. , Kummer S. , Funes-Monzote F. R. and Vogl C. , "Farmers' Experiments in Cuba", *Renewable Agriculture and Food Systems*, Vol. 29, No. 1, 2014.

Leung A. K. Y. and Chiu C. Y. , "Multicultural Experiences, Idea Receptiveness, and Creativity", *Journal of Cross-Cultural Psychology*, Vol. 41, No. 5, 2010.

Li D. , Xu X. , Chen C. F. and Menassa C. , "Understanding Energy-saving Behaviors in the Americanworkplace: A Unified Theory of Motivation, Opportunity, and Ability", *Energy Research and Social Science*, Vol. 51, No. 5, 2019.

Li H. , Jin H. and Chen T. H. , "Linking Proactive Personality to Creative Performance: The Role of Job Crafting and High-involvement Work Systems", *Journal of Creative Behavior*, Vol. 54, No. 1, 2020.

Liu D. , Jiang K. , Shalley C. E. , Keem S. and Zhou J. , "Motivational Mechanisms of Employee Creativity: A Meta-analytic Examination and Theoretical Extension of the Creativity Literature", *Organizational Behavior and Human Decision Processes*, Vol. 137, 2016.

Madjar N. , Greenberg E. and Chen Z. , "Factors for Radical Creativity, Incremental Creativity, and Routine, Noncreative Performance", *Journal of Applied Psychology*, Vol. 96, No. 4, 2011.

Major D. A. , Turner J. E. and Fletcher T. D. , "Linking Proactive Personality and The Big Five to Motivation to Learn and Development Activity", *Journal of Applied Psychology*, Vol. 91, No. 4, 2006.

Marin-Garcia J. A. and Thomas J. M. , "Deconstructing AMO Framework: A Systematic Review", *Intangible Capital*, Vol. 12, No. 4, 2016.

Marshall B., Cardon P., Poddar A. and Fontenot R., "Does Sample Size Matter in Qualitative Research? A Review of Qualitative Interviews in IS Research", *Journal of Computer Information Systems*, Vol. 54, No. 1, 2013.

Mielniczuk E. and Laguna M., "Positive Affect Mediates the Relationship Between Self-efficacy and Innovative Behavior in Entrepreneurs", *The Journal of Creative Behavior*, Vol. 54, No. 2, 2020.

Mugonya J., Kalule S. W. and Ndyomugyenyi E. K., "Effect of Market Information Quality, Sharing and Utilisation on the Innovation Behaviour of Smallholder Pig Producers", *Cogent Food & Agriculture*, Vol. 7, No. 1, 2021.

Pansera M., "Frugality, Grassroots and Inclusiveness: New Challenges for Mainstream Innovation Theories", *African Journal of Science, Technology, Innovation and Development*, Vol. 5, No. 6, 2013.

Pansera M. and Sarkar S., "Crafting Sustainable Development Solutions: Frugal Innovations of Grassroots Entrepreneurs", *Sustainability*, Vol. 8, No. 1, 2016.

Patnaik J. and Bhowmick B., "Promise of Inclusive Innovation: A Re-look Into the Opportunities at the Grassroots", *Journal of Cleaner Production*, Vol. 259, 2020.

Perry-Smith J. E. and Shalley C. E., "The Social Side of Creativity: A Static and Dynamic Social Network Perspective", *Academy of Management Review*, Vol. 28, No. 1, 2003.

Perry-Smith J. E. and Mannucci P. V., "From Creativity to Innovation: The Social Network Drivers of the Four Phases of the Idea Journey", *Academy of Management Review*, Vol. 42, No. 1, 2017.

Phan P. H., Wong P. K. and Wang C. K., "Antecedents to Entrepreneurship Among University Students in Singapore: Beliefs, Attitudes and Background", *Journal of Enterprising Culture*, No. 2, 2002.

Pisoni A., Michelini L. and Martignoni G., "Frugal Approach to Innovation: State of the Art and Future Perspectives", *Journal of Cleaner Production*, Vol. 171, 2017.

Podsakoff P. M., MacKenzie S. B., Lee J. Y. and Podsakoff N. P., "Common

Method Biases in Behavioral Research: A Critical Review of the Literature and Recommended Remedies", *Journal of Applied Psychology*, Vol. 88, No. 5, 2003.

Prahalad C. K., and Hart S. L., "The Fortune at the Bottom of the Pyramid". *Strategy + Business*, Vol. 26, 2002.

Raffaelli R., Tushman M. and Glynn M. A., "Flexing the Frame: The Role of Cognitive and Emotional Framing in Innovation Adoption by Incumbent Firms", *Strategic Management Journal*, Vol. 40, No. 7, 2019.

Reinsberger K., Brudermann T., Hatzl S., Fleiß E. and Posch A., "Photovoltaic Diffusion from the Bottom-up: Analytical Investigation of Critical Factors", *Applied Energy*, Vol. 159, 2015.

Ruef M., "Strong Ties, Weak Ties and Islands: Structural and Cultural Predictors of Organizational Innovation", *Industrial and Corpo-rate Change*, Vol. 11, No. 3, 2002.

Saad N., "Farmer Processes of Experimentation and Innovation-A Review of Literature", Cali, Colombia: Participatory Research and Gender Analysis Program, *PRGA Working Document*, No. 21, 2002.

Saint Ville A. S., Hickey G. M., Locher U. and Phillip, L. E., "Exploring the Role of Social Capital in Influencing Knowledge Flows and Innovation in Smallholder Farming Communities in the Caribbean", *Food Security*, Vol. 8, No. 3, 2016.

Seyfang G. and Smith A., "Grassroots Innovations for Sustainable Development: Towards a New Research and Policy Agenda", *Environmental Politics*, Vol. 16, No. 4, 2007.

Seyfang G. and Haxeltine A., "Growing Grassroots Innovations: Exploring the Role of Community-based Initiatives in Governing Sustainable Energy Transitions", *Environment and Planning C: Governing and Policy*, Vol. 30, No. 3, 2012.

Sheikh F. A. and Bhaduri S., "Policy Space for Informal Sector Grassroots Innovations: Towards a 'Bottom-up' Narrative", *International Development Planning Review*, Vol. 43, No. 1, 2021.

Singh S. H. , Bhowmick B. , Sindhav B. and Eesley D. , "Determinants of Grassroots Innovation: An Empirical Study in the Indian Context", *Innovation*, Vol. 22, No. 3, 2020.

Smith A. , Fressoli M. and Thomas H. , "Grassroots Innovation Movements: Challenges and Contributions", *Journal of Cleaner Production*, Vol. 63, 2014.

Somech A. and Drach-Zahavy A. , "Translating Team Creativity to Innovation Implementation: The Role of Team Composition and Climate for Innovation", *Journal of Management*, Vol. 39, No. 3, 2013.

Sonal H. S. , Bhowmick B. , Sindhav B. and Eesley D. , "Determinants of Grassroots Innovation: An Empirical Study in the Indian Context", *Innovation*, Vol. 22, No. 3, 2020.

Sternberg R. J. and Lubart T. I. , "An Investment Theory of Creativity and Its Development", *Human Development*, Vol. 34, 1991.

Stevens G. A. and Burley J. , "3000 Raw Ideas Equal 1 Commercial Success", *Research Technology Management*, Vol. 40, No. 3, 1997.

Stremersch S. , Camacho N. , Keko E. and Wuyts S. , "Grassroots Innovation Success: The Role of Self-determination and Leadership Style", *International Journal of Research in Marketing*, Vol. 39, No. 2, 2022.

Subramaniam M. and Youndt M. A. , "The Influence of Intellectual Capital on the Types of Innovative Capabilities", *Academy of Management Journal*, Vol. 48, No. 3, 2005.

Suddaby R. , "What Grounded Theory is Not", *Academy of Management Journal*, Vol. 49, No. 4, 2006.

Sy T. , "What Do you Think of Followers? Examining the Content, Structure, and Consequences of Implicit Followership Theories", *Organizational Behavior and Human Decision Processes*, Vol. 113, No. 2, 2010.

Tambo J. A. and Wünscher T. , "Enhancing Resilience to Climate Shocks Through Farmer Innovation: Evidence from Northern Ghana", *Regional Environmental Change*, Vol. 17, No. 5, 2017.

Tambo J. A. and Wünscher T. , "Farmer-led Innovations and Rural Household

Welfare: Evidence from Ghana", *Journal of Rural Studies*, Vol. 55, 2017.

Tett R. P. and Burnett D. D., "A Personality Trait-based Interactionist Model of Job Performance", *Journal of Applied Psychology*, Vol. 88, No. 3, 2003.

Teye-Kwadjo E. and De Bruin G. P., "Rasch Analysis of the Proactive Personality Scale", *Psychological Reports*, Vol. 125, No. 5, 2022.

Tierney P. and Farmer S. M., "Creative Self-efficacy: Its Potential Antecedents and Relationship to Creative Performance", *Academy of Management Journal*, Vol. 45, No. 6, 2002.

Tierney P. and Farmer S. M., "The Pygmalion Process and Employee Creativity", *Journal of Management*, Vol. 30, No. 3, 2004.

Tierney P. and Farmer S. M., "Creative Self-efficacy Development and Creative Performance Over Time", *Journal of Applied Psychology*, Vol. 96, No. 2, 2011.

Tirfe A. G., "Smallholder Farmers' Innovation and Its Determinants the Case of Hirity Mekan Seed Producers' Cooperative", Tigray, Ethiopia, *Developing Country Studies*, Vol. 4, No. 21, 2014.

Tran T. A., Nguyen T. H. and Vo T. T., "Adaptation to Flood and Salinity Environments in the Vietnamese Mekong Delta: Empirical Analysis of Farmer-led Innovations", *Agricultural Water Management*, Vol. 216, 2019.

Travis J. and Freeman E., "Predicting Entrepreneurial Intentions: Incremental Validity of Proactive Personality and Entrepreneurial Self-efficacy as a Moderator", *Journal of Entrepreneurship Education*, Vol. 20, No. 1, 2017.

Van de Ven A. H., "Central Problems in the Management of Innovation", *Management Science*, Vol. 32, No. 5, 1986.

Van der Merwe M., Grobbelaar S. S., Schutte C. S. L. and von Leipzig K. H., "Toward an Enterprise Growth Framework for Entering the Base of the Pyramid Market: A Systematic Review", *International Journal of Innovation and Technology Management*, Vol. 15, No. 4, 2018.

Von Hippel E., "'Sticky information' and the Locus of Problem Solving: Implications for Innovation", *Management Science*, Vol. 40, 1994.

Walsh J. P., Lee Y. N. and Nagaoka S., "Openness and Innovation in the US: Collaboration form, Idea Generation and Implementation", *Research Policy*, Vol. 45, No. 8, 2016.

Weyrauch T. and Herstatt C., "What is Frugal Innovation? Three Defining Criteria", *Journal of Frugal Innovation*. Vol. 2, No. 1, 2017.

White R. and Stirling A., "Sustaining Trajectories Towards Sustainability: Dynamics and Diversity in UK Communal Growing Activities", *Global Environmental Change*, Vol. 23, No. 5, 2013.

Wood R. and Bandura A., "Social Cognitive Theory of Organizational Management", *Academy of Management Review*, Vol. 14, No. 3, 1989.

Wu B. and Pretty J., "Social Connectedness in Marginal Rural China: The Case of Farmer Innovation Circles in Zhidan, North Shaanxi", *Agriculture and Human Values*, Vol. 21, 2004.

Wu B. and Zhang L., "Farmer Innovation Diffusion Via Network Building: A Case of Winter Greenhouse Diffusion in China", *Agriculture and Human Values*, Vol. 30, No. 4, 2013.

Xie X., "New Farmer Identity: The Emergence of a Post-productivist Agricultural Regime in China", *Sociologia Ruralis*, Vol. 61, No. 1, 2021.

Zeschky M., Widenmayer B. and Gassmann O., "Frugal Innovation in Emerging Markets", *Research-Technology Management*, Vol. 54, No. 4, 2011.

英文论文

Crant J. M., Hu J. and Jiang K. F., "Proactive Personality: A Twenty-year Review" // Parker S. K., and Bindl U. K., "Proactivity at Work: Making Things Happen in Organizations", New York: Routledge, 2016.

S., "Handbook of Qualitative Research", Sage Publications, 1994.

Tambo J. A., "Farmer Innovation in Rural Ghana Determinants, Impacts and Identification", Bonn: University of Bonn, 2015.

Weisberg R. W., "Creativity and Knowledge: A Challenge to Theories" // Sternberg R. J., "Handbook of Creativity", Cambridge, UK: Cambridge University Press, 1999.

后　记

我是从农村走出来的，虽通过求学脱离了田间耕作的生活，但根和魂仍在那个充满泥土、烟火气息的乡村。每每想起父老乡亲为了生计，背上蛇皮袋改造的行囊打工他乡，心里总有一丝酸楚，总想做点与农村农民有关的探索，但一直苦于不知从何下手。有幸听到了乡村振兴号角的吹响，似乎一下灵感乍现，让我开始真正付诸行动，关注"三农"。

更为幸运的是申请到了国家社会科学基金项目"乡村振兴战略背景下农民创新的影响因素与激励政策研究"（批准号：19BGL030）。在基金项目的资助下，项目组成员围绕如何促进在乡村创业的农民进行生产经营方面的创新开展了大量的研究，最终顺利结项，并在获评"优秀"等级。本书正是这一项目的研究成果，因此，在本书出版之际，特别感谢政府基金的资助，为我们提供机会和资源，使得我们的研究得以更快推进，成果得以顺利面世。

感谢我的硕士生导师杜建政教授，是他的引领，让我用心理学的理论和方法去探索问题；感谢我的博士生导师曹元坤教授，是他的引导，让我用跨学科的思路和方法去研究管理领域的问题。我在专业上的点滴进步，都离不开老师的指导。感谢江西理工大学郑名贵教授对选题的悉心指导；感谢江西师范大学李晓园教授、滕玉华副教授、陈武副教授对书稿结构优化给予的宝贵建议。

感谢直接参与研究和推进书稿完善的朋友和学生，他们是江西财经大学占小军教授、李志成副教授，江西农业大学许晟教授，江西理工大学叶前林副教授、刘磊副教授、彭小亮老师，江西理工大学学生王梓洋、杨宏舟、丁罗金，江西师范大学学生曹馨、邓圆圆。

另外，还要感谢中国社会科学出版社孔继萍女士及其他为本书出版付出辛勤劳动的编校人员，他们的智慧使得本书的质量得到了进一步的提升。

最后，感谢我的家人，他们是我坚实的后盾！

祝振兵

2024 年 9 月